相関地域研究 1

記憶と忘却のアジア

貴志俊彦／山本博之／西 芳実／谷川竜一 編著

青弓社

記憶と忘却のアジア

目次

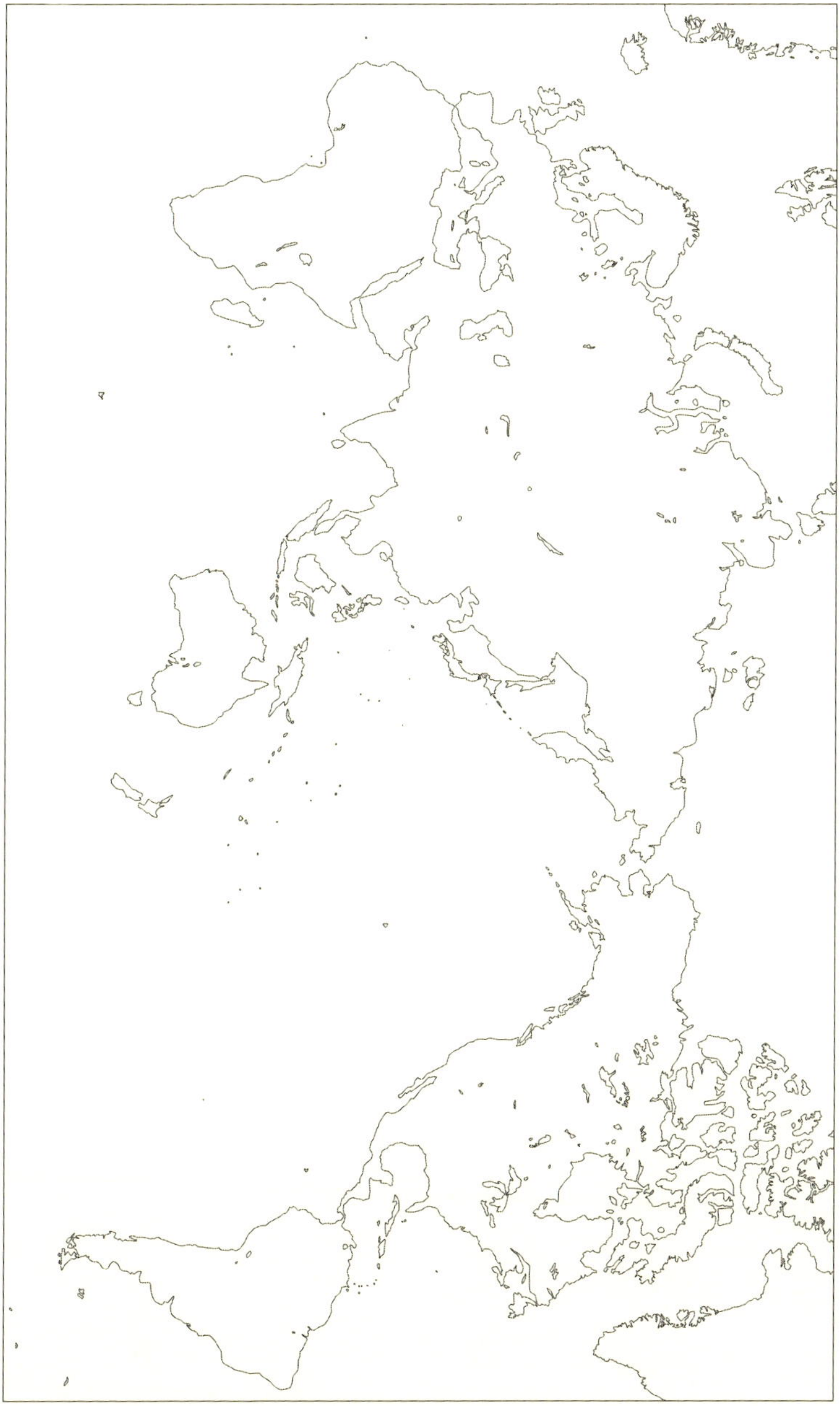

装丁——斉藤よしのぶ

プロローグ　アジアからの記憶の召還技法

貴志俊彦／山本博之／西　芳実／谷川竜一

日本とアジアについて考えるとき、二十世紀前半は関係構築に失敗し、その後半は日米同盟を前提としたがために地域的偏差を持ちながらも一定の関係づくりに成功したとみる向きもある。そして二十一世紀、日本はアメリカとアジアとの間にいかに立脚するか、いまその舵取りに迷いの時代を迎えている。

本書で私たちが取り上げるのは、二十世紀に始まり、二十一世紀に続くアジア各地域の記憶、その半面としての忘却の問題である。これらの問題に対して私たちが意図したことは、特定の地域に遺された記憶をたどるのではなく、違った地域あるいは違う時代の記憶を比較することで地域アイデンティティが見えてくるのではないかということであった。具体的には地域間の関係を検証し、判断するために、誰が、いつ、どのようにして集合的記憶を定着させ、さらにその記憶を後世で再生産するのかといった記憶化のプロセスを探るだけでなく、記憶が失われ、消えていく要因をも解明することを課題の一つとして設定している。記憶は可変的であり、忘却もまた善悪の二義性を持ちえている。記憶／忘却のプロセスを解明することは、特定の言説や歴史に縛られた迷いの時代を脱却し、新たな地域アイデンティティを構築するための一つの思考プロセスとして重要である。

二十世紀を超えて

二十世紀が近代化を軸として国民統合を促すナショナル・ヒストリーの時代であったとするならば、いま私たちが立脚する二十一世紀はトランス・ナショナルあるいはトランス・リージョナルな原理が地域を結び付け、広範囲な移動、流通、交流を加速度的に進める時代ということになろうか。地球は一つであるという虚構的な実感はグーグル・アース以外の世界では体験できないが、確かに特定の国家や地域が単一で生き延びていくという成長神話は過去のものとなり、これに代わって環境問題の取り組みに見られるような共生の思想や競合的共存という発想が登場している。しかし、二十世紀の地域を描いてみれば、こうした地域間の結び付きは、必ずしも二十一世紀的特徴とはいいきれないことがわかる。むしろ、その結び付きの多様性と変化の速さこそが、二十一世紀の地域を捉えるにあたって重要な視点になる。二十一世紀が超情報化時代といわれるゆえんでもある。

アジアに暮らす人々も、民主化というプロセスを経るか否かを問わず、地域が輻輳的な関係を築くなかで、前近代のような家族的紐帯あるいは二十世紀の近代化という一元的価値観に縛られることなく、限りなく多様かつ多義的な価値観を持ちつつある。当然、それに伴って家族のあり方も地域社会も複雑かつ流動的になる。しかも超大容量の情報が流行をさえ消耗させる現在、制度や組織はいうにおよばず、人のあり方もめまぐるしく変化させられ、もはや特定の哲学や倫理、方法論が一世代も持たなくなりつつある。ただし、日々の生活でも実感できるこうした急激な変化が、平和と安定に向かうとはかぎらず、富や資源の偏差、情報の機会不均等を助長していることも、様々なメディアを通じて誰しも理解している。

二十一世紀社会では、様々な側面で選択の幅が限りなく広がっているにもかかわらず、南北問題、社会的不均衡、民族差別、性差別については、解決する指針さえ見つかっていない。地域間比較を試みると、こうした差別的感覚をもたらす引き金《トリッガー》として、かつてのように国際関係や富や権力だけでなく、硬直化したシステムや制限された情報も要因になっていることを私たちは知っている。誰も自分たちが制限された情報のなかで生きているとは思わないし、思いたくもないだろう。しかし、現実には、私たちを取り巻く情報環境がどれほどの水準なのか、正確に判断することは難しい。タブレットの所有数やインターネットの利用率などで情報環境の質が判断できるわけではない。

さて本書は、マクロな視点で世界を捉えるものではないし、長期的変動を跡づけるものでもない。また、各章が扱っているトピックも、実に様々である。しかし、地域問題が複雑になるなかで、それぞれの地域間の関係性を捉える相関地域研究の手法が有用であることは、各章をお読みいただければおのずと明らかになると思う。少なくとも二十世紀の最後の十年間に意識され期待されたように、二十一世紀をいかなる時代として切り拓くのかを再考する枠組みを手に入れることが可能になるだろう。本書がこうした手掛かりの模索に成功しているか否かについては読者諸氏に判断を委ねざるをえないが、少なくとも今日それぞれの地域が抱えている短期的・中期的問題を明らかにし、それらを自覚したうえで未来に向かって進む道を提示するためには、地域の記憶とともに、忘却された内容を検証することが手掛かりの一つになることだけは間違いない。

こうした記憶化／忘却の検証は、地域のなかで生きるすべを見いだし、地域の生存力を向上させることになると私たちは考えている。

アジアからの帰還

東西冷戦は一九八九年十二月に地中海のマルタ島でおこなわれた米ソ首脳の会談で終結したと整理されている。しかし、ヨーロッパでは今日でも冷戦意識がぬぐいきれず、地域間あるいは民族間の差別は続いており、一方アジアではすぐさま朝鮮半島、中台問題、尖閣諸島問題、南沙《スプラトリー》諸島問題などが想起できるように、冷戦が終結したと考えうる余地はない。アジアでは、地域紛争の火種はそこらじゅうにくすぶっているのである。

しかも、この会談以降声高に唱えられるようになったグローバリズムと、それに伴う諸現象は、この東西冷戦の危機感以上に、より広域的に、そしてより深く地域社会に影響をもたらしている。いうまでもなく、二十一世紀でも強調されるグローバリズムの正体は、新自由主義の影響がもたらす力の強さと広さにほかならない。

しかし、グローバリズムに伴う現象だけを見ることは、地域アイデンティティを看過することにつながりかねない。実際、かつて戦争あるいは対立関係にあった中国と台湾、ベトナムとアメリカ、中国とベトナムが交流を進めつつあるが、それをグローバリズムの現象や、それを主導するアメリカの影響力の強化だけで理解することは困難である。まずは、そうした現象を生み出すアジア域内の輻輳した変化を見なければならない。確かに、二十世紀では考えられないような地域間の交流が二十一世紀になって進むのを新自由主義の必然的現象と捉えることは、あながち強引だとは思われない。しかし、新自由主義という手軽な説明でわかった気になってしまうならば、地域に潜む複雑な内在的問題とその関係性を見落とすおそれがあることは自覚しておきたいものである。

ともあれ、時代の変化の矢面に立つのは、いつも地域であり、そこで生活する住民である。そして、二十一世紀の社会では、脆弱な地域間の関係の構築を考える際に、新自由主義を民主主義の化身であるかのように流布する多国籍企業の存在を抜きには語れないだろう。特定の国家を基盤としないこの種の巨大企業は、国家の軛を免れ、地域の規範を無視し、独自の資本の論理で運用されているからにほかならない。こうした議論は、本シリーズ第二巻につづく。

ただし、本書が明らかにするのは、反グローバリズムでもなければ、二十世紀前半に登場した「アジアへの帰還」を標榜した閉ざされた地域主義でもない。むしろ、二十一世紀の地域が抱える諸問題を考える手立てとして、まず「アジアから」考えてみようということにすぎない。日本を取り巻くアジアの地域的諸状況を理解したうえで、アジアに埋没するのではなく、またグローバリズムのような概念に振り回されるのでもなく、アジアで生きる私たち一人ひとりの主体性を確立することの重要性を喚起することこそ、「アジアからの帰還」の含意なのである。

当然のことながら、世界を意識することとアジア諸地域と連携することは二者択一の道ではなく、現実には、それらを両天秤にかけて、それぞれの状況の変化に応じながら判断して対応していくほかない。そのためには、地域アイデンティティを固定的・一元的なものとして捉えてしまうことは、広範囲かつ急速に外部との関係が変化する時代では、潜在的な可能性を阻害することにもなりかねない。「アジアからの帰還」とは、アイデンティティの複雑さについて自覚的かつ寛容になり、地域それぞれが主体的な価値観や倫理に目覚め、責任を負うことの重要性を覚醒するためのフレーズなのである。

本書の構成

本書は、三つの部によって構成されている。目次から明らかなように、全体は現在から二十世紀へさかのぼるという手法をとっている。それは、何より私たちが生きているこの時代を立脚点として地域を理解するという枠組みが重要だと考えるからであり、本シリーズが強調するように、地域研究の方法論だけではなく、歴史学や文学、民俗学、さらには情報学もその関連研究として有益であることを示すためでもある。

第1部「二十一世紀的地域像を拓く」では、過去と現在、現在と未来を結ぶ記憶を取り上げる。

二十一世紀に入って十数年が過ぎただけだが、世界各地では自然災害が毎年のように頻発している。第1部で取り上げるように、二〇〇四年に起こったスマトラ島沖地震によるインドネシア・アチェの津波災害に始まり、二〇一一年に日本で起こった東日本大震災に至るまで、大規模災害が続いている。しかし、こうした自然災害の影響が単に地域の破壊にとどまるものではなく、復興のために呼び起こされる災害発生前の記憶や秩序、そして災害後の記憶化が重要であることを、第1章と第2章は示唆している。

第1章「ミライの復興地――昭和三陸津波と東日本大震災」は、津波災害ごとに三陸沿岸集落に刻まれた各主体間のせめぎ合いの記憶を読み解き、第2章「記憶のアーカイブ――スマトラ島沖津波の経験を世界へ」は地域社会の集合的記憶の再編過程について、顔写真、タイプライター、風景写真の三つに注目して、大規模な災禍に見舞われた地域社会が集合的記憶の再生という課題にどのように対応し、克服しようとしているかを見る。

ここで重要になる概念は地域アイデンティティである。周知のように、人と同様に、地域にも歴史があり、アイデンティティがある。それは日常生活のなかでは見えにくい場合が多いが、災害の発生や体制の変動、国際関係の変化などをきっかけとして顕在化する場合がある。第3章「家系図の創造――ボルネオの黄龍の子孫たち」は、民族的出自が多様な人々が集まるボルネオ島のサバ州を舞台に、家系図を創出するとともに民族的出自を忘却することで自分たちを捉え直そうとする試みである。

第2部「二十世紀的記憶を結ぶ」では、現代と歴史をつなぐ事象を検証している。過去の出来事や事象が単純に記憶されるだけではなく、記憶が伝えられるなかで、記憶の再生化あるいは記憶の選択が起こっていること、そしてそれらがマイナス、プラスいずれの効果をもたらすかは地域の違いや記憶の内容そのものによって異なることを指摘している。

第4章「往古への首都建設――平壌の朝鮮式建物」は、朝鮮戦争以後の北朝鮮での現代建築を扱うもので、特に伝統的な屋根をのせた建築を対象にして、そこに込められた意図や期待された役割を探るものである。第5章「戦争の記憶と和解――韓国軍によるベトナム人戦時虐殺問題」は、ベトナムと韓国の双方での虐殺問題の語られ方を比較し、戦争の負の記憶を新たにすることで韓国のNGOとベトナムとの和解が促されたことを明らかにしている。第6章「交錯する農村の近代――岩手県沢内村と黒龍江省方正県」も第5章と同様に、記憶（この場合は悪しき記憶）は状況の好転を促す作用を果たす。第6章が取り上げた事例は、侵略戦争への贖罪意識と技術指導への熱意を持つ人物と、彼が伝えた農業技術であり、日中交流、交錯の貴重な一事例である。

第3部「二十世紀的記憶を描く」は、集合的記憶とともに、忘却の問題を取り上げ、両者が表裏一体の関係にあること、さらに構築されたモニュメントが現在まで影響を及ぼす可能性があることを提示する。

第7章「黒船来航と集合的忘却――久里浜・下田・那覇」は、ペリーゆかりの三つの港町、久里浜、下田、那覇に焦点を当て、変転する黒船来航記念行事が集合的記憶よりも悪しき対米感情を集合的に忘却させる作用を果たす役割を担っていたという重要な指摘をおこなっている。第8章「日本人の性的表象――南洋を描いた中国語小説」は、戦争中の日本人が描かれる現代中国の文学作品を通じて、ボルネオ島（カリマンタン島）に日本が遺した記憶が戦時性犯罪に特化され、戦争時の将兵のヒューマニズム的側面を見過ごしていることを明らかにする。第9章「グラフ誌が描かなかった死――日中戦争下の華北」は、日本の国策会社が発行するグラフ誌が、日本人に「開発」と「郷土化」をすりこむ表象イメージとして役立つ一方で、戦闘や死を遠景に押しやって忘却させる作用を果たしていたことを検証している。

以上はごく簡略な趣旨にすぎない。各章が提示する問題は、もっと多面的で豊かなものである。これらの興味が尽きない相関地域研究の成果を堪能していただければ幸いである。

第1部　二十一世紀的地域像を拓く

第1章　ミライの復興地——昭和三陸津波と東日本大震災

岡村健太郎

はじめに

二〇一一年三月十一日に発生した東北地方太平洋沖地震に伴う津波によって甚大な被害を被った三陸沿岸地域は、歴史的に幾度も津波被害を受けてきた津波常襲地域である。古くは八六九年に発生した貞観《じょうがん》地震以来、記録上千百四十二年間に二十五回もの津波被害を受けている(1)ことが知られていて、平均すると約四十五年に一度の頻度となる。明治以降の大きな津波に限定しても、一八九六年の明治三陸津波、一九三三年の昭和三陸津波、六〇年のチリ地震津波、そして今回の東日本大震災と四度の津波被害を受けている。そのため、三陸沿岸集落は被災と復興を繰り返すなかで形成されてきたといえる。

筆者が初めて三陸沿岸地域を訪れたのは、地震発生後三カ月が経った二〇一一年六月である。当初は大量の瓦礫に覆われた被災地を前に、今回の津波の威力に驚愕し言葉を失うばかりであった。しかし、しばらくして海岸沿いに集落を取り囲むように転がる堤防の残骸の列や寺社などに点在する過去の津波碑などを目にするにつけ、東日本大震災そのものではなくそれ以前の津波災害やそこからの復興過程でつくられた構築物など、過去の災害が現在の集落に及ぼした影響のほうこそが、筆者の意識のなかで徐々に前景化してきた。なかでも決定的だったのが「復興地」の存在である。

復興地とは何か。それは前述の一九三三年に発生した昭和三陸津波によって大きな被害を受けた集落各地で、津波被害を避けるべく高台に一体的に造成された住宅地を指す。復興地が造成されたのは、被害が大きかった岩手県と宮城県の二県で、両県合わせて九十八もの復興地が計画され、その多くが実現されたことがわかっている。[2]その結果生み出された復興地と被害を受けた低地によって形成される三陸沿岸集落の景観的特質を、長年三陸沿岸集落を研究してきた集落地理学者・山口弥一郎は「二重集落景観」と称している。[3]明治三陸津波やチリ地震後の復興も含め、三陸沿岸集落は津波災害ごとに形成される宅地や道路などの物理的環境のレイヤーが幾重にも重なるようにして構成されてきたといえるが、なかでも復興地は東日本大震災まで約八十年間、三陸沿岸集落の中核として地域生活を支える重要なレイヤーであり続けた。

今後、区画整理や土盛りなどの大規模な土木工事を伴う復興事業による新たなレイヤーが挿入されると、過去のレイヤーが後景化し見えにくくなるだろう。そうなる前に、本章では昭和三陸津波後の復興地建設を通して集落に刻まれた被災と復興の記憶を読み解いていきたい。それは、新たに刻まれるレイヤーにとってのいわば地盤面を確認するような作業となるはずである。

1　復興地の全体像

復興事業としての「住宅適地造成事業」

ここではまず、本章のテーマである「復興地」が建設されるに至った経緯を確認したい。一九三三年三月三日に発生した昭和三陸津波による被害を受け、政府は被害が大きかった岩手・宮城両県と情報交換しながら被災集落再建のための各種事業の予算案を作成した。予算案は、同年三月二十四日・二十五日の衆議院および貴族院で昭和八年度一般会計追加予算として可決された。震災からわずか三週間という極めて短期間に計画立案から予算案の議決にまでこぎつけるスピード感は、東日本大震災後の復興の現状を知る我々からすれば驚異的であるが、これには若干の補足説明が必要である。それは、同年三月の段階で政府が急ぎ作成した予算案に含まれているのは、いわゆる「復旧事業」だけで「復興事業」は含まれていなかったのである。要するに、津波被害を受けた施設の原状復帰を前提とした事業であれば、被害調査だけで予算案が作成できるうえ、議会での理解も得やすいので、取り急ぎ「復旧事業」だけを予算として計上したということである。そして、それ以外の「復旧事業」の範囲を超える「復興事業」については、計画内容やその効果などを吟味する必要があるため、昭和八年度予算としては各省庁の調査費だけを計上している。

ところが、政府が計上し予算が認められたなかにも「復興事業」に該当するような事業が含まれている。その一つが「復興地」を造成するための「住宅適地造成事業」である。津波によって甚大な被害を受けた低地に住宅を再建するのではなく高所に移転する必要があるが、調査のために一年間も事業を先送りにすることもできないというジレンマのなか、政府は予算案のなかに「住宅適地造成事業」をいわばこっそりと忍び込ませたのではないかと考えられる。こうした措置が取られたのは高所移転地造成のための「住宅適地造成事業」と区画整理や道路拡幅などをおこなう「街路復旧事業」の二事業だけであり、計画案のなかでの両事業の重要性がうかがえる。

昭和三陸津波以前の明治三陸津波後でも、たとえば宮城県内の集落では高所移転事業が推奨され実際に六集落で高所移転が実現したほか、岩手県内でも高所移転した事例が見られる。しかし、それらはいずれもあくまで自主的な移動であり資金的な余裕もあまりなかったのだろうか、途中で頓挫した事例や実現したものの不便さに耐えられず元の低地に戻ってしまった事例も少なくない(4)。一方、昭和三陸津波後の「住宅適地造成事業」は、政府が主導し公的資金が投入され、三陸沿岸全域の被災集落で大規模な高所移転を促すという点で非常に画期的なものであったといえる。

「住宅適地造成事業」の概要

次に「住宅適地造成事業」の具体的な内容を見ていくことにしよう。

内務大臣官房都市計画課『三陸津浪に因る被害町村の復興計画報告書』によると、政府は被災地を、「被害の軽微なるもの、又は部落の極めて小なるもの」、都市的機構を有する「都市的集落地」、それ以外の大半の三陸沿岸集落が含まれる「漁農集落」の大きく三つに分類している。そして、最初の分類に関しては自力での復興を促し、残りの分類についてそれぞれ対策を講じるとしている。具体的には、「浪災予防方法として最も完全なるは敷地を造成して部落を高地に移転せしむることである」が、都市的集積を有する「都市的集落」については既存の集積を生かすべく「現地復興」をおこない、それ以外の「漁農集落」については可能なかぎり高所移転を推し進める方針を示している。内務省によって「漁農集落」に分類されたのは、宮城県内十五町村六十集落、岩手県内十八町村三十八集落の計九十八集落に及び、それら集落で前述の「住宅適地造成事業」が計画・実施された。

前述したとおり、「住宅適地造成事業」は、将来の津波発生時での被害を防ぐことを目的とし、被害が大きかった集落全体を標高の高い場所に移転するため適切な宅地を造成し、海沿いの旧集落との連絡道路を建設するもので、内務省が所管する事業である。町村が事業主体となり住宅移転計画の概要を含む申請を提出し、内務大臣官房都市計画課が承認する形で、県は適地選定、設計、監督をおこなうとされている。[5] 事業費は大蔵省預金部の低利融資によってまかなわれ、国庫からの利子補給もなされた。また、宮城県では、事業費の約三割の六万円を義援金から補助している。ただし、敷地の取得にかかる費用については低利融資の対象外となっていて、基本的には町村が買収し、買収費と造成資金その他費用を加算した金額を移転者に面積に応じて割り当て、その後五年据え置き十五年償還《しょうかん》の方針を採って、償還終了後所有権を居住者に移すのが一般的な手法とされている。

移転地の選定については、内務省および岩手県、宮城県はそれぞれ表のように基準を示している。いずれにおいても明治三陸津波および昭和三陸津波の浸水域以上の標高の敷地を選定することでは共通しているが、内務省

表1　復興地選定の基準

内務省（内務大臣官房都市計画課『三陸津浪に因る被害町村の復興計画報告書』1934年）	・海浜に近きこと ・既往の津浪に於ける最高浸水線以上に位すること ・海を望み見得ること ・南面の高地なること ・飲料水の取得容易なること
岩手県（岩手県編『岩手県昭和震災誌』1934年）	・今次並に明治二十九年に於ける津浪襲来の浸水線を標準として其れ以上の高所に住宅を移転せしむること ・倒壊家屋も多からず且つ造成に多額の工事費を要せざる適当なる小面積の移転地が分散せる部落に就いては別に資金を供給せず各箇に分散移転の方法に依らしめ（略）
宮城県（宮城県『罹災地町村長会議』1933年4月11日）	・宅地造成の高さは今回及び明治二十九年の海嘯《かいしょう》以上となすこと ・在来道路より新に選定せる宅地に達する道路に対しては之を町村道に認定せらるるものに付ては地方振興事業として改修をなすこと ・部落より高地の避難場所（学校・神社・寺院・其の他の広場）に通ずる避難道路の新設に付きても前項同様取扱ふこと

はそれに加えて、海浜に近いこと、海が見えること、南面であること、飲料水が容易に取得できることなどを挙げている。宮城県は、既存道路と復興地をつなぐ道路および高所移転地からさらに高台への避難道の設置に言及している。

このように、基本的には内務省が所管する事業ではあるが、岩手県と宮城県では事業手法や基準などで若干異なる部分がある。本章では後段で岩手県内の事例を扱うため、以下、岩手県でのケースを説明することにする。

「住宅適地造成事業」の主体

岩手県では国からの予算が決定した三月二十五日からわずか五日後の三月三十日に、沿海各町村長宛てに「住宅適地造成資金利子補給ニ関スル通牒（昭和八年三月三十日土第一、二四一号沿海各町村長宛）」を出している。同通牒によると、設計だけでなく調査および工事監督も県が担っていて、それらの業務に要する費用として事業費の一割を県に寄付することとしている。また、同通牒には別紙として「住宅移転計画概要」が添付されていて、その内容は移転棟数、面積、連絡道路の延長距離、移転地の地形、工法、飲料水の取得方法、平面図などで、それらを記載した計画概要を約一週間後の四月七日までに提出することが求められている。そして、申し出がない場合には「希望ナキモノトシテ処理」するとされている。

一方、農林省水産局も沿岸被災地に職員を派遣していて、そのなかで「従来の住宅地並に移転すべき住宅地の適否」について調査し、移転地の大まかな位置を示している。[6]その他、内務省も前述の報告書のなかに各集落の計画図を掲載し、移転地の位置と新規の計画道路を記載している。[7]

このように、基本的には内務省所管の事業であり県が設計から工事監理までを担うとされてはいるが、実際には内務省や農林省も調査や敷地選定に携わっていて、また町村も計画立案に関与している。さらに実際の土地取得にあたっては、被災者や地主の意向など当然集落側の論理も関係してくるであろう。こうした複数の関係主体による関与が、被災集落の復興地にどのように刻まれていったのか、次節以降で具体事例をもとに分析を試みたい。

復興地を含む集落の類型化

「住宅適地造成事業」は、岩手県では一九三三年八月から順次実施された。三四年一月時点で県内十八町村三十八集落で、計千六百八十四戸に及ぶ住宅適地造成が計画され、震災後一年を待たずして多くの集落で着工されるなど、順調に進捗しその多くが実現したとされる。[8]

本章では集落に刻まれた災害の記憶を読み解くために、前記三十八集落を「被害率」および「移転戸数」によって分類することにする。「被害率」は昭和三陸津波前の時点における集落内の戸数に占める昭和三陸津波による流出・倒壊戸数の割合と定義し、「被害率」が五〇パーセント以上か未満かで分類することにする。被害率に着目したのは、被害率が高いと集落全体を新たに一から復興地に作り直す必要があるが、被害率が低いと被害を免れた場所との関係のなかで復興地を考える必要があり、復興地のあり方が異なってくると考えられるからである。また「移転戸数」については四十戸以上かそれ未満かで分類することにする。その理由は、移転戸数が多け

被害率	移転計画戸数(戸)	工事進捗状況（1934年1月時点）	類型
44.0%	20	九分通出来一月末竣功	C
8.6%	5		C
	9		C
68.3%	54	六分通出来二月下旬竣功	B
92.8%	47	四分通出来三月中旬竣功	B
13.7%	35		C
34.1%	71	七分通出来二月中旬竣功	A
	20	一月中旬着工三月中竣功	C
79.4%	240		B
24.1%	100	四分通出来三月中旬竣功	A
		竣工	—
44.8%	40		A
	40	七分通出来二月中旬竣功	—
84.1%	93	七分通出来二月中旬竣功	B
	52	二月上旬着工三月中竣功	—
	13	—	—
	13	二月上旬着工三月中竣功	—
	11		—
	18		—
41.8%	60	二月上旬着工三月中竣功	A
21.2%	20		C
95.1%	101	六分通出来二月下旬竣功	B
62.0%	97		B
12.2%	11	六分通出来二月下旬竣功	C
19.4%	21	二月上旬着工三月中竣功	C
23.9%	70		A
16.8%	25	未定	C
98.3%	106	二月上旬着工三月中竣功	B
78.6%	15	竣功（家屋建設中）	C
57.4%	20	六分通出来二月下旬竣功	C
57.1%	18	七分通出来二月中旬竣功	C
40.6%	20	二月上旬着工三月中竣功	C
85.3%	35	八分通出来二月上旬竣功	C
19.8%	19	五分通出来三月上旬竣功	C
20.1%	15	一月末日竣功	C
37.6%	45	七分通出来二月中旬竣功	A
49.2%	19	八分通出来二月上旬竣功	C
	86	二月上旬着工三月中竣功	—
40.7%	45.5		
	1,684		

表２　昭和三陸津波による岩手県内各集落の被害と住宅適地造成事業の規模および進捗

現市町村名	旧町村名	集落名	戸数（戸）	家屋流出・倒壊計(戸)
洋野町	種市村	八木	91	40
洋野町	種市村	川尻	81	7
洋野町	種市村	大浜		
普代村	普代村	太田名部	60	41
田野畑村	田野畑村	平井賀	69	64
田野畑村	田野畑村	島ノ越	51	7
岩泉町	小本村	小本	220	75
山田町	船越村	前須賀		
山田町	船越村	田ノ浜	223	177
大槌町	大槌町	吉里吉里	440	106
大槌町	大槌町	惣川		
大槌町	大槌町	安渡	270	121
大槌町	大槌町	小枕		
釜石市	鵜住居村	両石	107	90
釜石市	釜石町	嬉石		
釜石市	釜石町	沢村		
釜石市	釜石町	坊主山		
釜石市	釜石町	狐崎		
釜石市	釜石町	台村		
釜石市	唐丹村	片峯	79	33
釜石市	唐丹村	花露辺	66	14
釜石市	唐丹村	本郷	102	97
釜石市	唐丹村	小白浜	158	98
大船渡市	吉浜村	本郷	115	14
大船渡市	越喜来村	下甫嶺	98	19
大船渡市	越喜来村	浦浜	184	44
大船渡市	越喜来村	崎浜	155	26
大船渡市	綾里村	港	117	115
大船渡市	綾里村	白浜	42	33
大船渡市	綾里村	石浜	47	27
大船渡市	綾里村	田浜	49	28
大船渡市	赤崎村	宿	69	28
大船渡市	末崎村	細浦	34	29
大船渡市	末崎村	泊里	96	19
陸前高田市	広田村	六ヶ浦	591	119
陸前高田市	広田村	泊	117	44
陸前高田市	小友村	唯出	61	30
陸前高田市	気仙町	長部		
				平均値

（出典：岩手県編纂『岩手県昭和震災誌』〔岩手県、1934年、784―788ページ〕および内務大臣官房都市計画課『三陸津浪に因る被害町村の復興計画報告書』〔内務省内務大臣官房都市計画課、1934年、48―50ページ〕から作成）

れば多いほど集落内で土地を確保することが難しくなると考えられるからである。そして、「被害率」が五〇パーセント未満かつ移転戸数が四十戸以上の集落をA類型、「被害率」が五〇パーセント以上かつ移転戸数が四十戸以上の集落をB類型、移転戸数が四十戸未満の集落をC類型とする。以上の類型化を踏まえたうえで土地をめぐる葛藤がより多く顕在化し史料なども比較的多く残されている可能性が高い点に着目し、A類型とB類型からそれぞれ吉里吉里《きりきり》集落および港・岩崎集落をその代表的事例として分析する。

2　吉里吉里集落の復興地に刻まれた災害の記憶（事例分析一）

吉里吉里集落の集落構造と昭和三陸津波による被災

吉里吉里集落は大槌《おおつち》町の一部であり、地理的には大槌町の中心部が面する大槌湾に隣接する船越湾の南端に面する集落である。集落内には大きな河川はなく、船越湾から見て南西方向に延びる緩やかな谷筋に緩斜面を形成している。

昭和三陸津波前の吉里吉里集落の人口は千七百三十二人、戸数は二百七十二戸であった。昭和三陸津波による人的被害は死者と行方不明者がそれぞれ五人ずつ計十人で、人的被害率は〇・六パーセントにとどまった。しかし、住家の流出百五戸、倒壊二十三戸で、合計戸数は百二十八戸にのぼるなど建物被害率は四七・一パーセントに及んでいる。(9)

ここでは復興地の形成過程を見る前に、まず昭和三陸津波以前の集落の様子を確認したい。地図1は明治三陸津波の十四年後、昭和三陸津波の二十三年前の一九一〇年に作成された「宅地賃貸価格評価地図」をベースとし、土地台帳および一八七五年の「吉里吉里村地割絵図《じわりえず》」の分析情報を加えて筆者が作成したものである。図中点線で囲った部分は明治三陸津波後に高所移転がなされたと考えられる場所である。(10)前述したとおり明治三陸津波後

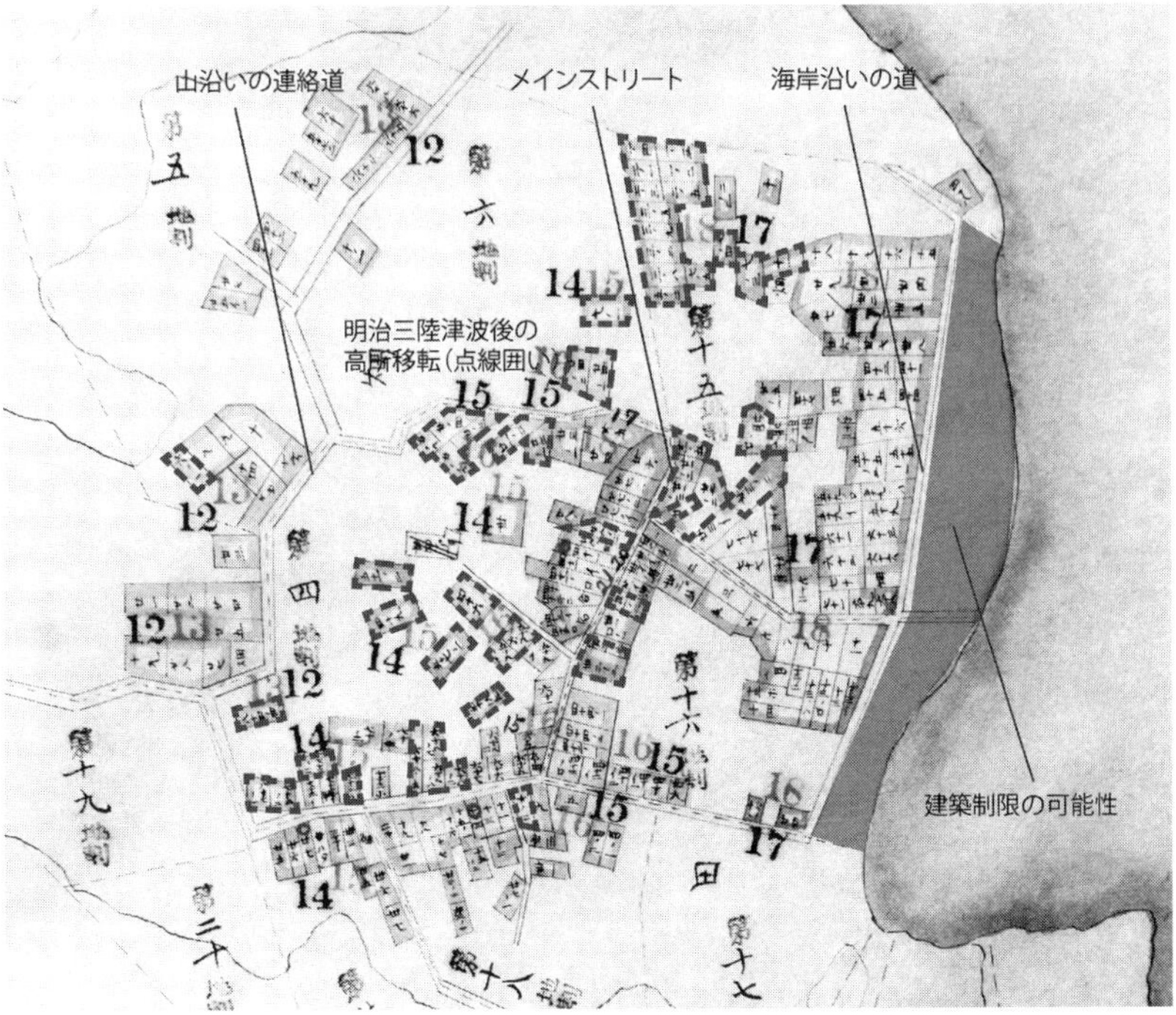

地図１　昭和三陸津波以前の吉里吉里集落
（出典：「土地台帳（吉里吉里集落）」、「吉里吉里村地割絵図」1875年、「宅地賃貸価格評価地図（遠野税務署管内　大槌町　乙図）」1910年から筆者作成）

に岩手県内で政策的に高所移転が実施された形跡はないが、吉里吉里集落と同様に自主的な高所移転という形で災害の記憶が各集落の土地に刻まれていることがわかる。また、集落の構成を見ると、図中右側の海岸線に平行して走る海に最も近い道路の右側はおそらく明治三陸津波後に建築制限がかけられて宅地はないが、その左側には多くの宅地がある。その一本内（左）側の道路は、両側に家が立ち並ぶ集落のメインストリートで、地図の色分けから地価が最も高い一帯となっていることが読み取れる。さらにその一本内（左）側の道路は、隣接する集落へとつながる山沿いの連絡道になっていて、道沿いに家が散在しているのが見て取れる。そしてそれぞれの道路沿いの宅地に囲まれたエリアは主に農業用地で、比較的標高が低いエリアは水田が、標高が高いエリアには畑が立地していることが多い。

この時点の集落の戸数は百九十七戸だったが、昭和三陸津波直前には二百七十二戸と一・五倍に増加している。しかし、地図資料を見るかぎり南北に平行に走る三本の道路を骨格とした集落構成は基本的には同じであったと推察される。

復興地の選定

では、昭和三陸津波後の吉里吉里の復興地はどのような性質の場所に選定されたのだろうか。前述の内務省による報告書には、吉里吉里集落の計画図が掲載されていて、「航空写真測量図」の上に復興地の位置が示されている。過去の浸水域よりも標高が高い敷地を選定するという指針に基づき、「明治二十九年波高八・五米、昭和八年四・二米、造成敷地は集落後方地盤高十一・八米以上の緩斜面を選」び、斜面を切り崩して平らな土地を造成する計画になっている。ただし、実際には計画地の一部が明治三陸津波の浸水域にかかっていて、そのことを考慮してか土盛りによって標高を稼いでいる。また、縮尺が異なるため地図2との対応がわかりにくいが、地図1の中央やや左の「第四地割」と書かれた一帯の真ん中の畑地が、復興地として選定された場所である。その後、地図2に記載されている計画道路についてはほとんど実現しなかったが、復興地に関する部分についてはほぼ計画どおりに実現している。しかし、そもそも土地が限られている三陸沿岸集落のなかで、そう簡単に高所移転が実現できるものなのだろうか。そこで次に土地台帳をもとに土地所有者の分析を試みることにする。

地図3は震災前の地割りと復興地との対応関係を示したものである。図中左下から右上にかけて県道が走っており、そこからは少し離れた街区の内側の点線で囲われた部分が復興地である。元の土地の地目を見るとほとんどが畑となっていて、その土地の所有者に関して現地インタビューで確認したところ、多くが地主というよりは自家消費用の比較的小規模な畑の所有者であることがわかった。しかし、そのなかで例外的な人物が、最も広い土地を提供している地番七〇の土地所有者・芳賀源八《はがげんぱち》氏である。

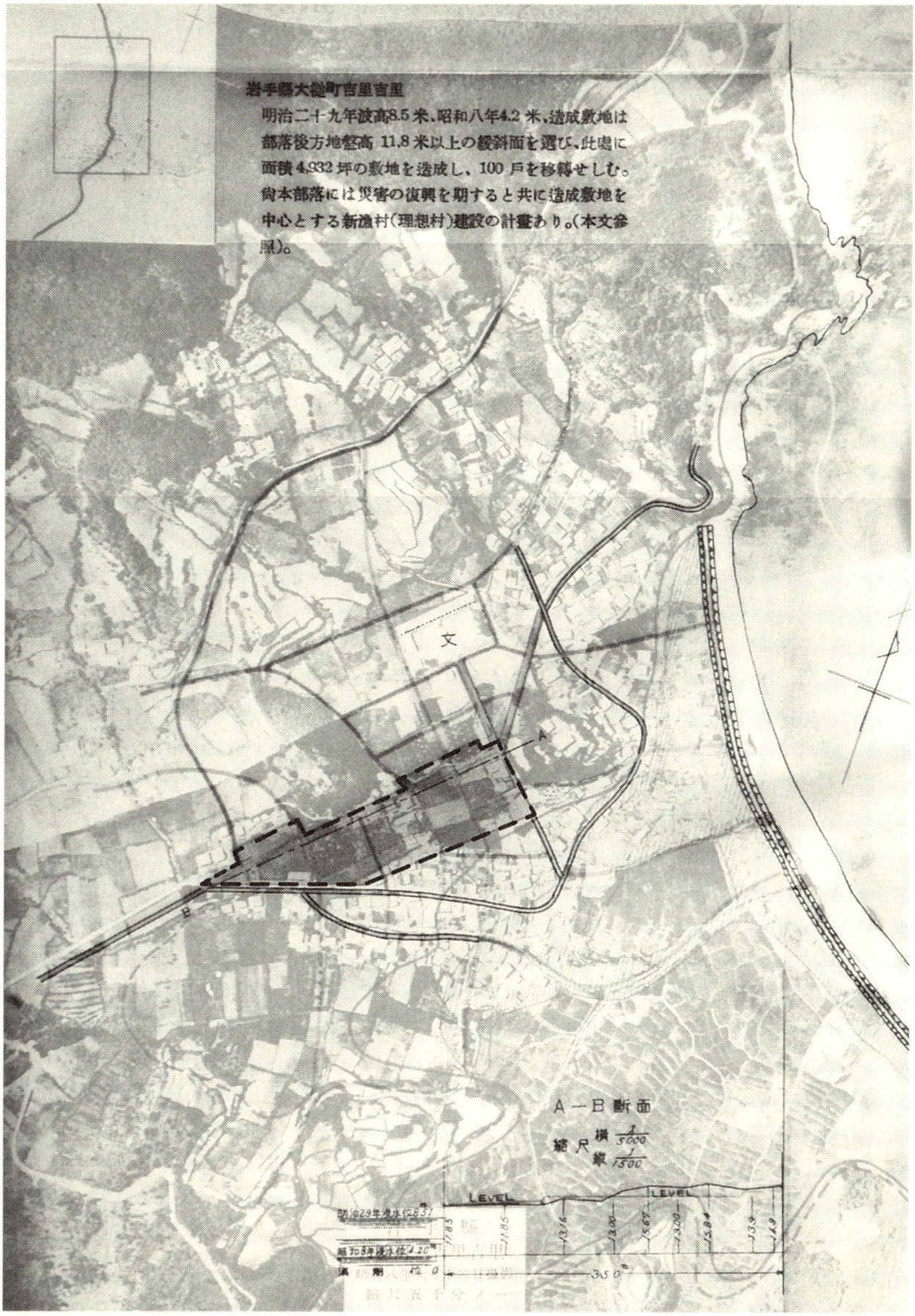

地図２　吉里吉里集落の復興地の計画
(出典：前掲『三陸津浪に因る被害町村の復興計画報告書』第31図)

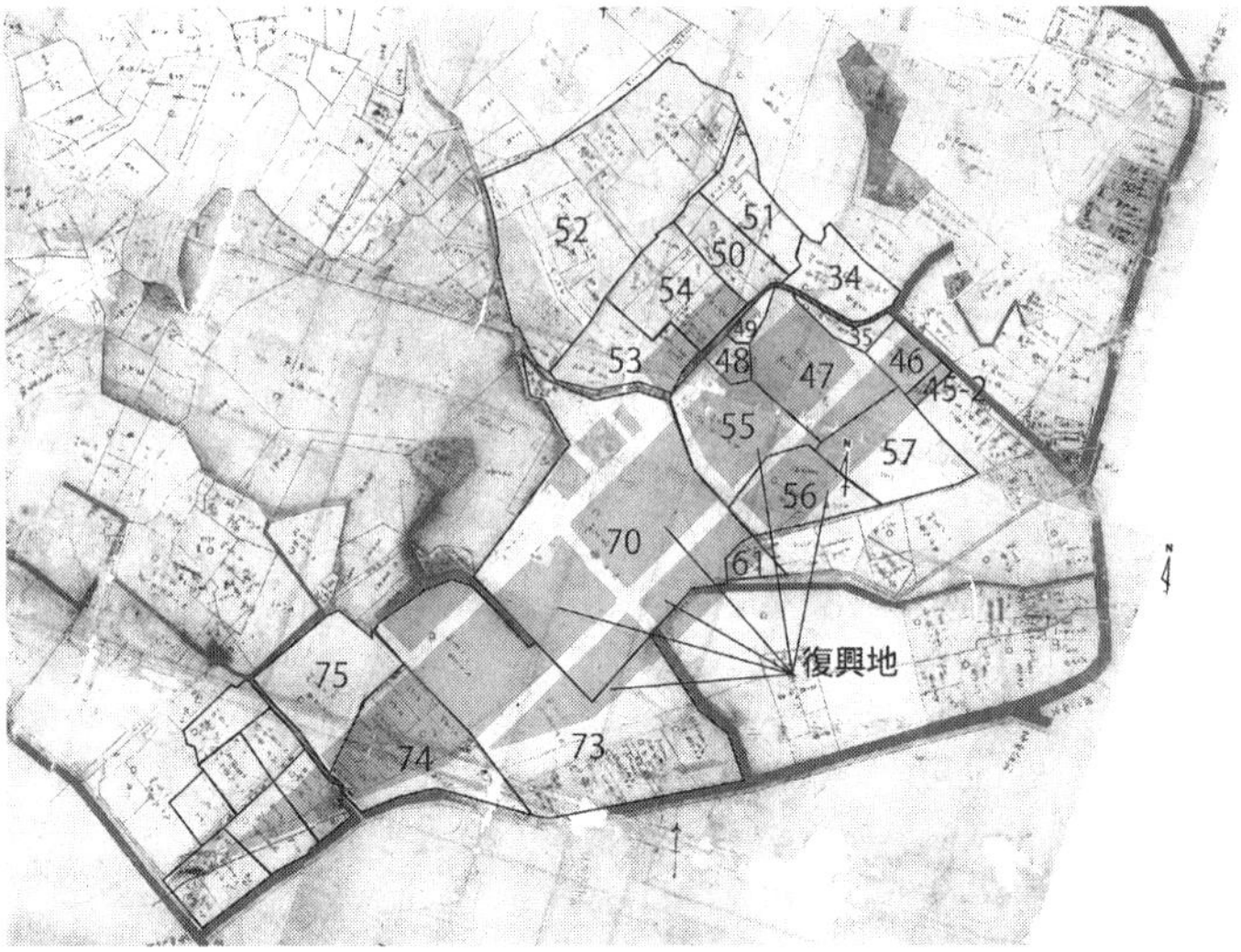

地図３　震災前の地割りと復興地との関係
（出典：土地台帳の分析および「岩手県陸中国南閉伊郡吉里吉里村絵図」に基づき筆者作成）

芳賀源八氏は、明治後期から継続的に吉里吉里湾に三カ所ある定置網漁のうち二、三カ所の漁を手掛けていた大きな網元で、土地を多く所有する地主でもあった。地番七〇の地目は昭和三陸津波発生の時点では「宅地」となっているが、源八氏の自宅はもう少し海沿いにあり、実際は麦畑であったとのことである。(11) 震災前には一坪（約三・三平方メートル）五円から十円で取り引きされていたのを、復興地として一坪二円で強制的に買収されたという。(12) 前述のとおり、「住宅適地造成事業」はあくまで土地造成を目的とした事業であって低利融資は造成費にだけ活用され、土地取得費については別途上乗せされることになる。そのため通常の半分以下の非常に安い値段で土地の売買がなされたのであろう。通常網元であれば数人から数十人の網子を抱えていて、その食料をまかなうべく広い農地を必要とするが、集落再建のために安価で土地を提供したものと思われる。復興地のなかには浦浜集落など土地取得がうまくいかずに計画が頓挫した事例が知られているが、吉里吉里集落の場合は源八氏を含め土地所有者の協力が得られたことが事業実施にあたっての要であったといえる。なお余談ではあるが、源八氏が提供した土地は、江戸時代以来吉里吉里に居を構えた豪商前川善《まえかわぜん》兵衛《べえ》の庭があった場所であるといわれている。集落の名士によって代々受け継がれてきた土地が、津波災害を機に住民に分け与えられ、集落再生が図られたとみることもできるであろう。

こうして確保された土地は、表2に記載したとおり震災翌年の一九三四年一月末日の時点で「四分通出来三月中旬竣功」とあるが、実際に家が建ち、復興地での居住が開始されたのはさらに一年後の三五年頃であったという。

産業組合と集落の社会構造

前述したとおり「住宅適地造成事業」にかかる費用は低利融資によってまかなわれたため、住宅適地造成事業で整備された宅地は、土地の買収費用と造成費を面積に応じて移転者に割り当て、五カ年据え置き十五カ年で償還することで所有権を移転するという方法が取られた。その際に政府が零細な被災者に個別融資を直接おこなうことはリスクが高いため、集落もしくは町村ごとに「産業組合」を設置し、そこを介する形で資金が供給された。被災者を含む集落の住民は加入金を支払うことで産業組合の会員になることができ、資金供給も産業組合の信用事業として実施されることで、支払い不能となった際のリスクを分散させることが可能となる。しかも昭和三陸津波後に設置された産業組合は、信用事業以外にも、購入事業で住宅建設のための木材を共同購入するほか、販売事業や利用事業などを展開し、そこで得た収入を融資の返済に充てることなども意図していたと考えられる。災害時に産業組合を介して資金供給をする手法は昭和三陸津波以前にもあったが、これほど大々的に産業組合が設置され活用されたのは初めてのことだった。これは震災の前年から農山漁村の自力更生を目的に農山漁村経済更生運動が開始されていて、その手法と実施主体としての産業組合を当時の政府がそのまま当てはめる形で昭和三陸津波後の集落再建を進めたことによる(13)。

そもそも政府による農山漁村経済更生運動は、農山漁村での封建的な社会構造や非効率な産業構造を近代化させるとともに、政府による地方の一元的な管理体制を構築するという目的があった。そのために、政府による復興計画は集落の社会構造や慣習との間でコンフリクトを起こすことはある種の必然であったといえる。そうした轧轢も復興地の地割りにしっかりと刻み込まれている。以下具体的に見ていくことにしよう。

岩手県では住宅適地造成事業によって造成される宅地の大きさにつき、「宅地造成調査心得」で一区画当たりの面積を「七アール（五十坪）を標準とするも地形地質に依り止むを得ざる場合は超過するも妨げ無し」としている。実際に岩手県南部の現地調査をおこなった青井哲人は、各復興地の地割りがおおむね間口五間奥行き十間の面積五十坪のサイズであることを踏まえたうえで、「零細土地所有者や借地人層も、移転先では十五年の債務を経て五十坪前後の土地を手にすることができた」として、復興地の均質性に昭和三陸津波後の社会構造の変化の可能性を見ている。(14) 吉里吉里集落の復興地の区画割りを見ても、おおむね間口五間奥行き十間と、岩手県の記述とほぼ一致するように見える。

しかし、土地台帳に記載されている情報をもとに詳細に吉里吉里の復興地の分析をおこなうと、面積が判明した全九十五区画の平均値は五十二・九坪と五十坪に近い値となっていて、内七十一筆が四十坪から六十坪の範囲に収まっているものの、最小値十七坪から最大値百十二・五七坪までかなり幅をもった分布になっていることがわかった。また、筆ごとの面積の差だけではなく、一人の所有者が複数の区画を所有しているケースも見受けられた。これはいったいどういうことであろうか。大きな土地や複数の土地所有者がどのような人物であったのか現地インタビューによって確認したところ、いずれも地主やその親戚、網元、大きな商店を営む商人などいわゆる富裕層や支配階級であることがわかった。このように、一見すると均質な地割りに見える復興地であっても、少なくとも吉里吉里集落では区画ごとの面積はかなり異なり、また複数の区画を所有する住民も存在するなど、世帯ごとの金銭的余裕や集落内での立場など集落の社会構造が相当程度反映されたものであったことが明らかになった。

東日本大震災による被害

さて、これまで様々な側面から分析してきた吉里吉里集落の復興地であるが、二〇一一年三月十一日に発生した東北地方太平洋沖地震に伴う津波によって、復興地全域が浸水被害を受けた。吉里吉里地区全体で死者・行方不明者は合計百人、家屋被害は三百五十五棟にのぼったが、特に人的被害については復興地を含む吉里吉里二丁目の被害が非常に多かったという⒂。おそらく昭和三陸津波後の高所移転地で、ここまでは津波は来ないだろうということで避難しなかった住民が一定数いたと思われるとのことで、住民インタビューでもそうした事例を確認することができた。しかし、その事実だけをもって同計画を失敗事例とするのは拙速であると考える。むしろ、少なくとも技術的にも未熟でありかつ戦争の影響もあって物資も不足しがちな昭和初期に、被災からわずか二年足らずで抜本的な社会改良を伴う大規模な計画を立案・実施したこと、そして実際にその後東日本大震災に至るまで集落の中心として機能してきたことは大いに評価すべきである。

なお、現在の復興計画では吉里吉里の復興地は、最大九メートルの盛り土がされたうえで区画整理が施される予定になっている。

3　港・岩崎集落の復興地に刻まれた災害の記憶（事例分析二）

港・岩崎集落の集落構造と昭和三陸津波による被災

前節ではA類型（被害率五〇パーセント未満、移転戸数四十戸以上）の事例として吉里吉里集落を分析してきたが、本節ではB類型（被害率五〇パーセント以上、移転戸数四十戸以上）の事例として港・岩崎集落を分析していくこととする。同集落は、現在の大船渡市三陸町綾里《りょうり》の一部で、綾里湾に面する集落である。綾里川右岸の河口に近い側に位置するのが港集落で、隣接してその上流側に位置するのが岩崎集落である。地図4を見てもわかるとおり、湾形が細長く集落が位置する低地の両側に山が迫っていて、平地がかなり限定されているのが特徴である。そして宅地は基本的には川に平行して走る道路に沿って立地していた。そうした地形的要因もあり、一八九六年の明治三陸津波による人的被害（死者数）は港集落で六百七人中三百七十四人（六一・六パーセント）、岩崎集落で二百四十二人中百二十四人（五一・二パーセント）、家屋被害（被害戸数）は港集落で百十八戸中百十八戸（一〇〇パーセント）、岩崎集落で四十六戸中三十三戸（七一・七パーセント）に及ぶ壊滅的なものであった。[16] なお、明治三陸津波後の高所移転については「個人的に数戸高地移動をしたのみで原地復興に終わっ[17]」たという。

そして昭和三陸津波の被害を見ると、人的被害（死者数）は港集落で七百五人中九十一人（一二・九パーセント）、岩崎集落で三百七十六人中一人（〇・三パーセント）と明治三陸津波と比較すると限定的であるが、家屋被害（被害戸数）は港集落で百十七戸中百十五戸（九八・三パーセント）、岩崎集落で六十三戸中十九戸（三〇・二パーセント）に及んでいる。明治三陸津波後に大規模な高所移転がなされておらず、昭和三陸津波直前の集落構造は基本的には明治期と同じく川に平行して走る道路に沿って宅地が配置されていたと考えてよいであろう。

復興地の選定

港・岩崎集落のように、両側に山が迫る狭く低い平地に立地していた集落が全域的に津波の浸水被害を受けた場合、高所移転先の選定に際し大きく二通りの考え方がある。すなわち、一つは川の流れと並行に上流方向に移動する方法で、もう一つは川の流れに垂直に山を削る形で平地を造成する方法である。港・岩崎集落の場合、住家の被害戸数が多く必然的に移転規模も大きくなるため、復興地の選定には困難を伴ったと考えられるが、結果として後者の方法、つまり山を削る形での造成がなされた。さらに、港・岩崎集落の復興地で特徴的なのは、もともと低地を走っていた県道盛綾里線を付け替えて、復興地の真ん中に新たな県道を通したことにある。まさに復興地内に村役場などの公共施設を含めた集落全体を移転している。

また、岩崎集落の復興地建設前後の状況を示した地図5を見ると、新たな復興地はそれ以前の集落内の宅地と山林との境界線上に形成されたことがわかる。つまり、復興地の山側の部分の斜面を削り取って平地をつくり、そこで出た土砂によって復興地の低地側の部分をかさ上げしている。その様子は図中に掲載している造成中の写

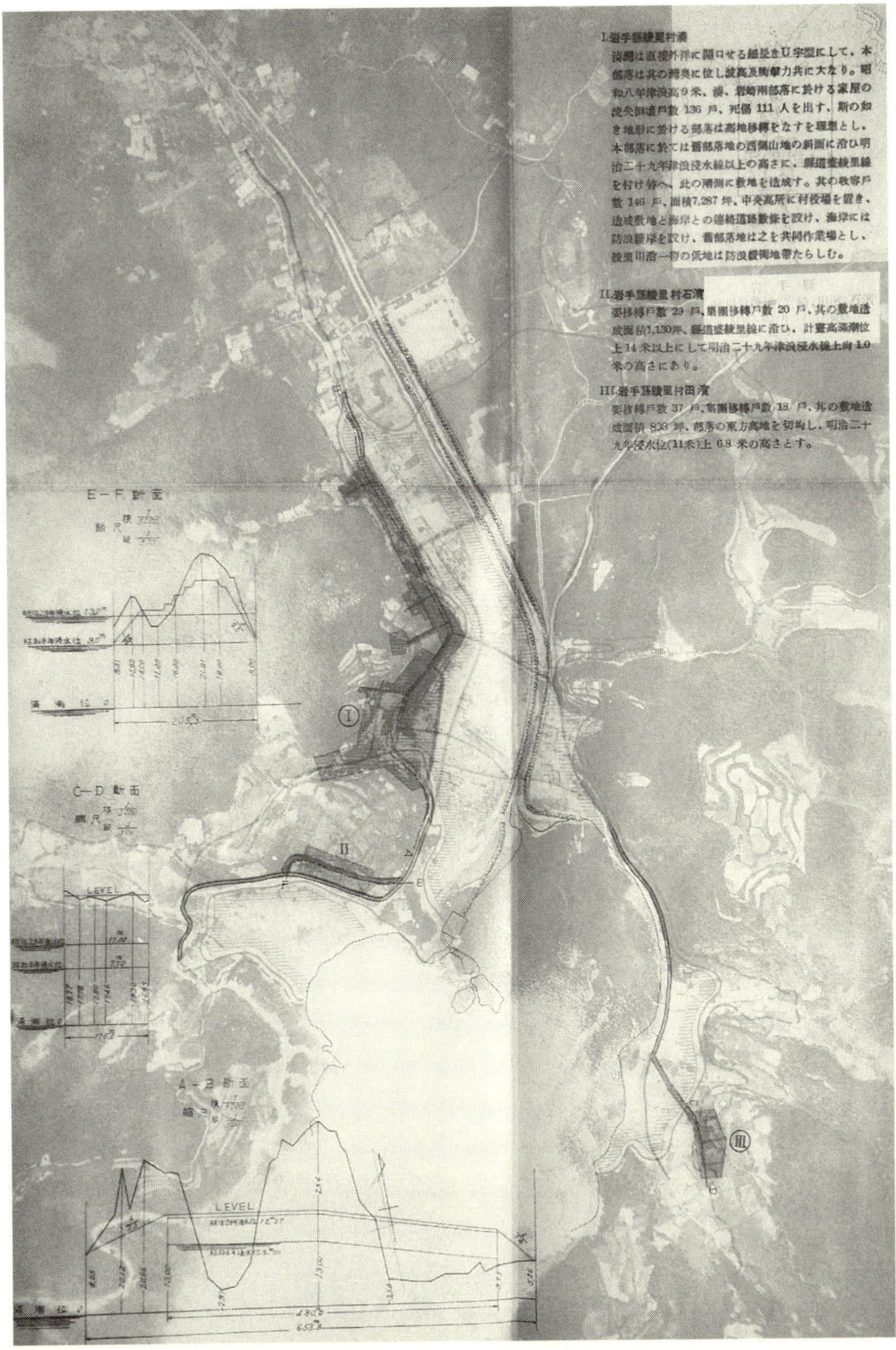

地図4　港・岩崎集落の復興地の計画
（出典：前掲『三陸津浪に因る被害町村の復興計画報告書』第18図）

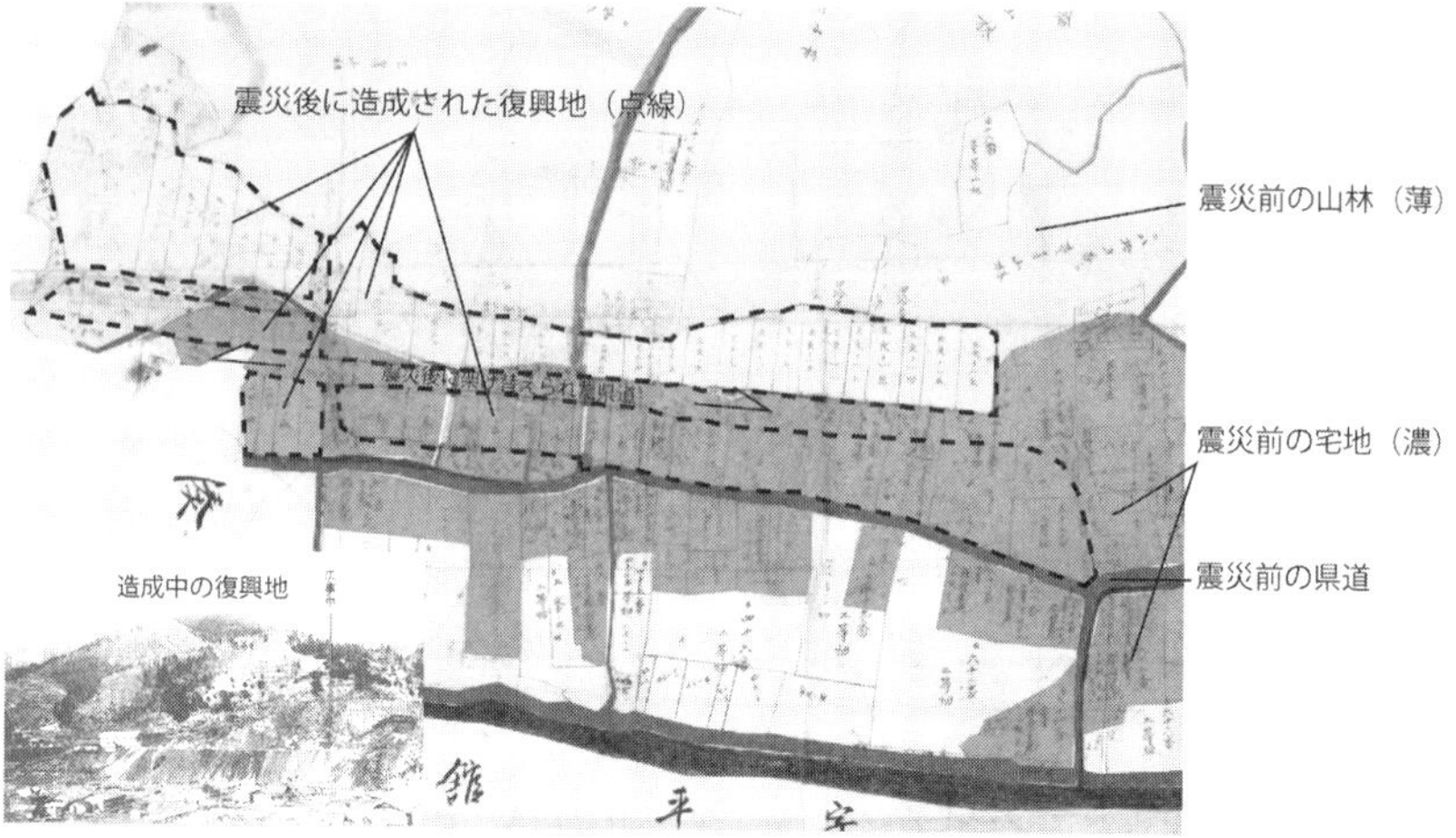

地図５　岩崎集落の復興地建設前後の状況
（出典：「岩崎集落地割絵図」をもとに筆者作成。写真は前掲『三陸津浪に因る被害町村の復興計画報告書』7ページから）

真でも確認できる。高低差にして約十メートルほどの落差がある土地を均すかなり大規模な工事であるが、当時は重機があるわけではないため原始的な工事道具を用いて人力によって造成された。

そして、前述したように通常復興地の土地買収は町村がおこない、土地買収費と「住宅適地造成事業」による造成費とを合わせて土地面積に応じて居住者に割り当て償還するという方式が取られた。土地台帳を確認すると、港・岩崎集落の土地も一度綾里村が取得していることから、同様の方法が採用されたと考えられる。一方で復興地の区割りを見るとおおむね五十坪から七十坪の面積となっているが、なかには百坪を超えるような大きな筆も存在する。この点について現地インタビューでは、復興地の土地を提供した地主には優先的に土地が配分されたとの証言が得られた。復興地の震災前の土地利用を見ると、宅地（地図5中薄い部分）と山林・畑（地図5中濃い部分）の大きく二つに分けられるが、ここでいう地主はおそらく山林所有者を指すものと考えられる。当時、山林は燃料としての薪を産出する貴重な資源であり、特に港・岩崎集落の復興地として提供された山林は集落からも近く一定の価値を有していたと考えられる。そうした貴重な土地を提供する地主へのインセンティブとして復興地の区画決定に際しての優先権が与えられたことは想像に難くない。

なお、表2では港・岩崎集落の復興地建設の進捗状況について「二月上旬着工　三月中竣功」とあるがおそらく誤りで、現地でのインタビュー結果を踏まえると、造成が完了したのは震災の約二年後であると考えられる。その後については、各戸の経済状況などによって住宅の建設時期は異なっていて、遅いものだと一九六〇年代になってようやく復興地に家を建設したという事例も見られた。吉里吉里集落では二年後に一斉に住宅が建てられ復興地での居住がスタートしていて、両者で状況が大きく異なっている。

産業組合と集落の社会構造

港・岩崎集落での復興地造成を含む各種事業の実施にあたっても、吉里吉里集落と同様に産業組合が活用された。ただし、昭和三陸津波後に結成された吉里吉里集落の産業組合と異なり、港・岩崎集落の場合は昭和三陸津波以前から旧綾里村全体で一つの産業組合として「有限責任綾里信用組合」がすでに結成されていた。それが、各種復興事業を主体として担うべく「保証責任綾里信用販売購買利用組合」へと改組されている。実際に、住民インタビューでも、産業組合が味噌や醤油などの製造販売や肥料などの購入事業も手掛けていたとの証言が得られている。また、産業組合の登記簿に記載がある理事の変遷を見ると、昭和三陸津波以前は村長や各集落の代表者などいわゆる地主層を中心とする支配者層が理事を占めているのに対し、昭和三陸津波以降は漁業者などそれまでとは異なる階層の人物も理事を務めていることが確認できる。このように、港・岩崎集落でも復興地の造成を含む昭和三陸津波後の各種復興事業の実施を担う主体として産業組合が設置され、一定の役割を果たしていただけでなく、当時の集落の社会構造に何らかの変革をもたらした可能性が考えられる。(18)

東日本大震災による被害

綾里地区には港・岩崎集落以外にも石浜集落、田浜集落、白浜集落にそれぞれ復興地が存在するが、いずれも東北地方太平洋沖地震に伴う津波による浸水被害はほとんどなかった。また、綾里地区全体の人口約二千七百人に対し犠牲者は二十六人と、他地区と比べると被害は軽微であったといえる。その要因の一つとして、昭和三陸津波後の高所移転がうまく機能したことが考えられる。[19] 現在、これら復興地を生かしながら、震災の経験を踏まえた新たな復興まちづくりが進められている。

おわりに

本章では、これまで「復興地」造成の前提となる昭和三陸津波後の「住宅適地造成事業」の概要を整理したうえで、「復興地」をA、B、Cの三つの類型に分け移転戸数の少ない類型Cはひとまず措き、類型Aの事例として吉里吉里集落を、類型Bの事例として港・岩崎集落の復興地を取り上げて分析をおこなってきた。

両者に共通するのは、居住に適した平地が限定されているという三陸沿岸集落特有の制約のなか、吉里吉里集落であれば網元で地主の芳賀源八氏らの、港・岩崎集落であれば山林の土地所有者の協力があり、復興地のためのまとまった土地が確保できた点である。また、完成した復興地での均等な区割りと不均等な区割りが入り交じる様相からは、漁村の脱封建化、安定化、平等性を志向する行政の論理と封建的で慣習的な集落の論理の双方を確認した。さらに、いずれの集落でも低利融資と産業組合の仕組みを活用することで、新たな集落の拠点としての復興地が完成し、永らく住民生活を支えてきたといえる。

一方両者で異なるのは、東日本大震災による被害の有無である。吉里吉里集落の場合、標高の高い非浸水エリアのなかでも浸水エリアに隣接する畑地が復興地として選定され造成されたが、その後東日本大震災によって復興地全域が被害を受けた。そして小本《おもと》集落や浦浜集落など分類Aに含まれる集落では、昭和三陸津波の非浸水エリアの宅地が残っているためであろうか、そこに隣接する畑地に復興地を建設し、吉里吉里集落同様に東日本大震災による被害を受けたケースが見受けられる。一方港・岩崎集落の場合、大々的に山林を切り崩し、道路の架け替えまでおこなったうえで復興地が造成され、新たな居住地が形成された。その結果、復興地については東日本大震災による被害を免れた。他にも、唐丹本郷《とうにほんごう》集落や平井架《ひらいが》集落など分類Bに含まれる集落は、昭和三陸津波によって大きな被害を受けた低地での再建をあきらめ、新たに山林を切り崩した高台に復興地を造成し、東日本大震災による被害を免れたケースが見受けられる。もちろん例外もあるうえ、今後地形と居住地との関係や集落の社会的要因なども含めてさらなる事例分析を進めていく必要があるが、集落に刻まれた昭和三陸津波の被災とその後の復興の記憶が、東日本大震災での被災やその後の復興に対して少なからぬ影響を及ぼしているのは明らかである。

　これまで昭和三陸津波後に被災集落が復興を果たしていく様相を、地割りや土地所有者の分析をとおして明らかにしてきた。こうしてみると、三陸沿岸集落は、数十年単位で繰り返される地球のプレートの動きに呼応して、人間の寿命をはるかに超えるタイムスケールのなかに文字どおり「生きている」といえるのではないか。集落の姿は津波災害のたびにリセットされるのではなく、それ以前の津波災害後によりよい未来を志向し形成された複数のレイヤーが重合した状態として立ち現れるのである。それゆえ、東日本大震災後の復興事業により造成されるであろう復興地も、現在だけを基準とした「未来」ではなく、過去の被災経験をも包含した「ミライ」の復興地である。したがって、よりいいミライの復興地のためには、集落に刻まれた過去の災害の記憶を読み解くことが必要不可欠だと考える。

注

（１）宇佐美龍夫『日本被害地震総覧　五九九―二〇一二』東京大学出版会、二〇一三年

（２）内務大臣官房都市計画課『三陸津浪に因る被害町村の復興計画報告書』内務省内務大臣官房都市計画課、一九三四

年、四八―五〇ページ
（3）山口弥一郎『津波常習地三陸海岸地域の集落移動――津波災害防御対策実地状態の地理学的検討』東京文理科大学／東京教育大学博士論文、一九六〇年（山口弥一郎『山口弥一郎選集――日本の固有生活を求めて　東北地方研究』第六巻〔世界文庫、一九七二年〕に再録）
（4）山口弥一郎『津浪と村』恒春閣書房、一九四三年
（5）災害関係資料等整備調査委員会『岩手県災害関係行政資料』災害関係資料等整備調査委員会、一九八四年、一六三ページ
（6）『三陸地方津浪災害予防調査報告書』農林省水産局、一九三四年
（7）前掲『三陸津浪に因る被害町村の復興計画報告書』
（8）ただし、筆者らの現地調査では実際には実現しなかったと考えられる集落や、前記とは別に町村事業として高所移転を実施した集落などが存在し、必ずしも正確な値ではない。
（9）大槌町吉里吉里部落『新漁村建設計画要項』一九三三年、吉里吉里天照御祖神社所蔵。ここでの数値は表2の数値とは異なるが、これは表2の数値には吉里吉里集落に隣接する赤浜集落と浪板集落の数値も含まれているためである。
（10）岡村健太郎「三陸津波災害後の復興手法と集落構造の変遷に関する研究――吉里吉里集落の復興にみる変曲点としての昭和三陸津波」東京大学大学院工学系研究科建築学専攻博士論文、二〇一四年、第1章第4節「集落における復興の実相」
（11）芳賀源八氏の人物像と昭和三陸津波前後の復興地の詳細について、源八氏の親族にインタビューをおこなった。
（12）前掲『津浪と村』九六ページ
（13）岡村健太郎「昭和三陸津波後の岩手県大槌町吉里吉里集落の復興に関する研究――農山漁村経済更生運動と復興計画の関連」「日本建築学会計画系論文集」第七十九巻第六百九十八号、日本建築学会、二〇一四年四月、一〇四五―一〇五四ページ
（14）青井哲人「再帰する津波、移動する集落――三陸漁村の破壊と再生」「年報都市史研究」第二十号、山川出版社、二〇一三年三月、六〇―六一ページ

(15) 吉里吉里二丁目町内会長談
(16)『三陸大海嘯岩手県沿岸被害取調表』岩手県、一八九六年
(17)『チリ地震津波調査報告書――海岸地形とチリ地震津波』国土地理院、一九六一年、七一ページ
(18) 港・岩崎集落の復興地を含む綾里地区については今後も調査を予定していて、そのなかで昭和三陸津波後の社会構造の変化などを含め、新たに明らかになった事項については論文などの形で公表していく予定である。
(19) 饗庭伸／合木純治／鈴木翔大ほか「大船渡市綾里地区の復興まちづくり計画」「特集　復興まちづくり三年目の課題」「季刊まちづくり」第三十九号、学芸出版社、二〇一三年七月、二〇―二三ページ

［補記］本章は科研費基盤研究B「津波常襲地における五十年後を見据えた津波リスク軽減方策とその伝承に関する研究」（代表：饗庭伸、二〇一四―一六年）、および科研費研究活動スタート支援「昭和三陸津波後の「復興地」における復興の実態およびその評価に関する研究」（代表：岡村健太郎、二〇一四―一六年）の成果の一部である。

第2章　記憶のアーカイブ
――スマトラ島沖津波の経験を世界へ

西　芳実

はじめに

建物や景観は、日常的に多くの人の目に触れることから、地域社会における集合的記憶のよりどころになりやすい。災害後社会の復興にあたっては、住宅や生業などの生活基盤の再建だけでなく、地域社会の集合的記憶の再編と再建も課題となる。被災によって、そして復興・再建の過程で、建物を含む景観は大きく変化する。その様子を記録することは、記憶資源の保全のためだけでなく、地域社会の集合的な記憶を再編するためにも重要である。

デジタル時代の今日、集合的な記憶の再編にあたってソーシャルネットワークやインターネットの活用が注目されている。こうした新しい技術は、複製や共有を容易にすることから、記憶の再編・再生過程を速め、範囲を広げるのに大きな役割を果たしている。同時に、タイプライターやカメラといったレトロな記録媒体がデジタル時代にその意義を復活させ、従来ならば言葉にされることなく個人のなかにだけ留まっていた記憶や経験が地域社会の集合的記憶の一部として参照されるようになり、さらには世代や地域を超えた記憶や経験の継承を助けてもいる。

本章では、二〇〇四年スマトラ島沖地震・津波の最大の被災地となったインドネシア・アチェ州での地域社会の集合的記憶の再編過程について、顔写真、タイプライター、風景写真の三つに注目して、大規模な災禍に見舞われた地域社会が集合的記憶の再生という課題にどのように対応し、克服しようとしているかを見る。災害は地域社会の集合的記憶を支える三つの要素にダメージを与える。一つ目は、地理的な空間のつながりである。災害は地域の景観を一変させ、生活空間の秩序を変えることで、地理的な空間としての地域のまとまりを壊す。二つ目は、時間的なつながりである。災害は、時間と労力をかけて築いた財産だけでなく、地域の来歴を知る人びとをも予期しない形で突然奪う。三つ目は、集合的記憶を可視化するメディアである。災害で失われたメディアに代わって、顔写真は、津波災害のために遺体なき弔いに直面した人々にとって、失った家族や知人とのつながりを確認するうえで重要な役割を果たした。タイプライターは、財産を失い、現金収入が限られた被災者、とりわけ高齢の被災者にとって自身の経験や思いを振り返ると同時に、それを次世代に伝えるための重要な筆記手段として活用された。風景写真は、津波によって町の景観が一変するなかで、水没を免れた家庭のアルバムや記録写真が津波前の景観をよみがえらせ、同時に津波前と津波後の人々の生活や記憶を結び付けるうえで重要な役割を果たしている。

以下では、アチェの津波被災地の人々が、スマトラ島沖地震・津波という未曾有の災害の経験を踏まえて、自分たちの体験や思いを記録にし、それを同時代の同じ地域の人々にだけでなく、時代や地域を超えた人々に理解してもらい、さらに、次の災害の被害を小さくするために活用してもらうべくどのような工夫をしているかを、証言集、自分史、今昔写真の三つの取り組みに注目して考えたい。

1　紛争と被災

「史上最大の支援作戦」

二〇〇四年十二月二十六日にスマトラ島沖で発生したマグニチュード九・一の地震とそれに伴う津波は、インド洋沿岸の国々に大きな被害をもたらした。被害は十四カ国に及び、死者・行方不明者は二十二万人にのぼった。国別に見て被害が最も大きかったのは震源付近のインドネシアだった。なかでもスマトラ島北西端のアチェ州は、海岸部に社会的インフラの多くが集中していたこともあって大きな被害を受け、死者・行方不明者は約十七万三千人、避難民は約四十二万人に達した。(1) 津波遡上高は最大で三十四メートルに達し、アチェ河河口に発達した州都バンダアチェ市は人口約二十二万人の三割にあたる七万人が犠牲となる未曾有の惨事となった。バンダアチェの市街地に瓦礫や自動車を巻き込んだ黒い濁流が流れ込む様子や、海岸沿いの集落がモスクだけ残して跡形もなく消え去った様子は、テレビ・ニュースやインターネットで世界に繰り返し配信され、世界中の高い関心を集めた。

津波がアチェにもたらした変化には二つの特徴があった。一つは、津波前にアチェは三十年に及ぶ内戦下にあり、津波は内戦により疲弊した地域を襲った災害だったことである。もう一つは、「史上最大の支援作戦」と呼ばれる大規模かつ国際的な復興支援の対象となったことである。津波直後の各国・国際機関の支援表明額は五十億千五百万ドル、民間援助は十六億八百万ドルに達し、緊急人道支援のためにアチェに入った外国の援助団体は三百八十を数え、「援助のツナミ」が押し寄せたとまで言われた。これと並行して、内戦の和平交渉が進められ、二〇〇五年八月に和平合意に至った。

内戦下の地域を襲った津波災害という経験とその後の復興事業の展開という二つの大きな変動のなかで、アチェの人びとは記録や記憶をめぐるあり方について新しい課題に直面すると同時に、それを克服しようとする試みが見られるようになった。

内戦下の社会の亀裂——歴史の断絶

津波被災に先立って、アチェでは、インドネシアからの分離独立を求めるGAM(自由アチェ運動)と、これを認めないインドネシアの国軍との間で、一九七〇年代から武力紛争が断続的に続いていた。九八年にスハルト大統領による長期政権が崩壊すると、紛争の規模が拡大し、GAMとインドネシア国軍によるアチェをめぐる勢力争いはこう着状態に陥った。インドネシア政府は二〇〇三年五月にアチェ州全域に軍事戒厳令をしき、報道や人道支援を含む外国人のアチェでの活動を制限した上で、治安当局による州行政への関与を正当化した。その結果、アチェで生じていることは外部世界から見えにくくなり、アチェは外部世界から切り離された地域となった。

内戦はアチェの民族自決の単位をめぐる争いとして展開し、地域の集合的記憶のあり方に大きな変更を迫った。GAMは民族自決原則をアチェ独立の根拠として掲げ、インドネシア政府によるアチェ統治は異民族による不当な統治であり、アチェはアチェ民族のもとに独立すべきだと主張した。これに対してインドネシア政府は、インドネシア民族は多様な人々からなっており、アチェの人々もインドネシア民族の一部であって、オランダによる植民地統治からインドネシアが独立したときにともに民族自決を達成したとの立場を堅持した。

アチェの人々にとって、自分たちはアチェ民族なのかインドネシア民族の一部なのかという問いは、自分たちの歴史をどのように捉えるかという問いと関連して困難をもたらした。一九七〇年代にアチェ分離独立運動が始まるまでは、アチェはインドネシア独立戦争に積極的に参加し、旧宗主国オランダの再上陸を阻止したことでインドネシア独立を導いた「礎の地」として知られていた。独立戦争で命を落とした人々は、インドネシアの英雄としてアチェ州内の各地に設けられた国民英雄墓地に埋葬されている。しかし、GAMの主張を認めるならば、インドネシア独立戦争に参加したアチェの人々はインドネシアの枠組みでの独立を求めた人々であり、アチェ民

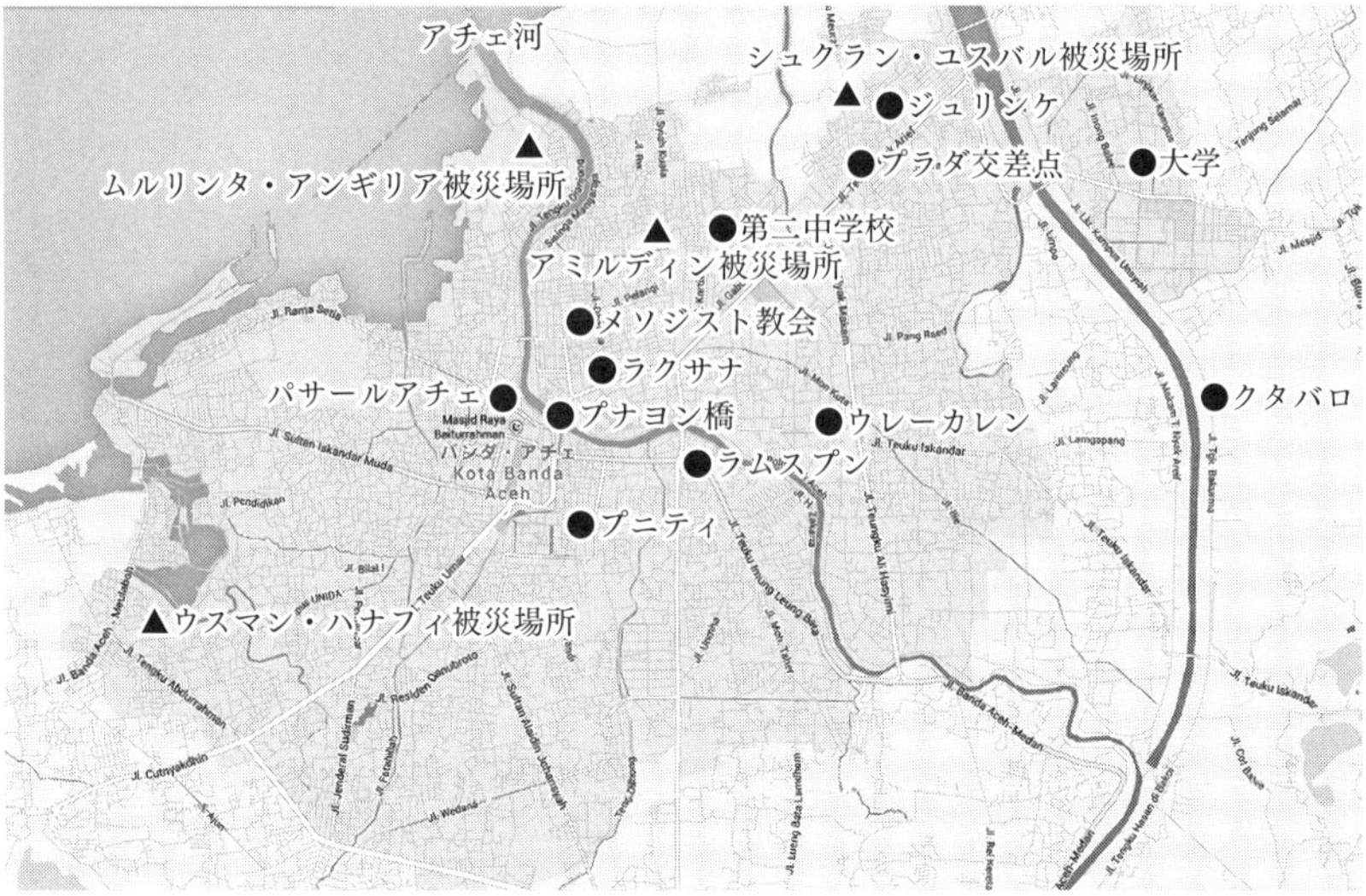

地図1　バンダアチェ市とその周辺図（●は本章に登場する地名、▲は証言者の被災場所）（©2014 Google）

族にとって裏切り者となる。武力紛争の展開とともにアチェ民族かインドネシア民族の一部かという問いが突き付けられたことは、かつてアチェに生きた人々と現在アチェに生きる人々との間に大きな亀裂を生じさせるものだった。そのことは、地域住民どうしが過去に起こった出来事について自由に語ることができない状況をもたらしていた。

津波後の経験の分析

津波は景観を一変させただけでなく、身近にいた人を突然予想外の形で失わせた。津波犠牲者の遺体は被災した場所から離れた場所に流されていることが多く、遺体の身元確認は困難をきわめた。

また、津波被災はそれ自体で一つの大きな事件だったが、どこでどのように被災したかによって個々の被災者の経験は大きく異なっていた。バンダアチェでは海岸からの距離に応じて被害の状況が大きく三つに分かれた。海岸から三、四キロメートルまでの地域ではほとんどすべての建造物が津波によって壊された。海岸から四、五キロメートルの地域では、全壊と部分的な被害が混在し、そこに津波によって運ばれてきた瓦礫や泥が堆積した。

海岸から五キロメートル以上離れた地域では、地震による建物の被害は若干あるものの、津波は及ばなかった。[2]
　同じ災害の被災地でも、わずか数キロメートル離れただけで被害の状況は大きく異なり、日常生活をほぼそのまま続けられる人と自分の命以外ほとんどすべて失った人とが混在していた。人々は、地域社会の記憶のよすがとなる景観を失うなかで、地域社会の記憶を再生するためにそれぞれの記憶の断片を持ち寄ろうとした。

2　証言集——地域のつながりを取り戻す

『津波と彼らの物語』[3]は、アチェ州公文書館が編纂した津波生存者の証言集である。百十一人の津波生存者の証言からなる「彼らの物語」と題された前半部分と、津波をどう受け止めたかを百五十一人が語る「彼らのコメント」と題された後半部分から構成され、被災から十カ月後の二〇〇五年十月に刊行された。巻頭言は、アチェの州知事、州議会議長、イスラム指導者協議会会長、軍管区司令官、州警察長官、国立公文書館館長から寄せられており、同書は州の公式の記録として位置づけられている。

　イスラム指導者協議会会長は、アチェの再建はイスラム性、アチェ性、インドネシア性、普遍性の四つの原理に基づいて進められるべきであると述べたうえで、広島と長崎という二度の原爆の災禍に遭遇しながら奇跡的な復興を遂げ、世界を先導する先進国となった日本にならい、地震と津波の災禍を神の試練として受け止め、進歩を追求しようと呼びかけている。また、国立公文書館館長は、同書の試みに先行するものとしてスタッズ・ターケルの『大恐慌！』[4]を紹介し、同書が「地域の集合的な記憶となるだけでなく国民の集合的記憶となることを確信している」と結んでいる。

　証言集の部分は、一人当たり二ページから四ページの文章にタイトルが付けられ、証言者の簡単な経歴が記されている。証言者の顔写真も付され、性別・年齢・人柄をたどる資料として重要な役割を果たしている。

図1　『津波と彼らの物語』表紙（左）とページ例（右）

証言者の内訳は、年齢は十一歳から百二歳まで、性別は男性が七十九人、女性が三十二人である。地域別内訳は、バンダアチェ市が五十六人、大アチェ県が二十六人、西アチェ県が十七人、アチェジャヤ県が十二人となっている。被災場所はほとんどが自宅かその近くだった。職業は、大学生（二十一人）、主婦（十二人）、自営業（十一人）、農業（十一人）、魚業（七人）、公務員（六人）、高校生（六人）、教員（五人）、小学生（四人）、販売（四人）、イスラム教師（三人）、大学講師（三人）、中学生（二人）、木材運搬加工業（二人）、鍛冶職人・ジャーナリスト・ミニバス運転手・守衛・国軍兵士・銀行員・元警察官・元公務員・州政府非常勤職員・助産士・村役場書記・自動車修理業・建設業・その他（各一人）と、実に多彩である。

被災から一年を経ずにこれだけ多彩な証言を収集・整理して編集するのに大変な困難が伴ったことは、序文からうかがえる。興味深い話があるというので録音準備を整えて訪問したところ、実際の話は事前に聞いていたものとずいぶん異なっていたとか、記録に値する劇的な物語があるというので訪問すると、所在が変わっていて消息がわからないといったことがしばしばあったという。なかには話したくないと断られることもあった。聞き取りを始めると感情を抑えきれず泣きだしてしまい、話が混乱する人もいた。編集過程で確認のために情報提供者に連絡を取ろうとしても、所在が不明となっていることもあった。編纂に携わったスタッフは、自身も被災者として生活再建に取り組むなかで、頻繁に移動する被災者から証言を集めることには大変な苦労があったが、同書が人類社会にとって意味のある歴史の証拠として役立てられるのであればと思いながら取り組んだと語り、世界各地の言語で翻訳されることを願っている。

それぞれの証言ではいくつか共通する事柄に関する記述が見られる。①地震発生前にどこで何をしていたかから始まり、②地震発生時の行動、③津波発生にどのように気づいたか、④津波にどう対応したか、⑤津波にのまれて水中でどのように行動したか、⑥水からどのように上がることができたか、⑦家族の安否確認をどのようにしたか、⑧家族とどのように再会したか、⑨どこで誰と避難生活を送ったか、⑩津波前に何か異変を感じたか、⑪津波をどう捉えているか、といったことが記されている。

たとえば、ウスマン・ハナフィ（六十六歳、元警察官）の証言は次のようである。

①自宅にいた。朝のジョギングを終え、裏庭で掃き仕事をしていた。前庭では孫が遊び、妻は調理中だった。

②家の外に出るよう家族に声をかけ、庭の一カ所にまとまって座り込み、祈りの言葉を唱え続けた。

③（娘の家の様子をバイクで見に行った帰りに）人々が「海の水が上がってきた」と叫びながら走ってくるのが見えた。椰子の木の高さの大波が家を壊しながら向かってくるのが見えた。

④逃げる人で道が塞がれて逃げ場がなかった。水に襲われ、バイクから引き離された。

⑤ドラム缶につかまったけれど引き離され、次に材木に這い上がって材木と一緒に流された。波が来て振り落とされた。住居の二階にいる人たちが助けの手を差し伸べてくれたが、その手を摑んでいることができずに水に流された。

⑥井戸を見つけ、ドラム缶を伝って井戸の水のなかに入り、流れてくる瓦礫を避けた。しばらくして井戸のパ

イプを伝って住居の屋根によじ登った。そこにはすでに何人か人がいた。
⑦夕方になり、波が来ないと考えて家を見に行ったが、建物はすっかりなくなり、どこに家があったかわからないほどだった。
⑧家があった場所を出て歩いていると孫の一人に出会い、様子を聞くことができた。
⑨スラワ山の警察学校に三晩宿泊し、その後、北スマトラ州メダン市の親戚の家に二週間避難した。
⑩その日の朝、妻に「前の晩によく眠れなかった、いやな感じがする」と言っていた。
⑪津波で妻、三人の子、三人の義理の子、八人の孫を失った。遺体は見つかっていない。生きていればいつか必ず会えるし、亡くなっていれば神のもとに召されているはずだと思う。

また、被災当時大学生だったムルリンタ・アンギリア(二十歳)は、「海で一人ではなかった」というタイトルで次のような証言を残している。

①自宅で弟といた。
③海の水が上がってくるという知らせで人々が騒ぎ始めるのが聞こえた。
④近所の人とともに近くの学校(バンダアチェ第二中学校)の二階に避難した。
⑤大波が二階を襲い、家族離れ離れに流された。泳げないので漂流していたバナナの木の幹にしがみついた。しかし第二波で海に押し流され、瓦礫や流されたほかの人々とともに午後五時頃まで海のなかにいた。
⑥午後五時頃に漁師に助けられ、アチェ河沿いに船でプナヨン橋まで連れてきてもらった。
⑧地震発生時に海水浴をしていた弟だけが助かり、一緒に逃げたほかの家族は見つからなかった。
⑨自宅に向かったが、また水が来るとの知らせを聞いてラクサナ地区の友人の家に逃げた。友人はおらず、友人の兄とともにウレーカレン地区のモスクに避難した。
⑩津波の二晩前に夢を見た。夢の中で大勢の人と一緒に水浴びをしていた。彼らは死んだ人だと教えられ、「怖がることはない」と声をかけられた。

⑪両親の思いを引き継ぐのは自分と弟の二人だけ。両親に代わり、弟を立派な人に育てたい。

シュクラン・ユスバル（二十歳、大学生）は次のように語っている。

①ベッドで寝ていた。

②兄に起こされ屋外に避難した。屋外で余震に備えていると、大アチェ県クタバロ地区にいる父親が自分たちの様子を見にバンダアチェまで来てくれた。父は食事をしろと金をくれた。朝食を買い、家の前のテラスで食事をした。

③「海の水が上がってくる、急いで逃げろ」という叫び声を聞いた。信じられず様子を見に通りに出た。車のクラクションが鳴り響くのが聞こえ、大勢の人が家から走り出てきた。

④私はバイクで、父は車で逃げた。プラダの交差点で渋滞に巻き込まれて停まった。振り返ると高さ五メートルの黒い水が押し寄せてきた。ジュリンケ地区のモスクくらいの高さだった。走って逃げようと思ったが、父は車から出られなくなっていた。その後、父が窓を開けて車の外に出たのを確認したが、父は第二波にさらわれた。自分も流され、トラックの荷台によじ登ったが、水に流された父を追いかけて水に飛び込んだ。

⑤津波に百メートルほど流され、木によじ登った。水かさが増してきたので下に見えたスズキのエスクードに飛び下り、半開きの窓に手をかけてしがみついたまま車とともに流された。

⑥車が店舗にぶつかって止まったので車の屋根によじ登った。流されている女性が自分に助けを求めたけれど助けられなかった。車の屋根から一階建ての家の屋根によじ登った。そこには三十人ほどが避難していた。水に流された父を思い、泣き叫んだ。この世の終わりが来たと思い、その前に少しでも善いおこないをしておこうと思って、瓦礫に挟まれていた女性を助けた。それから屋根伝いに二階建ての家の屋根に避難しようとした。何人かが梯子を使って避難したが、大柄の女性が梯子を使った際に梯子が壊れ、残りの人は避難できなくなった。それから一時間ほどして午前十一時頃に水が引き始めたので下に降りた。水かさは胸丈ほどだった。

⑦父が自分を呼ぶ声を聞き、父と再会した。
⑧ミニバスで自分を探しに来た母親に路上で会った。自分と同居していた弟は、その日の朝、大学キャンパス内のサッカー場に遊びに行っていて助かった。
⑨大アチェ県の実家。

これらの記述では、時刻、場所、家族の名前や年齢が克明に記されており、津波被災の様子や生き残りの様相を学術的に分析するための記録として活用されることが念頭に置かれていることがわかる。ただし、詳細に記述されている背景には、学術研究への活用や歴史記録としての客観性だけでなく、証言した人それぞれにとって、またそれを読む他の被災者にとって、被災と生き残りの経験が自分が暮らしてきた土地と結び付けられることで、自身の記憶が確かなものになると同時に、他の被災者と共有されるという意味もあるように思われる。

3 自分史——時間のつながりを取り戻す

タイプライター・プロジェクト

筆者が被災後にアチェで取り組んでいる活動の一つに、被災者による手記の収集がある。[5] 津波や紛争といった大きな事件が発生すると、その事件への関心が高まり、その事件に人々がどのように対応し、どのように考えたかについての情報が集められる。これらはもちろん重要だが、一方で、事件だけ切り取られて語られることになる。人々はそれらの事件が起こる前からその土地で暮らしを営んでおり、事件はその暮らしの延長上に発生したものである。事件前の時期についての経験もあわせて収集することで、大きな事件を人々がどのように受け止めているかを位置づけることができる。

執筆者を選ぶにあたっては、筆者が津波の前後十年あまりにわたる現地調査で出会った人々のなかから、文章を書くことに興味を持っていて、比較的時間のある人を何人か選んだ。被災後の数年は年に二、三回の割合で訪問して暮らしの様子をうかがい、復興に一段落ついて生活や気持ちに余裕ができてきたと思えるようになった頃に依頼した。手動式のタイプライターと補充用のインクリボン、そしてA４判用紙一綴り（五百枚）を手渡して、自分が直接体験したり見聞きしたりしたことを執筆すること、執筆した期日を明記することを条件とした。使用言語は基本的にインドネシア語とするが、必要に応じて他の言語の単語や表現を入れてもかまわないこと、ただしそれぞれにインドネシア語の解釈を添えることを求めた。また、このプロジェクトは社会の多様な姿を描くことを目的としており、歴史的な事件の背後でどのような生活があったかに関心があることを伝え、さらに、書かれた文章はインドネシア語で、または他の言語に翻訳して、一般の人の目に触れる形で公開する可能性があることを伝えた。

図２　タイプライターで自分史を書くAさんと筆者

　ここでは、実際に執筆を開始した人のうち、比較的まとまった分量の執筆が進んでいるAさんについて紹介したい。

　Aさんは、一九三〇年代にアチェ内陸部のタケンゴン地方でミナンカバウ人の農園労働者頭の息子として生まれた。バンダアチェには七〇年代末に住むようになり、イスラム教徒だがメソジスト教会が開設した私立高校で主に華人を相手に英語を教えていた。定年まで勤め上げた後、バンダアチェ市内の自宅で妻とともに年金生活をしていた。

　津波のときは自宅前で被災した。人々が避難しているのを見て妻とともに知人の車に乗り込んで避難しようとしたが、津波に追いつかれて車ごと巻き込まれた。車の後部の窓が割れて水が流れ込んできた際に、妻とともに窓からうまく抜け出すことができた。同乗していた知人は車から出られずに助からなかった。車から出ると津波に流されそうになったが、付近の民家の二階に手が届き、窓から家のなかに入って二人とも助かった。

筆者がこの夫婦に初めて出会ったのは、二〇〇五年八月にバンダアチェ市の仮設住宅を調査で訪れたときである。何軒かの部屋を見せてもらったなかで、仮設住宅の限られた空間を少しでも居心地よくしようと趣味の日曜大工で本棚をつくり、友達にもらった雑誌とコーランをきれいに飾っていたのが印象的だった。津波前、Aさんは教師を定年退職して息子の仕事を手伝っていた。息子は行商をしていたが、小売りでは売り上げがはかばかしくないため、Aさんの年金を元手に借金し、商品を大量にまとめ買いしていた。その矢先に津波に見舞われ、まとめ買いした商品が倉庫ごと流されて借金だけが残ったため、退職金を使えば仮設住宅を出てもう少し環境のいい部屋を借りることもできただろうが、仮設住宅に入って住宅支援の順番待ちをしているとのことだった。

その後、調査のために年に二回程度バンダアチェを訪問するたびに彼らのもとに立ち寄った。二〇〇六年には仮設住宅暮らしを終えて復興住宅に移っていた。家具が全くなく、床や壁に漆喰を塗っただけの殺風景な復興住宅内を居心地よくするため、夫婦で協力して型紙で模様をとりながら内壁のペンキ塗りをしていた。Aさんは以前から文章を書くことが好きだったが、津波の際に手を強打したために右手を使った細かい作業ができなくなっていたことや、所有していたタイプライターが流されてしまったことから、津波後は文章を書くのをやめていた。

Aさんの原稿は、息子の運転でバンダアチェ市から車で八時間ほどの距離にある故郷のタケンゴンに夫婦で旅行に出かけた話から始まり、津波被災後の仮設住宅暮らしを経て、国際NGOの支援により現在の住まいに落ち着くまでがつづられていた。両親の思い出や学生時代のこと、仕事を始めたときのこと、結婚したときのことといった人生の節目の出来事だけでなく、昔よく見ていた三船敏郎が出演する白黒映画のあらすじや、敬愛するタゴールの詩の引用なども含まれている。津波については一章を立てて十ページにわたって記述しており、どのようにして津波から助かったか、津波後の困難をどのように乗り越えたかが語られている。

復興住宅を供与されたときはとてもうれしく、病院のようにきれいな家をもらったと息子に伝えたという。いろいろと思うに任せず、手を入れたいところはあるけれど、「いつかそれは実現すると楽観的に信じたい。いまはまだできないだけだ。失敗したのでなく少し時間がかかっているだけだ。いつかきっとすべてよりよくなるという希望を持っている。どうなるかは神の御心しだいだ」と結ばれている。

津波被災地では、財産をすべて流されて一から人生をやり直すことになった人がいる。知人や家族を失うなかで、思い出や記憶が残された唯一の財産だという人も少なくない。記憶を記録にしておくことは、災害を契機に断絶を経験した人々の記憶や歴史を結び直す役割も担いうるはずである。

4　今昔写真――移り変わりを可視化する

経験を伝える上では視覚に訴えることが重要であり、その方法の一つとして写真が注目されている。景観写真をもとに津波前と津波後を結び付ける試みとして、二〇〇八年四月に刊行された『バンダアチェの歴史ポートレート』(6)という写真集がある。日刊紙「アナリサ」に一九九九年に連載された特集記事の写真に津波直後の風景写真を添えたもので(7)、五〇年代から現在に至る伝統的な家から近代的な建物までを掲載している。バンダアチェにある古い建物や歴史的な場所を写真に撮りためてきたものである。

著者のハルン・クチ・ルミは、一九七〇年代から新聞記者として活動し、七三年に「アナリサ」の記者になって現在に至る。家業の金細工販売で財をなし、インドネシア内外の文化物の収集家としても知られる。文化遺産の保護と発展に貢献したとして二〇〇六年には文化観光大臣から文化勲章を授与された。

ハルン・クチは同書で次のように語っている。オランダ植民地時代にはどの建物を壊しどの建物をつくるかについて見識があった。いまは、建物の歴史的価値を検討しなくなっている。古い建物を壊した後に、それとは全くゆかりのない建物が建てられてしまい、その場所の歴史をたどることを難しくしている。

この本には、バンダアチェ市長のマワルディ・ヌルディンとアチェ情報文書センター・センター長のルスディ・スフィが巻頭言を寄稿している。マワルディは津波後のバンダアチェの再建に功績を残した人物で、任期中に病気で死去したが、観光都市としてのバンダアチェづくりに積極的に取り組んだ。巻頭言でマワルディは、バンダアチェ市がインドネシアのなかでも八百三年という長い歴史を持つ都市であり、だからこそイスカンダル・ムダ王の時代から津波後のいままで変化につぐ変化を経験してきたとする。そして、市政府がバンダアチェ市の復興に尽力してきた結果、バンダアチェが復活したと語る。

ルスディ・スフィは、バンダアチェについて書かれた資料はたくさんあっても、これほどヴィジュアルの面で特別な形を持った本はないと位置づける。ルスディによれば、この本は写真で今と昔を比較しているところが重要である。写真は筆者による選りすぐりのもので、読者に対して過去と現在のバンダアチェだけでなく未来のバンダアチェの姿についての指針も示すものとなっている。写真の撮影者である筆者によって写真に付された説明は、短くてもその時代の空気をよく描いている。また、建物のポートレートは、時の流れや歴史の移り変わりをよく示している。

ハルン・クチには、『ハルン・クチ・ルミ――バンダアチェ市の文化遺産の守り手』[8]という本がある。津波に被災する直前の二〇〇四年九月に初版が刊行され、一二年に第二版が刊行された。この本をもとにハルン・クチの経歴を紹介しよう。

ハルン・クチは、一九四二年九月十九日にバンダアチェ市ラムスプン地区で生まれた。六人の子のうち唯一の男子だった。

小学校から大学までバンダアチェ市内で過ごした。六歳のときに自宅近くの人民学校に入学したが、当時アチェではイスラム系の学校が人気で、二年生のときにイスラム系人民学校に転校した。しかし両親は息子を商売人にしようと考えて中華学校に転校させた。ハルンの両親は金細工の販売業を営んでいた。当時、非華人系住民の金細工屋は四軒だけで、あとはみな華人の店だった。ハルンは大学中退後の一九六六年から七五年まで家業を手伝った。

写真撮影を開始したのは一九六〇年代だった。ハルンはしばらく「ミンバル・スワダヤ」紙で働き、一九七三年に「アナリサ」紙に移籍した。「アナリサ」はアチェ州に隣接する北スマトラ州メダンで発行されていた日刊紙で、経済記事が多かった。九〇年に「アナリサ」がバンダアチェ支局を開設すると、支局長に任じられ、現在に至る。

図3　『バンダアチェの歴史ポートレート』のページ例。ここでは、バンダアチェ市のランドマークである五差路付近の風景の1980年代（上）と刊行当時（下）の様子が比較されている。中央部分にはハルンによる解説が付され、写真中の建物や通りの名称が紹介されている

津波をどう受け止め、何が変わったか

津波発生時、ハルンは自宅で孫と一緒にいた。三人の子どもは配偶者とメッカ巡礼に出かけており、その間、ハルンが孫を預かっていた。地震で家の調度に被害はなかった。外に出て孫たちと庭に集まった。西の空に黒い煙のようなものが見えた。そのときはパサールアチェで出火したと思ったが、実は津波だった。

ハルンはプニティ地区にある子どもたちの家を見に行った。家は無事だった。自宅に戻ってくると、家の後ろのアチェ河の水が西から東へ逆流していた。数千人の人が前の通りを東に走っていくのが見えた。「海の水が上がってきた」と叫んでいた。人々の様子は、恐怖に覆われ、泣き叫ぶ者あり、祈りを唱える者ありで、あたかも戦争に見舞われた国のようだった。

津波後に消息不明になっていた末娘たちも、内陸部の大アチェ県ジャントー地区に避難していることがわかり、家族と財産を守ることに専心した。二日目の晩、バンダアチェには大規模な強盗団が発生した。避難して住人がいなくなった家や店を襲っていた。自宅は警察に警護を頼み、家族は巡礼中の子どもの家に集まった。アルン社の近くに住んでいた親戚らも避難してきた。三日目には食糧が米だけになった。パサールアチェの店を見に行き、変わり果てた街の様子を見た。店の品物は一部がなくなっていたが、おおよそ無事だった。五日目にメダンに避難することにした。妊娠している末娘のことを考えてのことだった。バンダアチェ市内のあちこちに散乱している遺体が感染症のもとになるという噂もあった。余震も毎日続いていた。

メダンには親戚合わせて二十人で避難した。ホテルで何日か過ごした後、費用がかさむので家を買うことにした。スティアブディ地区で家が売りに出ていたので借金をして買い、翌日には引っ越した。引っ越すと、アチェの津波の犠牲者だからと近所の人たちが必要なものをあれこれ持ってきてくれた。

二十日間避難した後、ハルンはバンダアチェに戻った。遺体の埋葬や通りの瓦礫の片づけが始まっていた。子どもたちも巡礼から帰ってきた。パサールアチェの店を二〇〇五年三月に再開させ、ラムスプン地区の自宅でも

金や装飾品の売買を始めた。当時はまだ店を再開させたところが少なく、日々の生活費のために手持ちの金細工を売りたいという人々を助けた。

学校が壊れ、孤児も増えるなか、子どもの教育を憂えたハルンはハルン・クチ教育財団を設立した。四千平方メートルの土地に、二〇〇五年末に十二メートル×八メートルの礼拝堂を建て、コーランの勉強や礼拝ができるようにした。三つの教室をつくり、一年後にはもう一つ増やした。現在、百五十人の生徒を受け入れている。授業料は無料で、生徒の制服代や十五人の教師の給料はハルンが支払っている。礼拝堂はコンクリートづくりだがアチェの伝統的な家屋の様式を採用しており、装飾もアチェのモチーフを多用してアチェの文化の価値を知ってもらう工夫をしている。

おわりに

戦争や災害の体験を私たちは語り伝えていこうとする。その一方で、時が経過し、「生きた証人」が高齢化して直接の体験を聞くことが難しくなっていくなかで、戦争や災害の記憶が希薄化し、体験が風化していくことへの危機意識もある。本章では、多くの人の身に生じた災いの体験や人々の思いを記録し、のちの時代の人や異なる地域の人々に伝えていくにあたって、薄れていく記憶の保存や繰り返し語ることによる記憶の再強化とは別に、記録を読み解くための土地勘を養うことで、地域や時代を超えた体験や思いの共有を図る取り組みを紹介してきた。ここでは、記憶を希薄化させないためにではなく、地元の人もそうでない人も土地勘を共有し、固有名詞としての経験を受け止めたままそれを教訓とすることが目指されているともいえるだろう。

証言集をどう読むか

戦災や震災など多くの人が巻き込まれた悲惨な体験を記録に残し、後世に伝えるため、一人ひとりに固有の体験や思いを記した証言集が作られてきた。それらの証言は、地域の経験として、また人類社会の経験として記録に残すためだけでなく、多くの人に読み継がれることで、災いによって失われた命やそれに伴う悼みに心を寄せ、同様の災いが起きたときによりよい対応ができるように準備したり、過ちを繰り返さないための戒めとしたりすることが期待されている。

しかし、私たちは記録された証言をどのように読んできただろうか。また、その証言から私たちはどのような共感や教訓を得てきただろうか。多くの人の目に触れられ、人々の記憶に残すため、証言のなかには一部分が切り取られたり、固有名詞を極力排した形に再編集され、内容を抽象化して示されたりしているものも多い。災いの規模が大きいほど地域や時代を超えて人々に伝えることが期待され、そのため証言はますます抽象化されていく。読者が証言者の生きた時代や土地から遠ざかれば遠ざかるほど、証言にリアリティーを与え、その固有性を支えている地名や固有名詞を煩雑に感じ、証言者の体験や思いを想像することを難しくしてしまう。いわば、読者にはその地域にその時代に生きた人々が持っていた土地勘がないため、地名や固有名詞に織り込まれた証言者の思いや意図を汲み取ることができず、かえって描かれている状況が想像しにくくなってしまうのである。

記録が残されているにもかかわらず社会の記憶が風化していくのは、実体験を持つ世代が高齢化し、生きた語り部がいなくなってしまうためだけではない。出来事から何年も経過して社会が変化することで、記録に記された体験や思いを読み解くための土地勘が読者から失われていくことにも目を向けるべきだろう。

記憶の風化は時間の経過によるだけでなく、災いの経験が地域を超えて伝えられていく際にも、その土地に馴染みのない人々が読者になることによって、証言は抽象化され、固有の土地に根差した体験としての意味が失われていく。それは、証言の意味を支えている地域や時代の文脈を共有していない人々が読者となることによって生じる。

このように複雑で多様な体験を単純化することは、時代や地域を超えて出来事を伝えるための一つの方策であるが、単純化することは、その体験をもとに他の地域や時代の課題に対応しようとする際に、そのままでは使えないという状況ももたらす。このことは、災害対応の国際協力の進展が著しい防災の分野でとりわけ重要な課題である。

一人ひとり異なる固有名詞としての経験を受け止めたまま、それを別の時代や地域にとっても教訓とするにはどのような工夫をすればいいのだろうか。

土地勘を持つために

地名や固有名詞に託された情報を含めて証言を理解するために求められる土地勘には、大きく三つの種類があると考えられる。

一つは、地理的な土地勘である。地元の人ならば、地名を聞くだけでそれが海沿いの場所を指す地名なのか内陸の地名なのかがわかる。二つの地名があれば、その間を移動するためにどの経路を使えばよいかも共有されている。その場所がどのような性格を持つ地域なのか、たとえば二階建ての商店ブロックが立ち並ぶ市街地なのか、それとも役所や企業のオフィスが立ち並ぶ地区なのかも理解されている。証言は、このような地元の人ならば誰でも持っている土地勘を聞き手も持っていることを前提におこなわれている。こうした前提を共有しない読者の理解を手助けするうえでは、証言に出てくる地名を地図上に示すだけでも意味がある。

二つ目は、時間的な土地勘である。それは、被災当時の街の様子だけでなく、被災前にその場所に何があり、どのような役割を果たしていたのかといった情報である。戦争や災害はそれまでの地域の様子を一変させ、被災前にその場所が果たしていた役割が大きく失われたり、全く別の機能を持つようになったりするといった変化をもたらす。そのため災害によって日々の暮らしぶりを変えることを余儀なくされたという感覚がより強化される。

昔はそこに鉄道駅があったがいまはミニバスのターミナルになっているといった背景知識は、直接語られることはなくても証言者の念頭に置かれている。歴史は景観の変化のなかに刻まれ、それらの景観を日々目にすることで、人々のなかにも経験として蓄積される。こうした時間的な土地勘は、景観の変化を示すことで得やすくなる。

三つ目は物語的な土地勘である。地理的な配置と歴史的な背景を知るだけでは、そこで暮らす人にとってその土地がどのような意味を持つ場所だったのかを十分に把握することはできない。そのような空間の広がりと時間の流れを持つ地域で、人々はどのような暮らし方をしてきたのか。その物語を知ることで、初めてその土地についての理解が一つの像を結ぶ。

土地勘を持たない読者が証言の内容を理解するうえでは、このような三つの土地勘を補完して証言を読むことが重要である。それにより、読者は証言者にとって出来事の経験が何を意味していたのかを理解することができるようになるのではないだろうか。

証言を読み、その体験を証言者の意図に即して理解し、さらに読者がその体験を自分の身に置き換えて受け止めるためには、抽象度を高めてわかりやすくしたり、記述をより詳細にしてリアリティーを高めようとする方向だけでなく、このように、読者に土地勘を持ってもらえるようにするという方向もある。そうすることで、ただ記憶が薄れないようにするのでなく、災害や戦争を直接体験していない読者を含めた人々が、自らが体験したことだけでなく、自らが見聞きしたことを日々の暮らしのなかで語ることが可能になる。それによって、被災や戦争の体験が風化せず、時代に合った形で再編・再生されていくのである。

注

（1）アチェ州の面積は約五万八千平方キロメートルで、被災前の人口は約四百三十万人だった。東日本大震災の犠牲者数と単純に比較するならば、日本の東北六県とほぼ同じ広がりを持つ土地に東北六県のほぼ半分の人口が住んでいる状況下で、東日本大震災の犠牲者数の九倍近い人々が犠牲になったことに相当する。

（2）バンダアチェ市の津波被害が海岸からの距離に応じて三つの地域に区別され、どの地域であるかによって被害状況が大きく異なっていることについては、山本博之『復興の文化空間学――ビッグデータと人道支援の時代』（「災害対応の地域研究」第一巻）、京都大学学術出版会、二〇一四年）第一章も参照。

（3）Badan Arsip Provinsi Nanggroe Aceh Darussalam, *Tsunami dan Kisah Mereka*, Badan Arsip Provinsi Nanggroe Aceh Darussalam, 2005.

（4）スタッズ・ターケル『大恐慌！』小林等／高橋早苗／忠平美幸／藤井留美／矢羽野薫訳、作品社、二〇一〇年。原書は Studs Terkel, *Hard Times: An Oral History of the Great Depression*, Pantheon Books, 1970.

（5）この節は筆者の『災害復興で内戦を乗り越える――スマトラ島沖地震・津波とアチェ紛争』（「災害対応の地域研究」第二巻）、京都大学学術出版会、二〇一四年）の記述をもとにしている。

（6）Harun Keuchik Leumiek, *Potret Sejarah Banda Aceh*, Toko Mas dan Souvenir H. Harun Keuchik Leumiek, 2008.

（7）一九九九年に「アナリサ」の今昔写真比較の記事に掲載された。三カ月にわたって毎日掲載され、六〇年代と九〇年代が比較された。

（8）Nab Bahany As, *Harun Keuchik Leumiek:: Penyelamat Warisan Budaya*, Yayasan Pendidikan Haji Keuchik Leumiek, 2012.

第3章　家系図の創造
——ボルネオの黄龍の子孫たち

山本博之

はじめに

ボルネオ島は、日本の国土の約一・九倍の面積を持ち、大きさが世界第三位の島である。マレーシア、インドネシア、ブルネイの三国の領土に分かれ、北端部にはマレーシア領のサバ州がある。北海道とほぼ同じ面積を持つサバ州は、東南アジア最高峰のキナバル山（標高四千九十五メートル）を含むキナバル公園（面積七万五千四百ヘクタール）が二〇〇〇年にユネスコの世界遺産に認定され、類いまれなる生物多様性によってよく知られているが、サバ州に住む人々が織り成す社会もまた文化的多様性にあふれている。

サバに暮らす人々は、先住民の最大グループであるカダザン人（現在の公式の言い方ではカダザンドゥスン人。後述）をはじめ、分類法によっては三十種とも五十種ともいわれる多数の民族集団から構成されている。そのなかには、サバが陸や海でつながるブルネイ、インドネシア、フィリピンといった近隣地域にまたがる生活圏を持つ民族集団も多い。国境管理が厳しくなく、今日でも近隣諸国から様々な人々が訪れているサバでは、サバで生まれ育った人、サバに長く暮らしている人、そして近隣諸国から最近移住してきた人を外見上の特徴だけで見分けるのは容易ではない。

このように多様な人々からなるサバで、かつて中国との想像上の結び付きが強く意識されていた時期があった。キナバル山はサバの各地から望むことができるためにサバのシンボル的存在であり、独立後の一九六七年には州都がその名前をもとに旧名のジェッセルトンから現在のコタキナバル（キナバルの街）に改称されている。この「キナバル」という名前を、マレー語のキナ（中国）とバル（寡婦）の二つの単語の組み合わせであるとして「中国の寡婦」と解釈し、かつて中国からボルネオに嫁いだ王女の物語に由来し、したがってサバの人々は中国に起源を持つと唱える人もいる。

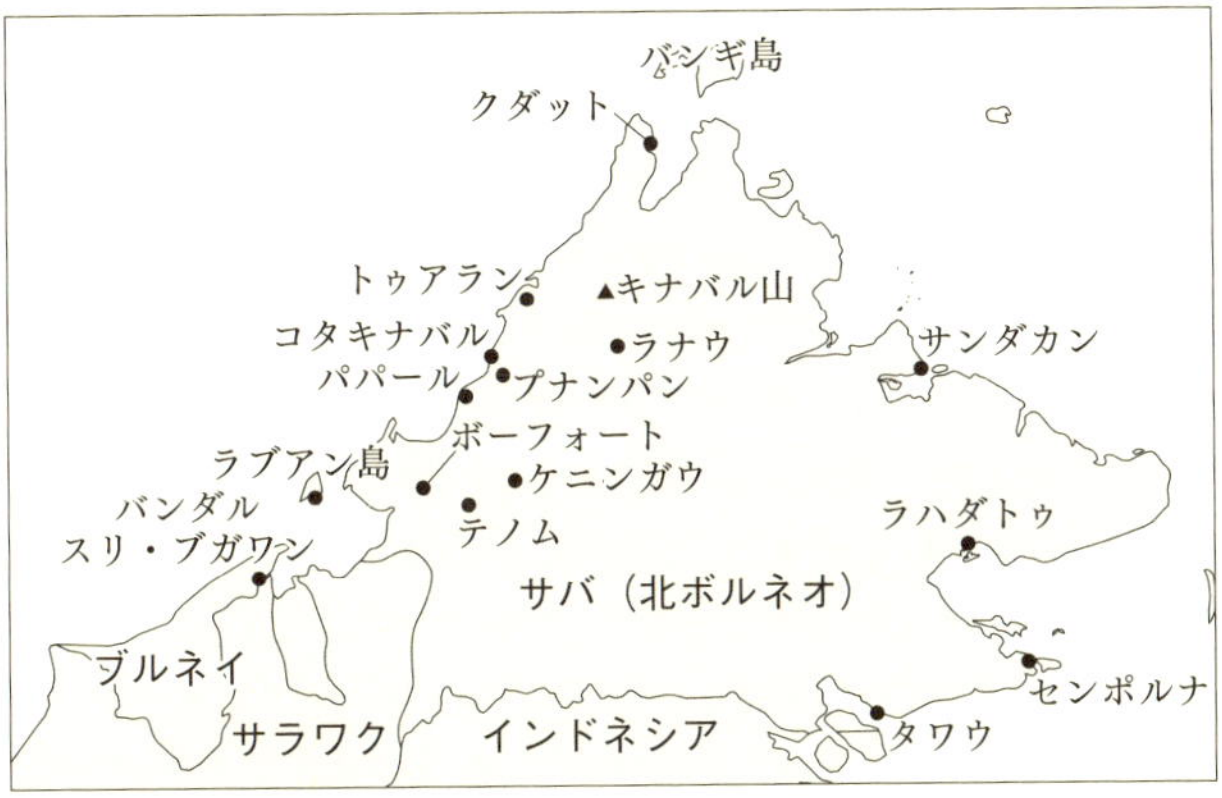

地図１　ボルネオ島北部

実際には、天高くそびえるキナバル山の名前は、マレー語ではなく地元のカダザン語の「キ・ナバル」（神様）に由来すると考えられており、そもそもマレー語で「中国の寡婦」ならば「キナ・バル」ではなく「バル・キナ」の語順になるはずで、「中国の寡婦」説に根拠がないことは地元の人もわかっている。ただし、キナバルを中国と結び付けて語ろうとしていることの背景に思いを巡らせるならば、サバの先住民と中国人の間に実際に血縁関係があるかないかという事実の有無ではなく、中国との結び付きがあると考えたいというサバの人々の思いを表していると考えるべきだろう。

もっとも、キナバルが「中国の寡婦」に由来するという説明は、今日のサバでは外国人観光客向けのおみやげ話の類いとしてしか聞かれなくなった。イギリスの植民地だったサバ（当時の名称は北ボルネオ）が一九六三年に独立して連邦国家マレーシアの一部となり、マレーシア国民あるいはサバ州民としての意識を強めていくにつれて、サバの人々、とりわけサバの先住民が中国に由来するという言い方はすっかり忘れられてしまったかのようである。

ところが、二十一世紀に入って、サバの先住民の間で自分たちのルーツを語ったり探したりする動きが見られるようになり、そのうちいくつかでは中国とのつながりが明確に意識されている。

一つは地元製作の映画である。一九九〇年代にはサバの多くの町で映画館が閉館し、ショッピングセンターに入ったシネコンに移行していくが、その一方で、二〇〇二年頃から映画館で上映せずにビデオCDで販売される地元発の映画が製作されるようになり、サバでは知らない人がいないほどの爆発的な人気を博した。海賊版が横行したためにビデオCDで販売するという製作・流通の形はすぐに下火になったが、それまでの数年間に約二十の作品が製作された。その嚆矢となったのは、アブバカル・エラが主演し、〇二年に作られた『オラン・キタ』(私たち)、そしてその姉妹篇にあたる『不法恋愛』である。自身が内陸部出身の先住民に属し、第一作の『オラン・キタ』で独特の髪形をしたアンパルという先住民男性を演じたアブバカル・エラは、主演と監督を兼ねて最も多くのサバの地元製作映画に関わった。

ルーツ探しのもう一つの試みは家系図作成である。一九八八年、沿岸部のある先住民男性が自らの家系図を作成して家族や親戚に公表し、一族で集まって情報を共有し更新する動きが見られた。はじめのうち数年に一度の家族親睦会の開催にとどまっていたが、二〇〇二年頃、この家系図に連なる人々によるルーツ探しを求める声が高まり、一族の古老メンバーの証言をもとに祖先の墓を探し当てるなどの動きに発展した。

本章ではこの二つを手掛かりにサバの先住民のルーツ探しに見られる地域アイデンティティの形を考えるが、それに先立って、まず時期を少しさかのぼって家系図作成の流れを整理しておきたい。

マンジャジの家系図

一九八八年のある日、コタキナバル郊外のプナンパン地区に住むジョセフ・マンジャジ(Joseph Manjaji、一九二六―二〇〇八)という先住民男性が自らの家系図作成に着手した。ほぼ一年にわたる準備の後、八九年に家族と身近な親戚に家系図をお披露目すると、その噂が広がって「マンジャジの家系図」としてサバの人々の話題にのぼった。[1]ジョセフが属するカダザン人コミュニティーで家系図を作ることは一般的でないが、マンジャジの家系図が人々を驚かせたのはそのためではなかった。この家系図がサバの先住民社会にとって二つの意味で不思議な点を持っていたためである。

まず、マンジャジの家系図は、約百三十年前に中国からボルネオに移住した中国人男性を起点としていた。カダザン人にはサバの先住民としての特別な地位が法律で認められているのに対し、中国系住民はサバでは移民系とされ、先住民と同様の地位は認められていない。マンジャジ家が中国人を祖先とする家系図を公表したことは、自らの先住民性を否定したとも受け取られかねない。

さらに、これはマンジャジ家の問題にとどまらず、カダザン人の民族全体での先住民性の否定にもつながる可能性がある。後述するように、カダザン人という集団アイデンティティは比較的新しいもので、サバがイギリスからの独立準備を進めていた一九五〇年代にはじめて公式に提唱されたものである。そして、五〇年代のカダザン人アイデンティティの提唱と普及で極めて重要な役割を担った人物の一人が、他でもないジョセフだった。当時、ジョセフは日刊紙に掲載されていたカダザン語コラムの編集を担当し、コラム記事を通じて、自分たちは中国系やムスリム系とは異なる先住民であり、忘れられている本来の民族名であるカダザン人を名乗り、その名前のもとで団結すべきだと訴えた。そのジョセフが自らの祖先を中国人とする家系図を公表したとなれば、マンジャジ家だけでなく、カダザン人そのものの先住民としての地位も危ういものになりかねない。

本章では、かつて中国人性との関係を切り離すようにしてカダザン人という集団アイデンティティを構築したサバの先住民が、三十年の時を経て中国人の血筋という記憶を突然「思い出した」ことの意味を考えてみたい。その背景には、民族混成社会であるサバの人々が、自分たちの出自をときに忘れ、ときに思い出してきたこれまでの長い営みが重なっている。

サバのカダザンドゥスン人

本論に入る前に、本章の舞台となるサバとその主要民族であるカダザンドゥスン人について簡単にまとめておきたい。[2]

サバは、ボルネオ島の北東部に位置し、コタキナバルを州都とするマレーシアの州である。面積は約八万平方キロ、人口は二百四十七万人（二〇〇〇年）で、住民は土着のカダザンドゥスン人（一九パーセント）が最も多く、バジャウ人（一三パーセント）、マレー人（一二パーセント）、華人（一〇パーセント）と続く。古くから人口の流動性が高く、近年はフィリピンやインドネシアからの合法・非合法の移民が激増し、外国人が州人口の三割弱を占める。

ボルネオ島の北東部は、かつてブルネイとスルーのスルタンによる名目上の支配下にあったが、十九世紀末にイギリス北ボルネオ会社の統治領となってイギリスの勢力下に入り、日本軍政期とイギリス直轄植民地期を経て、一九六三年にマレーシア結成を通じて植民地から脱した。独立にあたり、半島部マレーシアに拠点を置く連邦政府（特にマレー人）に対してサバ（特にカダザンドゥスン人）の権益を守るため、信教の自由や公職におけるサバ住民の優先的採用など、サバ住民の権利を保障する二十項目の要求が提示され、これによってサバは広範な内政自治を得た。

カダザンドゥスン人とは、サバの西海岸から内陸盆地にかけて住む農耕民に与えられた名称である。人口は約四十六万人（二〇〇〇年）で、サバの総人口の一九パーセント（外国人を除く人口の二四パーセント）を占める。かつてサバの非ムスリム住民は「田舎者《いなか》」の含意を持つドゥスン人の名で総称され、そのうち西海岸のキリスト教化した一部住民がカダザン人を自称していた。一九五〇年代の独立準備の過程で、イスラム系住民（マレー人やバジャウ人など）や中国系住民を除く先住民の総称としてドゥスン人に替えてカダザン人が提唱された。この呼称は新聞やラジオを通じて急速に普及し、六〇年の収穫祭の実施やフグアン・シオウ（族長）の即位を契機に

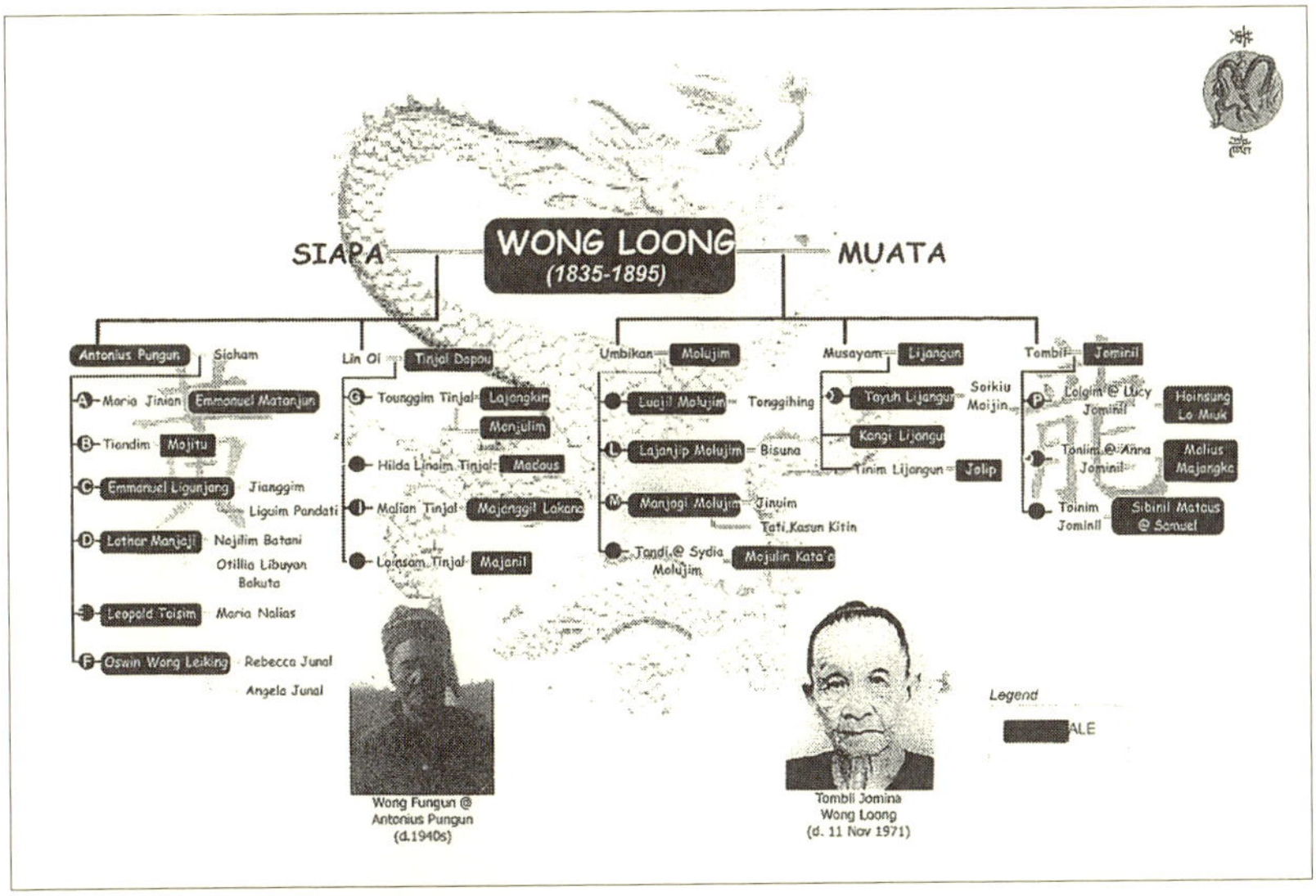

図１　上＝ウォンルンから第３世代までの家系図　下＝黄龍家系図（第四版）の表紙

広く認知され、六三年の独立で民族名が公式にカダザン人に変更された。カダザン語の学校教育への導入を契機に民族名をめぐる論争が生じ、八九年に公式の民族名がカダザンドゥスン人とされたが、日常的にはカダザン人やドゥスン人などの呼称が用いられている。

1　黄龍の家系図

家族親睦会

冒頭で触れたように、ジョセフは一九八八年に家系図の作成を思い立ち、八九年に家系の構成員に家系図を公表した。この後、ジョセフによる家系図作成の試みは、ジョセフの当初の思惑を超えて、世界各地に暮らす一族を巻き込む大きなイベントとして育っていく。

マンジャジの家系図はその後も改定が重ねられ、一九九九年には一族による家族親睦会（ファミリー・リユニオン）がおこなわれた。このとき、家系図を束ねた私家版の冊子が刊行され、親睦会参加者に記念品として配布された。この家系図は、この家系のボルネオにおける起点となる中国人男性ウォン・アロン（Wong Ah Long）の名前をもとにウォンルン（Wong Loong）の家系図と名づけられた。ウォン・アロンの漢字表記は不明だったが、冊子の題は漢字で『黄龍家系樹本』とされ、冊子の表紙には龍の図案と「黄龍」の漢字が入れられた。黄龍とは中国の漢民族の祖先で龍のトーテムを創造したとされる黄帝を想起させ、したがって「黄龍の子孫」といえば一般に漢民族あるいは中国人を意味する。さらに、ウォン・アロンの名前もウォンルンと書かれるようになった。(3)

二〇〇二年頃、冒頭で紹介したように、各地に散らばる黄龍一族から家系図調査の提案があり、家系図調査委員会が組織された。古老から語り伝えられてきた情報をもとにウォンルンの埋葬地の探索調査がおこなわれ、〇三年にはコタキナバル沖のガヤ島で埋葬地が発見された。これによってウォンルンは実在した人物であることが

表1　黄龍一族の構成員の世代別人数（単位：人）

	第三世代	その配偶者	第四世代	その配偶者	第五世代	その配偶者	第六世代	その配偶者	第七世代	その配偶者	第八世代	その配偶者	第三世代以降計	ムスリム名	華人名
A	1	1	4	4	24	17	64	23	33	0	0	0	171	32	8
B	1	1	6	6	28	27	115	52	140	6	8	0	390	73	55
C	1	2	12	12	82	62	224	51	81	2	4	0	533	33	86
D	1	2	9	7	39	26	64	2	2	0	0	0	152	34	27
E	1	1	5	5	26	26	68	13	16	0	0	0	161	48	0
F	1	2	10	8	40	23	61	8	14	0	0	0	167	9	18
G	1	2	8	8	32	34	142	70	201	22	28	0	548	31	9
H	1	1	4	5	25	21	79	32	69	0	0	0	237	17	5
I	1	1	6	8	53	41	128	45	98	2	1	0	384	46	26
J	1	1	7	6	32	23	83	30	41	2	3	0	229	47	11
K	1	1	2	2	16	13	68	36	85	2	3	0	229	0	19
L	1	1	5	7	25	22	61	8	10	0	0	0	140	18	3
M	1	2	4	4	19	22	64	14	18	0	0	0	148	16	15
N	1	1	5	4	15	8	28	3	4	0	0	0	69	8	0
O	1	1	3	3	20	18	46	2	5	0	0	0	99	5	0
	1	—	—	—	—	—	—	—	—	—	—	—	1	—	—
	1	1	—	—	—	—	—	—	—	—	—	—	2	—	—
P	1	1	8	9	34	26	78	2	1	0	0	0	160	0	0
Q	1	1	6	7	34	26	56	4	5	0	0	0	140	0	11
R	1	1	5	6	25	7	14	0	0	0	0	0	59	0	4
	20	24	109	111	569	442	1443	395	823	36	47	0	4019	417	297

確認された。

二〇〇四年七月十七日、プナンパン地区のカダザンドゥスン文化協会ホールで第二回家族親睦会が開催され、黄龍家系図の第三版が刊行された。ジョセフはこの頃から体調を崩していて会には参加しなかった。このときはウォンルンに関する記憶がさらに掘り起こされ、中国からラブアン島に渡ったときに兄弟と一緒だった可能性が示唆されて、もし見つけられた場合にその子孫を一族に含めることの是非などが議論された。

二〇〇七年七月二十一日にコタキナバルのフアド・ステファン記念ホールで第三回家族親睦会が開催され、家系図の第四版が刊行された。これに出席したトニイムは、ウォンルンの孫すなわち黄龍一族の第三世代で存命の唯一の人物だった(4)。

長く療養中だったジョセフは二〇〇八年に亡くなったが、家系図の更新と家族親睦会はその後も継続された。一〇年十月二十三日にはカダザンドゥスン文化協会ホールで第四回家族親睦会が開催され、家系図の第五版が『黄龍ヘリテージ・ブック』として刊行された。

家系図

黄龍家系図の第五版は家系図の部分だけで百五十ページを超す大部の冊子で、二十人いる黄龍の第三世代のうち十八人に連なる家系図と、それぞれの構成員の顔写真が掲載されている。調べがつかなかったか本人が掲載を希望しなかったかの場合には家系図に記載されないため、黄龍一族の全構成員が網羅されているわけではないが、第五版では第一世代から第八世代まで八代にわたる四千三十二人の名前が記載されている。最も新しいのは第八世代で、第五版には四十七人が記載されている。

百五十ページに及ぶ家系図の内容をすべて紹介することはできないため、ここでは黄龍第三世代の十八人を起点とする各家系にどれだけの数の人々が含まれているかを世代別にまとめた表を見てみたい（表1）。表では、情報が提供されていない二人を除き、第三世代の十八人をAからRまでのアルファベットで示している。ウォンルンにはプングン、リンオイ、ウンビカン、ムサヤム、トムビイの五人の子があり、AからFはプングンの子、GからJはリンオイの子、KからNはウンビカンの子、O（および他の二人）はムサヤムの子、PからRはトムビイの子である。

この表を見ると、Gの子孫は自分自身を含めて第三世代から第八世代までの六代で五百四十八人、Cの子孫は同じく六代で五百三十三人にのぼる。第三世代の十八人について見ると、平均して一人当たり六・一人の子がいて、CやFのように十人以上の子を得た人もいたことなどがわかる。

図２　家族親睦会は３人の司会により進行する

黄龍家系図では、男系・女系のどちらでもウォンルンの子孫とその配偶者はすべて含められている。そのため、家系図の構成員は多民族・多宗教かつ多国籍で、欧米人のように外貌から明らかに先住民でない人も家系図に多く含まれている。サバの人々は名前から民族性や宗教を判断することが難しいが、第五版に記載されている約四千人を見ると、ムスリム（イスラム教徒）風の名前を持つ人物が四百十七人（表中の「ムスリム名」）、そして華人風の名前を持つ人物が二百九十七人（表中の「華人名」）いる。日本人風の名前も第七世代の女性の配偶者に一人含まれている。

家族親睦会と収穫祭

黄龍一族の家族親睦会は三年ごとにおこなわれている。二〇一〇年十月二十三日に開催された家族親睦会の様子を見てみよう。カダザンドゥスン文化協会ホールを会場とし、午前十一時に開始された。ウォンルンの五人の子の子孫にそれぞれ赤、青、黄、紫、緑のテーマカラーが与えられて、名札がそれぞれの色で塗られ、参加者の服装もそれぞれの色でそろえられた。黄龍一族と直接の関係がない参加者は白い名札をつけた。

進行は三人の司会者によってマレー語、英語、カダザン語の三つの言語でおこなわれた。フロアには十人ごとの丸テーブルが並べられ、テーマカラーごとに食事をとりながら参加者が親交を深めるとともに、舞台では黄龍一族の古老たちの映像紹介、バンド演奏と歌の披露、記念品の抽選会などの企画があった。参加者はカダザンドゥスン人が多かったが、華人やムスリムもおり、各民族の要素を取り入れる工夫も見られた。たとえば、企画の一つとして華人の伝統芸能である獅子舞がフロアで披露された。食事はビュッフェ方式で、ムスリム用の料理と非ムスリム用の料理がそれぞれ用意されていた。

家族親睦会は午後五時まで続き、参加者全体で会の歌を歌って散会となった。参加者が三々五々帰宅するなか、バンドの演奏をバックに会場に残った人たちがダンスを踊ったり舞台で歌を歌ったりする様子が夜遅くまで続き、サバの村落部でいまでも見られる結婚式や収穫祭の様相を呈していた。

世界各地から黄龍の一族が集まる家族親睦会は三年に一度の開催だが、二〇一〇年にはその親睦会が団体登録され、サバで毎年五月におこなわれているカダザン人の収穫祭に合わせて黄龍一族の収穫祭も開催されるようになった。プナンパンにあるコミュニティーの集会場に近隣の黄龍一族メンバーが集まり、バンド演奏、スマザウ(民族舞踊)、腕相撲大会、女王コンテストといった収穫祭の定番の行事がおこなわれている。

2　ボルネオの中国人と先住民

黄龍家系図には第一世代のウォンルンから最新世代までの各構成員の顔写真と紹介が掲載されている。以下では、この紹介の記述をもとに、ウォンルンが中国からボルネオに渡って以降、ジョセフが黄龍の家系図を書くまでの各世代の様子を整理したい。そこには、前半で中国人入植者がボルネオ社会に定住していく様子が描かれる一方で、後半ではサバの先住民であるカダザン人が自らの民族アイデンティティと先住民性を訴える過程を見ることができる。主語を中国人からカダザン人に移行させる語り方によって、中国人としての記憶の主体が失われ、その忘却を足場にしてカダザン人としての記憶が掘り起こされていく。

ウォンルン――ボルネオの中国人入植者

ウォンルン（一八三五？―九五）は、一八六〇年頃に中国から南洋に渡り、ボルネオ島のブルネイ沖にあるラブアン島で石炭採掘に従事した。ラブアン島は古くからブルネイ王国の影響下にあったが、イギリス人ジェームズ・ブルックの働きかけにより、四六年十二月にブルネイのスルタン・オマール・アリ・サイフッディン二世によってイギリスに割譲された。

イギリスのラブアン島獲得の背景には、蒸気船の実用化に伴うイギリスの東南アジア進出があった。一八四二年の南京条約で香港を得たイギリスは、インドからシンガポールを経て香港に至る通商ルートを手に入れた。当時、産業革命によって帆船から蒸気船へと変化を迎えつつあり、そのためイギリスはシンガポールと香港の間に石炭補給基地を設ける必要があった。インドシナにはフランスの勢力が浸透していたため、イギリスはボルネオ島北西部に目を向けた。また、イギリスは進出先の東南アジア各地で海賊による襲撃に悩まされていたが、蒸気船の実用化により海賊の討伐も容易になった。

イギリスがラブアン島を獲得すると、一八四九年にイギリス系の企業が島内の石炭採掘を開始し、中国人労働者をラブアン島に迎え入れた。ウォンルンもその一人だったと考えられる。

ウォンルンはのちにボルネオ島の本島に移り、西海岸のパパール地方カイドゥアン村でシアパを妻として一男一女（プングンとリンオイ）をもうけ、さらにプナンパン地方に移ってフバア村出身のムアタを妻として三女（ウいた。当時のサバは道路網が発達していなかったため、川を使って海に出てガヤ島まで往復していたという。ウォンルンは一八九五年に亡くなり、ガヤ島に埋葬された。

プングン——ボルネオの先住民

ウォンルンの五人の子のうち唯一の男子であるプングンは、生まれたときの名前をウォン・フングン（Wong Fungun、黄朋安?、一八六七―一九四〇年代）といった。フングンは一九三〇年十二月二十一日にキリスト教の洗礼を受け、アントニウス・プングン（Antonius Pungun）を名乗った。プングンとは中国名フングンのボルネオ風の言い方である。プングンはゴムの栽培などに従事し、シアハムを妻として三女三男（ジニアン、ティアンディム、リグンジャン、マンジャジ、トイシム、レイキン）をもうけた。

サバの主要産業は二十世紀初頭にタバコからゴムに変化した。(5) ゴムは一八八二年にマラヤからサバにもたらされ、九二年から生産が開始された。ゴム産業がサバで先住民と中国系移民を区別する契機の一つとなる。

ゴム園は、輸送に便利なように鉄道の近くにつくる必要があり、また、ジャワ人や内陸部の非ムスリムなどの労働力を確保するために人口が多い街の近くにつくる必要もあった。このため、それ以前の主要作物だったタバコの農園が市街地から遠く離れた場所に作られたのと対照的に、ゴム園は西海岸の鉄道にほぼ沿う形で、沿岸部のパパール、ボーフォート、テノムなどに作られていった。これにあたって政庁はサバの土地を分類し、国有地をゴム園用に払い下げたため、西海岸の住民を中心にしばしば土地払い下げに対する不満が表明され、政庁に請願書を出す地域や政庁への反乱が生じる地域もあった。

一九〇二年にサバ西海岸のジェッセルトンとボーフォートの間の鉄道が開通すると、政庁は〇五年にゴム奨励政策を取り、以後六年にわたって年率四パーセントの配当を保証し、向こう五十年間にわたって輸出税をすべて免除すると発表した。これに十二社が応募し、〇七年までに三千本のゴムが植えられた。〇九年には西海岸だけでも西洋人によるゴム農園が十七カ所に作られ、さらに一〇年以降にはこれらのゴム園の周辺に土地を購入して小規模のゴム園を経営する華人が急増した。先住民の土地が華人に売られていくことを危惧した政庁は、一三年に土地規制法を施行し、先住民の土地を非先住民に売却することを禁止した。

政庁は統治の初期に「先住民（ネイティブ）」の語を用いていたが、これはもともと先住民判事や先住民警官などの職名においてであった。西洋人だけでは人員が不足しているため、植民地の統治の一端を現地で調達した人員に担わせたのである。ムスリム・非ムスリムともに用いられ、ここで先住民とは「非白人」を意味していた。[6]つまり先住民とは「現地人」「現地生まれ」と理解すべきだが、土地規制法により先住民が華人からの保護の対象として認識されるようになると、先住民は「非白人」の他に「非華人」の意味も含むことになった。

ロタ――スポーツ大会から文化団体へ

プングンとシアハムの第四子がロター・マンジャジ（Lothar Manjaji、一九〇〇―四五）である。ロターはジェッセルトンの鉄道局に勤務し、一人目の妻との間に一男、二人目の妻オティリアとの間に五男三女をもうけた。なお、政庁の書類でロターの名前ははじめロター・ウォン・マンジャジ（Lothar Wong Manjaji）と書かれていたが、ロター・W・マンジャジ（Lothar W. Manjaji）を経てロター・マンジャジに表記が落ち着いている。中国系との印象を与えるウォン姓が失われるとともにマンジャジが姓として扱われ、これ以後ロターの子はいずれもマンジャジ姓を名乗るようになった。この背景には一九三七年四月にプナンパンで生じた華人排斥運動があり、プナンパンの地元住民は非華人・非ムスリムとしてのカダザン人性を強調する必要があったと考えられている。[7]

ロターは一九三七年からプナンパン地方の聖ミカエル小学校でスポーツ大会を毎年実施し、これがのちに五三年八月に設立されるカダザン人会の前身となる。そして、カダザン人会の活動がもととなり、ジョセフが日刊紙のカダザン語コラムを通じてカダザン人意識の覚醒を呼びかけることになる。

ロターとオティリアの最年長の子であるジョセフは、警察に勤務した後、当時のサバで唯一の英語日刊紙「サバ・タイムズ」[8]のカダザン語コラムの編集者となり、一九六三年のサバ独立後には政界入りした。ジョセフは妻ドラ・エバンスとの間に三女一男をもうけた。

サバの先住民のナショナリズム運動でプナンパンのカダザン人が先行したことについては、沿岸部のプナンパン地域ではキリスト教と英語教育という西洋文明に早くから触れる機会があったために他に先駆けて民族意識を発展させることができたと一般に理解されている。その背景には、一九五四年に先住北ボルネオ諸族の言葉「サバ・タイムズ」で使われるようになったときにドゥスン語のプナンパン方言が用いられ、それが「カダザン語」と呼ばれたこと、さらにプナンパン・カダザン人がその編集に携わったことがある。プナンパン方言は書き言葉としての体系化において他方言より進んでいた。この点に関し、住民の管理の一環として先住民の風俗を理解しようとした植民地官吏や人類学者以上に重要な役割を担ったのは、カトリックをはじめとするキリスト教の宣教師たちであった。彼らは、北ボルネオ会社による統治の開始とほぼ同じ頃に北ボルネオを訪れて布教活動を開始した。そのなかには、布教活動上の要請から先住民の言葉を理解しようと努め、のちの宣教師の便宜のために単語集や文法書を残した者もいた。

カトリックの活動の中心がプナンパン方言になったのは、一九三二年にサバに着任してプナンパンに駐在したアントニッセンによるところが大きい。アントニッセンはプナンパン方言をローマ字に置き換えて体系化し、これをもとに数々の教本を訳し、また、文法の解説を含んだ辞書を編んだ[9]。

アントニッセンの努力によって、カトリック教会で「ドゥスン語」といった場合には西海岸方言を指すようになっていた。西海岸のプナンパンとパパールの先住民がカダザン人を自称していたことから、西海岸方言は「カダザン語」とも呼ばれた。一九五四年に「サバ・タイムズ」に先住民の言葉によるコラムが作られたとき、西海岸方言であるカダザン語が使われることになり、このコラムも「カダザン語コーナー」と名づけられた。

サンダカンで警官を勤めていたジョセフは、「サバ・タイムズ」に上級編集助手として加わると先住民の言語によるコラムを作ることを提案し、ジョセフが翻訳と校正を受け持つことを条件に認められた。ジョセフがプナンパン方言を用いたのは自身がプナンパン出身だったためだが、これを「カダザン語」のコラムと名づけたのは、相談相手となってジョセフを助けたアントニッセンの影響によるものだった。

ジョセフは、カダザン語コーナーで使われている文法と語彙についてアントニッセンとしばしば議論したという。数々の文法用語を用いて「正しいカダザン語」のあり方を説くアントニッセンの主張を理解するには大変な努力が必要だったとジョセフは述懐するが、ジョセフだけでなく、読者にとってもカダザン語コーナーの記事は語彙や文法の面で難しいもので、意味がよくわからないとの投書も少なくなかった。

独立後のカダザン人

カダザン語コラムなどを通じてカダザン人意識がサバの先住民の間に浸透する一方で、植民地政府もサバの非ムスリム先住民がカダザン人との意識のもとで統合されることを歓迎した。一九六〇年に政庁は「先住民の日」という祝日を制定し、サバ各地で個別におこなわれていた先住民の収穫祭がカダザン人会らのはたらきかけのもと州内各地で同時に開催された。収穫祭当日の六月三十日には「サバ・タイムズ」紙上に「ドゥスン人かカダザン人か？」と問う英語の論説が掲載され、さらにマレー語にも翻訳されたことで、ドゥスン人をカダザン人と呼ぶことについての議論がカダザン語コラムだけでなく英語やマレー語の紙面でもおこなわれるようになった。

一九六一年三月にはサバ各地のカダザン人会の連絡機構の設立が提案された。ただし、その直後にマレーシア結成を通じたイギリス植民地からの独立が政治日程に上り、カダザン人会の連絡機構は六一年八月にカダザン人政党として結成された。

一九六三年九月の独立に伴ってカダザン人政党を中核とする州政権が発足した。しかし、独立後のサバの歩みは、カダザン人が州政権での中心的な立場を失い、ムスリムを中心とする州政権に従属的な立場で参加する存在になるとともに、連邦全体の多数派であるマレー人ムスリムの母語（マレー語）と宗教（イスラム教）がサバに徐々に浸透していった過程だった。

木材資源の管理をめぐる対立から一九六七年にムスリム中心の州政権が誕生し、サバではイスラム化、マレー語使用の強要、連邦政府による州の権限の縮小が進んだ。それへの反動や州政権の腐敗への批判から、八五年にカダザン人中心のサバ団結党政権（一九八五―九四年）が誕生した。同党が「サバ人のサバ」を掲げてムスリム中心の連邦政府と対立すると、連邦政府はサバ州への管理を強めようとし、連邦政府と緊密な連携関係にある民族政党をサバに設立した。ジョセフが家系図作成に着手したのはこの頃である。

この後、主要な財源である木材資源の減少によってサバは経済的に行き詰まり、一九九四年には連邦政府の支持を受けたムスリム政党を中核とする州連立政権が誕生し、その枠内でカダザンドゥスン人が連立の一翼を担う体制が形成された。二〇〇三年にはサバ州議会の定数増と選挙区割りの再編によってサバ内の選挙区の半数がムスリム多数区になり、州政治におけるムスリム優位が確立して現在に至っている。黄龍一族のルーツ探しの動きが大きくなり、また、サバで製作される地元映画の本数が増えたのもこの時期である。

3　忘れたふりをする私たち

「陸の民」と「海の民」

黄龍の家系図作成について考えるため、同じ時期に見られたルーツ探しの試みである地元映画製作を取り上げたい。ここで扱うのは、『オラン・キタ』『オラン・キタ２』およびその姉妹篇の『不法恋愛』『不法恋愛２』の四作品である。

まずは基本的な構造を確認しておこう。『オラン・キタ』と『不法恋愛』の間には物語上のつながりはないが、いずれもサバで製作され、サバを舞台に、アブバカル・エラが演じる内陸部出身の先住民と、マット・コンゴが演じる近隣諸国からのムスリム移民の二人が繰り広げる物語である。『オラン・キタ』『オラン・キタ2』ではアブバカル・エラはアンパル、マット・コンゴはインドネシア系のオムを演じ、『不法恋愛』『不法恋愛2』ではアブバカル・エラはアンコン、マット・コンゴはフィリピン系のオトックを演じている。内陸部の先住民を「陸の民」、ムスリム移民を「海の民」と呼ぶことがあるが、それに従えば、アブバカル・エラが演じる「陸の民」とマット・コンゴが演じる「海の民」の物語となる。

図3　サバの屋台で売られているビデオCD

『オラン・キタ』では、自分の村から出たことがないアンパルがオムと出会い、コタキナバルへの珍道中を繰り広げる。キナバル山を初めて見て驚くアンパルを「キナバル山を知らないとは外国人に笑われるぞ」とオムがたしなめ、先住民と移民の主客の転倒が観客の笑いを誘う。『オラン・キタ2』では、アンパルとオムが長距離バスで東海岸のサンダカンに向かい、寝過ごしたために東海岸の町をさまよう。オムが警察に誤認逮捕されるが、人違いとわかって釈放され、二人は再会する。

『不法恋愛』では、アンコンの娘クラリスとオトックの甥デンが恋に落ちるが、デンは正規の手続きを経ずにサバに入った不法滞在者であり、クラリスをサバに残して故郷に帰っていく。『不法恋愛2』では、デンはパスポートを取って正規の手続きでサバに入国し、クラリスと再会する。

国家と境界

『オラン・キタ』では、アンパルは内陸部の山奥から州都コタキナバルに出て、都会で出会った物質文明に驚くことがコメディーの大部分を占めている。そうであれば、続篇の『オラン・キタ2』ではマレーシアの首都クアラルンプールを訪れて近代的な施設に驚き、さらに『不法恋愛』や『不法恋愛2』ではシンガポールに行くか、ロンドンやニューヨークに行くという発想が出てきてもおかしくない。しかし、アブバカル・エラが『オラン・キタ』に続く作品で向かったのは大都市ではなく、むしろ逆の方向だった。

『オラン・キタ2』ではサンダカンに向かい、『不法恋愛』はサバ北部のクダットを舞台にした。これは、植民地国家としてのサバ（北ボルネオ）の首都が、クダット（一八八一―八三年に首都。以下同じ）からサンダカン（一八八三―一九四六年）へ、そしてジェッセルトン（一九四六から現在、六七年にコタキナバルに改称）へと移ったのを逆にたどっていることになる。

領域国家が存在していなかったボルネオ島北部では、十九世紀末にイギリス人が入植し、拠点を徐々に増やしていくことでサバが領域国家として形成されていった。首都の変遷は拠点拡大と領域国家化の過程を示している。これを逆にたどることは、中心からフロンティアに向かうということであり、国境や州境のような外部社会との境界が曖昧になっていくということである。実際に、『オラン・キタ2』ではオムがサバの東海岸で身分証明書の偽造犯に間違われ、『不法恋愛』ではクラリスがクダット沖のバンギ島で教職に就き、およそマレーシア人らしからぬ外貌の生徒たちに教えている。ただし、そこで取り上げられているのはマレーシアの国家制度（国民としての身分証明書の偽造）とマレーシアの国民教育（クラリスが教える教室の黒板に書かれているのは「一九五七年八月三十一日独立」）であり、サバの周縁部でもマレーシア国家の諸制度が意識されていることがあわせて描かれている。

『オラン・キタ2』でオムが誤認逮捕から釈放されたのは真犯人が逮捕されたことによる。身分証明書の偽造シンジケートの一味だった真犯人とオムがマット・コンゴの一人二役であることが示しているように、この地ではオムと同じ文化的属性を持つ「海の民」たちがこの種の犯罪に手を染めていても不思議ではないと疑いの目を向ける人もいるという現実がある。

これらの物語は、日頃の付き合いでも結婚でも民族や宗教の違いはそれほど重要でないが、国籍があるかないかは重要だというサバの現実を映し出している。『オラン・キタ』でアンパルがオムと出会って最初に尋ねたのが「国籍はとったのか」だったことが示しているように、国籍の有無で享受できる権利が異なっている。

ただし、確認しておきたいのは、同国人（国民）と外国人の区別を明確にしていても、両者の間に乗り越えられない壁をつくっているわけではないことである。むしろ、正規の手続きを踏めば容易に仲間として受け入れられる存在として外国人が描かれている。国民と外国人という区別はつけるが、オトックのように正規の手続きを経てサバで暮らしていれば国民と同じ待遇が得られる。『不法恋愛』ではオトックはサバの市民権を得ており、デンはサバに来たばかりの外国人で、血縁関係があっても国民と外国人に分かれることも珍しくない。

サバの周縁部でも機能しているマレーシアの国家制度をつくったのは首都クアラルンプールの連邦政府である。ただし、クアラルンプールの思惑とは別に、サバの周縁部では諸制度がつくる境界を人やモノが自由に行き来しているし、ときには感情も行き来している。制度に反した不法滞在者に対しては断固たる態度で臨むが、制度に従って再アプローチしてくれれば受け入れる柔軟さがある。

テーマソング「オラン・キタ」

アブバカル・エラ作品に対するそのような見方がアブバカル・エラの意図に添ったものであることを確認するために、『オラン・キタ』のなかで流されて人気を博した同名のテーマソングの歌詞を紹介したい。

手を使って食べ

ブラチャンを好み
挨拶はサラーム
それが……
オラン・キタ

タパイを作るのがうまく
賑やかなのが好きで
夜中まで騒ぎ続ける
それが……
オラン・キタ

オラン・キタ
我らの文化を守れ
オラン・キタ
我らの文化を守れ

ここでは「オラン・キタ」つまり「私たち」がどのような人々なのかを歌っている。マレーシアやインドネシアに通じた人であれば、はじめの五行が「海の民」、次の五行が「陸の民」について語ったものと容易に理解するだろう。手を使って食べ、ブラチャン（海老ペースト）を好み、サラームの挨拶をするのはイスラム式である。ただし、サバでは非ムスリムもサラームをするため、一見すると「海の民」のことをいっているようでも、実はサバの「海の民」と「陸の民」の両方に当てはまっている。

他方、タパイとは米を発酵させたもののことで、通常はアルコール飲料を指し、一般的な理解として非ムスリムの飲み物である。実際に、サバでタパイは「陸の民」と結び付けてイメージされる飲み物で、大勢でタパイを飲むのは「陸の民」に特有の楽しみ方である。ただし、この歌ではタパイを「飲む」とはいっていない。タパイは発酵させた米を固形のまま食すものを指すこともあり、これは菓子の一種と見られていて、サバではムスリムも一般に食する。したがって六行目からの部分は、一見すると「陸の民」のことをいっているようだが、実はサバの「海の民」と「陸の民」の両方に当てはまっている。

このことを踏まえれば、「我らの文化を守れ」というのは、サバでの「陸の民」と「海の民」が相互の文化を取り入れて形作っている営みのことを指していると理解できるだろう。

ハントゥア提督
マット・サレー殿下
アンタノム爺さん
それが……
オラン・キタ

オラン・キタ……
我らの由来を忘れるな
オラン・キタ……
我らの由来を忘れるな

この部分では、「我らの由来を忘れるな」といって三人の英雄を挙げている。マット・サレーは、イギリスによるサバ統治の初期にイギリス人の拠点などを襲撃したマット・サレー反乱の首謀者として知られている。サバではイギリス植民地の闘争の英雄は数えるほどしかいないが、その筆頭に挙げられる人物である。マット・サレーは長くサバの英雄として語られてきたが、近年ではムスリムであるマット・サレーを「海の民」の英雄あるいはムスリムの英雄として位置づけ直そうとする動きがある。

これに対応する形で「陸の民」の反イギリス植民地闘争の英雄として注目されるようになったのがアンタノムである。マット・サレーとほぼ同じ時期に活躍した人物で、独特の髪形をしており、アブバカル・エラの髪形はアンタノムの髪形をまねたものである。この歌は、マット・サレーとアンタノムを並べることで、「海の民」と「陸の民」のそれぞれからサバの英雄を出して並べようとした意図は明らかだろう。

さらに、この二人をマラッカ王国のスルタンに仕えて今日でもマレーシアの国家的英雄と見られているハントゥアと並べることで、自分たちをサバの枠を超えて外の世界とつなげて描こうとしている。

謙遜した態度
お互いへの尊敬
思慮分別
それが……
オラン・キタ

忘れたふりをして
思いを巡らせる
由来を忘れる
それが……

オラン・キタ

我らの由来を忘れるなという訴えと、サバの枠を超えて外の世界ともつながる自分たちをイメージすることとは、いったいどのように折り合いがつくのか。この問いへの答えとして、謙虚な態度をとり、お互いに尊敬しあって関係を結ぶことに加えて、自分たちの由来を含めて過去のことを忘れるといっている。ただし、不注意のために忘れ去ってしまうのではなく、忘れたふりをするのだという。

過去のことは忘れず、自分たちの祖先に自信を持ちながらも、ときには過去のことを忘れたふりをして互いに謙遜し尊重しあい、そうして一つの社会をつくり上げてきたのがオラン・キタ（私たち）であるというのがこの歌に込められた主張である。

図４　黄龍の家族親睦会では獅子舞も披露される

サバの人々が集合的アイデンティティに目覚めた二十世紀半ば、ある地域社会が国際社会で当事者として認められるには民族的主体を形成していることが求められた。民族的主体は他者を想定し、他者と異なる特徴を示すことで自分たちの文化的単一性を強調しようとする。相対的に文化が均質な社会であれば、多数派による同化によって民族的主体を形成しようとする試みは多くの人に受け入れられやすいかもしれない。しかし、人々の出入りが激しい混成社会では排他的な民族的主体を形成することは難しい。サバの人々、とりわけ「陸の民」は、このような状況でいかにして集合的アイデンティティを形成して地域社会を運営するかという課題に取り組んできた。それは、世界が何を規範としているかという時代の要請と、サバの固有の事情に制約を受けるという地域の要請の二つの組み合わせによって現れることになる。

一九五〇年代は民族アイデンティティの時代であり、「陸の民」はイスラム教やマレー語に対抗する形でカダザン人としての民族アイデンティティの形成を試みた。しかし、多様な人々が出入りするサバでイスラム教やマレー語と対抗すれば、サバ内の「海の民」との対立を招くことになり、カダザン人はサバの政治の表舞台から退場を余儀なくされる。

一九八〇年代に「サバ人のサバ」を掲げた勢力が州政権を握ったのは、カダザン人という民族アイデンティティへのこだわりを一部棚上げにして、サバという地域アイデンティティの形成を試みたものと理解できる。これによりサバ内の「海の民」と「陸の民」の統合が成りたったかに見えたが、サバという地域アイデンティティの強調が連邦内の他地域との対立を招き、国全体の多数派とサバのムスリムが結び付くことでサバ内の分裂状況とムスリムの優位を招くことにもなった。

この状況を踏まえて二〇〇〇年代に登場したのは、あらゆる形の対抗型のアイデンティティ形成を排したアイデンティティ形成の試みである。サバは人々が暮らすためのアリーナであり、サバで生まれ育ったかどうかではなく、サバで合法的に滞在・生活することが認められている人同士が互いにオラン・キタ（私たち）と認め合おうとする。個別の現場では理念通りにいかない難しさもあるだろうが、これは、地球規模で人口移動が見られる今日の世界において、近隣地域に対して排他的な態度を取らない地域アイデンティティ形成を目指すという興味深い試みであり、近隣諸国との間で人の出入りが激しいサバという地域だからこそ形作られた集合的アイデンティティのあり方だといえるだろう。

おわりに

黄龍家系図は、ウォンルンに連なる約四千人の家系図を示すとともに、それぞれの顔写真を掲載しており、冊子の大半のページは家系構成員の顔写真に割かれている。半島部マレーシアと違って名前を見ただけでは民族性や言語・宗教がわかりにくいサバでは、顔かたちや服装などから所属コミュニティーを判断せざるをえない。顔写真を掲載しているのはそのことを踏まえてのものであるように思われる。構成員の顔写真を掲載し、互いのつながりを示した本である黄龍家系図は、現在マレーシアでも流行しているインターネット上の「フェイスブック」に通じるものがある。

ジョセフが黄龍の家系図を作成して家族親睦会を進めた理由について、本人の口から説明してもらうことはもはやできない。フロンティアで民族混成社会であるというサバ社会のあり方と、サバの脱植民地化の過程でカダザン人意識の育成を図ったジョセフの活動とから想像するしかない。

改めて整理すると、サバは周囲の地域に比べて植民地化の波から遅れ、一八八八年にイギリス北ボルネオ会社の経営地となることで植民地化を経験した。日本軍政とイギリス直轄植民地を経て一九六三年にイギリスから独立し、マレーシアの一州となって現在に至る。この領域国家化の過程で、サバは現在に至るまで領域国家の周縁部であり続けている。マレーシアの一部ではあるが、首都クアラルンプールから地理的に遠く離れているだけでなく、歴史的経緯によってサバはマレーシア国内で高度の自治権を有しており、中央政府（連邦政府）の統治は間接的に及ぶにすぎない。また、インドネシアおよびフィリピンと国境を接しており、両国から合法・非合法の移民が多く、二〇一〇年の調査では州人口の二八パーセントを外国人が占めている。しかも、多民族社会であるサバにはインドネシアやフィリピンからの移民と民族的に同根の人々が住んでいて、サバの住民を見たときにサバ州民なのか外国人なのか、外国人の場合には合法の滞在者なのか不法滞在者なのか区別が難しい。

サバでは、サバに正当な権利を持つ住民は誰で、そのような住民にふさわしい権利は何なのかが常に問われてきた。しかし、サバで民族性や言語・宗教を指標にしてサバ州民とそれ以外の人々を区別することは不可能である。それは、サバが領域国家のフロンティアにある民族混成社会であるという理由にもよるが、そもそも民族性や言語・宗教で人々を区別しようとする発想は、民族別の社会制度を発展させて国内の他地域にも適用するという方法をサバにも適用しようとしたものである。民族混成社会であるサバの実情に即して正当な権利者が誰であるかを知るには、人々の血縁・婚姻関係を個別に見て判断せざるをえない。黄龍家系図の作成は、民族の混成と越境が際立つ社会で、個人の記憶をもとに家族や地域社会から人々の関係を確認し直そうとする試みである。

人類の歴史において、戦争や災害のような大きな災厄はしばしば集団的アイデンティティの再編の契機となってきた。そこでは戦時中や被災直後の混乱した状況が国民や民族の物語を強める役割を果たしてきたようにも見える。しかし、現実には戦争や災害からの復興は数十年にも及び、その過程で経験や記憶がときに形を変えて世代を超えて受け継がれていく。それは、戦争や災害を基点にして考えれば復興の過程となるが、別の見方をすれば、時代や社会の変化に対応しながら、人々が自らを世界のなかに位置づける物語を探し続ける不断の過程にほかならない。

二十一世紀に入り、国境を越えた人やモノや情報の往来が増え、越境と混血によって特徴づけられる社会の混成化が顕在化しているにもかかわらず、純血性に基づく排他性を備えた国民や民族の物語は依然として多くの人の意識を捉えているように見える。このねじれを解きほぐそうと多くの理論や学説が唱えられてきた一方で、市井の人は昔ながらの道具から最新技術までさまざまな手段で情報を集め、考えを組み立て、見解を表明している。国民や民族の物語にうまく回収されないような世界各地の事例にどう向き合うべきかが思想と手法の両面で問われている。

注

(1) 本章には同一の姓を持つ人物が複数登場するが、混乱を避けるため、個人を指すときには姓ではなく名で呼ぶことがある。たとえば、ジョセフ・マンジャジは姓のマンジャジではなく名のジョセフで呼ぶ。一族を指す場合は「マンジャジ家」のように姓を用いる。

（2）この部分の記述は、筆者が桃木至朗／小川英文／クリスチャン・ダニエルス／深見純生／福岡まどか／見市建／柳澤雅之／吉村真子／渡辺佳成編、石井米雄／高谷好一／立本成文／土屋健治／池端雪浦監修『新版　東南アジアを知る事典』（平凡社、二〇〇八年）に執筆した「サバ」「カダザン人」の項目をもとにしている。

（3）以下では、人物名と家族名を区別するため、一族名を黄龍、その起点となる中国人男性の名前をウォンルンと書く。

（4）トニイムは家族親睦会の約一カ月後の二〇〇七年八月十九日に天に召された。

（5）Ranjit Singh, *The Making of Sabah, 1865-1941: The Dynamics of Indigenous Society*, University of Malaya Press, 2000, pp.239-245.

（6）Ian Black, *A Gambling Style of Government: The Establishment of the Chartered Company's Rule in Sabah, 1878-1915*, Oxford University Press, 1983, p.47.

（7）黄子堅「沙巴的華人－卡達山（華卡）混血――東馬混血社群的華人性研究」、黄賢強編『族群、歴史与文化――跨域研究東南亜和東亜』所収、連合出版、二〇一一年、三四七―三六一ページ

（8）「北ボルネオ・ニュース」紙との合併により、一時期「北ボルネオ・ニュース&サバ・タイムズ」と呼ばれた。煩雑さを避けるため、本章では時期にかかわらず「サバ・タイムズ」と呼ぶことにする。

（9）A. Antonissen, *Kadazan Dictionary and Grammer: Kadazan-English and English-Kadazan Dictionary*, Government Printing Office, 1958.

参考文献

Monica Glyn-Jones, *The Dusun of the Penampang Plains in North Borneo*, (Report to the Colonial Government, North Borneo), London, 1953.

P. J. Granville-Edge, *The Sabahan: The Life and Death of Tun Fuad Stephens*, Selangor: The Writers' Publishing House, 1999.

Herman James Luping, *Sabah's Dilemma: The Political History of Sabah, 1960-1994*, Magnus Books, 1994.

Margaret Clark Roff, *The Politics of Belonging: Political Change in Sabah and Sarawak*, Oxford University Press, 1974.
山本博之『脱植民地化とナショナリズム――英領北ボルネオにおける民族形成』東京大学出版会、二〇〇六年

第2部　二十世紀的記憶を結ぶ

第4章　往古への首都建設
——平壌の朝鮮式建物

谷川竜一

はじめに

朝鮮戦争の焼け野原から

「第一志望は建築家、第二志望は建築家、第三志望は建築家です(1)」

一九五四年の夏、大学進学を前に、将来の夢を聞かれた平壌出身の青年・金智恒《キムジハン》はそのように答えた。彼が生まれたのは一九三六年十二月。平壌市中区の比較的裕福な家庭で、幼い頃から美術と音楽に触れながら育ったからか、高校時代の彼は、特に芸術や体育などの分野で才能を発揮していたという。そのため教師たちは、彼が美術大や音楽大、体育大などに進学するものと思っていたが、大方の予想を裏切って、彼は建築家への夢を述べた。そして言葉どおり建築家になった金智恒は、金日成総合大学第一号教室棟（竣工年不明）、朝鮮革命博物館（一九七二年）、国際親善展覧館（一九七八年）、人民大学習堂（一九八二年）、万寿台議事堂（一九八四年）、五・一体育館（一九八九年）などの記念碑的建築や、光復通りおよび紋繍通り沿いの街区計画（一九八〇年代）など、朝鮮民主主義人民共和国（以下、北朝鮮と略記）にとって極めて重要な建築・都市の設計に携わることになった。なかでも人民大学習堂は、平壌の中心広場である金日成広場の正面に位置し、平壌だけでなく、北朝鮮の顔といって

写真1　人民大学習堂（筆者撮影）

もいい建築である。こうした華々しい建築の設計に関与してきた金智恒は、後年、建築家を目指した理由を尋ねられ、次のように答えている。

敵によって、我が国は一面の廃墟となりました。この事実を黙って見ているわけにはいきませんでした。勉強して、優れた建築家になって、祖国の大地に新しく大きな通りや新しい建築を建てようと、決意したんです。(2)

朝鮮戦争（一九五〇―五三年）の直後の写真には、都市の悲惨な廃墟を背景にして、涙を流し絶望する平壌市民たちが写っている。だが、そこから立ち上がり、希望を込めた再建の槌音を平壌のまちに響かせる人々の姿も、確かに見ることができる。復旧は都市民一丸となっておこなわれたから、そのなかにきっと青年・金智恒もいたことだろう。

一九五三年、悲しみと希望が響き合うまち、平壌。本章では、そこから発展していく平壌の一断面を、具体的な建築の解説を通じて論じる。焦点とするのは、人民大学習堂をその代表例とする、

写真２　「平壌市の復興建設に奮い立った勤労者たち」『栄光の50年』外国文化総合出版社・朝鮮画報社、1995年、81ページ

反った瓦屋根を載せた建築群である。それらは、北朝鮮では「朝鮮式建物」と呼ばれ、それぞれ記念碑的な位置づけが与えられてきた。[3]朝鮮式建物に建築家・金智恒がいつから関与したのかは定かではないが、同様式が適用された人民大学習堂の設計に携ったことは間違いなく、この設計を通じて朝鮮式建物の洗練・完成に貢献した第一人者であると筆者は考えている。[4]

一般的に建築は公共性や規模が大きくなればなるほど、当時の社会の状況や人々が思い描いた夢が投影される。つまり朝鮮式建物は、建設時期の社会の状況が刻印されたもの、あるいは朝鮮戦争後を生きた金智恒を含む北朝鮮の人々の記憶として、読み解くことができるかもしれない。北朝鮮の建築に関する研究や資料の数は乏しい[5]が、筆者がすこしずつ集めた情報をより合わせて、このテーマに可能なかぎり迫ってみたい。なお、漢字表記が判明した名称に関しては、日本語読者の読みやすさや理解のしやすさを考慮して漢字で表記したが、人名など朝鮮語しかわからない場合は、カタカナで表記することとする。

平壌の朝鮮式建物

平壌の中心市街地は、朝鮮王朝時代以降ずっと大同江西側のなだらかな丘陵地にあり、朝鮮戦争では焦土と化したものの、戦後もそれ以前の都市構造や機能を一定程度残しながら発展してきた。ただし、朝鮮戦争以前と以後の最も大きな空間的な差異は、地方都市から首都機能を備えた政治的な中心都市へと変わったことだ。国家規模の集会をおこなうための金日成広場が設けられたり、政府庁舎や海外からの来賓のためのホテルが並ぶ目抜き通りであるスターリン通り（現在の勝利通り）が建設されたりしたことは、それを物語る。

ここで、解放後、特に朝鮮戦争後の平壌に建てられた主要建築の流れを概観しておこう。まず戦後数年の間に、政府総合庁舎や平壌駅、大同門映画館や国際旅館、労働者アパートをはじめとする、旧ソ連の影響を受けた建築が建てられた。ソ連の影響は、社会主義的なデザインが施された列柱やその細部装飾などに見ることができる(6)。旧東側諸国との政治的なつながりは、当然ながら建築という形にも現れたわけだ。そして一九六〇年代になると、平壌大劇場や玉流館をはじめとする朝鮮式建物が建ち始める。七〇年代には平壌駅前から北に延びる千里馬通り沿いの開発に加え、都市中心部の万寿台に革命記念碑や芸術劇場が加わり、そして八〇年代前半には、凱旋門や主体思想塔、人民大学習堂、議事堂、平壌産院といった、金日成施政の総決算にあたるようなモニュメンタルな建築が建てられた。もちろんこの流れのなかで、すべての

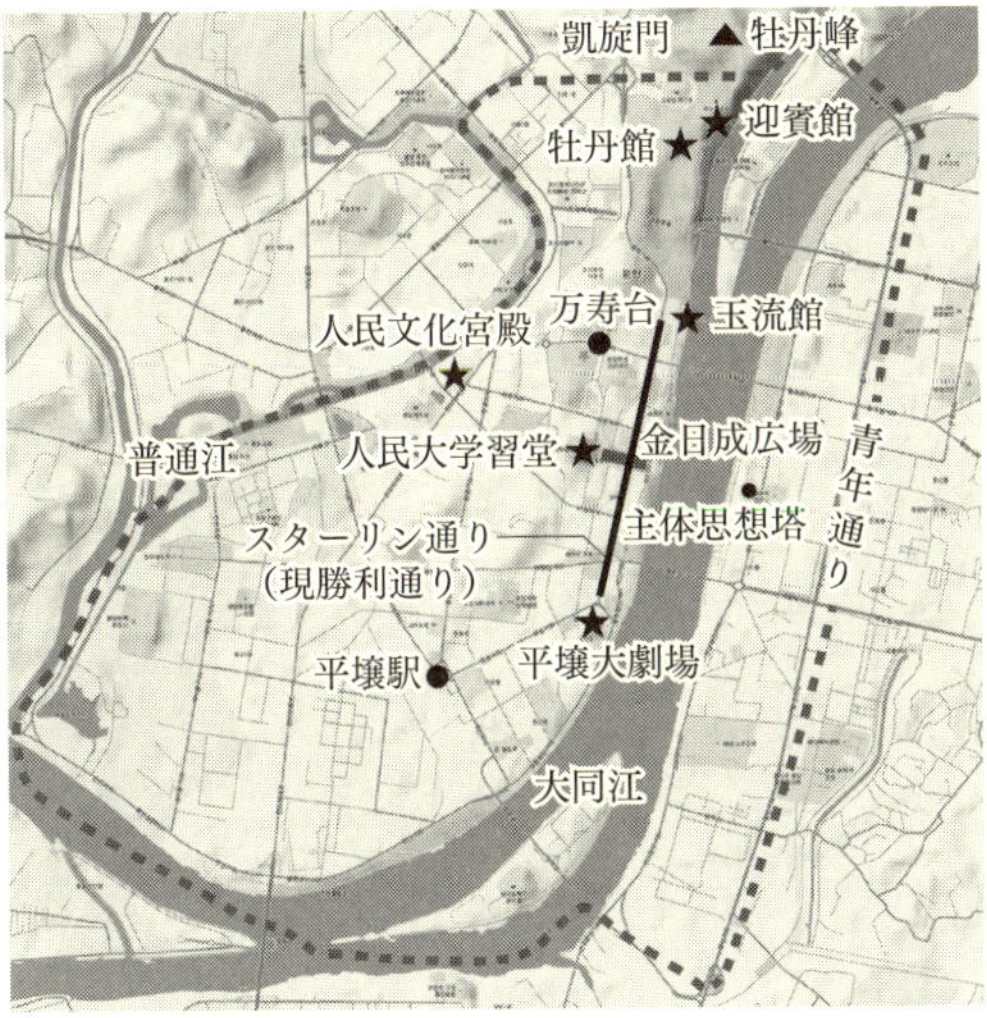

地図１　対象地域と朝鮮式建物の位置（©2014 Google）。点線の枠内に朝鮮式建物（星印）は筆者が調べたところでは６棟建っている

建物が朝鮮式建物になったわけではない。同時代の東側諸国はもちろん、西側諸国の影響を受けた建物も存在したし、多くの公共建築は、近代的な簡素なデザインで建設された。そのなかで朝鮮式建物はごく限られた数しか建っていないという事実を踏まえながら、論考を進めたい。

では、本章が対象とする朝鮮式建物は、平壌に何棟建っているだろうか。朝鮮式建物は屋根形状が特殊なため、航空写真と、筆者が二〇一三年の訪朝時に主体思想塔（高さ百七十メートル）から撮影した都市全景写真で同定することができる。これに筆者の現地訪問記録やその他の資料も合わせてすべてを数え上げると、朝鮮式建物は、北は牡丹峰、東は青年通り、南は大同江、西は普通江に囲まれた平壌の中心部と考えられる地域に六棟あることがわかった。[7] その位置は地図1のとおりである。これらのうち、建設年が判明した建築を年代順に記すと、平壌大劇場（劇場を中心とした複合文化施設、一九六〇年竣工）、玉流館（朝鮮伝統料理レストラン、一九六〇年竣工）、人民文化宮殿（会談場や宴会場を中心とする複合文化施設、一九七四年竣工）、人民大学習堂（図書館を中心とした学習・教育施設、一九八二年竣工）、迎賓館（正式名称不明、宿泊施設、竣工年不明）、牡丹館（施設用途不明、竣工年不明）である。平壌大劇場と玉流館は同時に竣工しているため、紙幅を考慮して本章では平壌大劇場を中心に述べることとし、その後に続く人民文化宮殿、人民大学習堂を順次見ていくことにしたい。

1　朝鮮式建物を読み解く

苦難の記憶を超えて飛ぶ希望の翼——平壌大劇場

平壌市内における本格的な朝鮮式建物の嚆矢は、一九六〇年に竣工した平壌大劇場である。劇場に加えて展示空間なども備えた大型複合施設で、朝鮮戦争後に新たに開鑿された平壌の目抜き通りであるスターリン通りの南端に建設された。収容人数は三千人、四階建ての大規模なものだ。

一九六〇年当時の竣工報告書の図面を見ると、その建物は左右対称性が高い平面を持つことがわかる。そして建物を貫く明確な中心軸は、建物前面のスターリン通りの軸線と一致しており、通りから見た際の平壌大劇場の記念碑性を高めることが企図されていることは明らかである。朝鮮戦争後に急ピッチで整備が進められたスターリン通りの開発の一環でもあったと捉えられるだろう。

この建物の外観の特徴は、なんといっても重なり合う朝鮮式の屋根である。建物中央にある舞台部分に最も大きな切妻屋根が（現在は入母屋屋根に架け替えられた）、舞台袖の上部やホワイエ上部などの容積が大きい部分には入母屋屋根が架けられた。そして劇場客席の上部は簡易な切妻屋根が架かり、また建物の周囲も一段下がって屋根が囲み、正面部分の左右には、小さな寄せ棟屋根が載っている。[8]

写真３　平壌大劇場（筆者撮影）

なぜこのような複雑な屋根の様式が選択されたのだろうか。竣工報告書によれば、大劇場は主に民族歌劇を上演する場所であったため、民族的な建築様式が求められたという。[9]その結果、朝鮮式建物とすることが選択され、屋根の具体的な形としては朝鮮王朝後期のものを参考にし、細かな屋根の曲線率などは「我が国の建築遺産のなかでも最も優れた代表的建築物である大同門、普通門の曲線率を検討した基礎に基づき」決定された。[10]しかし平壌大劇場の様式を決定する際、大きな劇場はヨーロッパ式で造らなければならないという意見があったり、「民族虚無主義と事大主義に染まった一部の人々」から、「大劇場のような雄大な建物には朝鮮式屋根は似合わないし、封建主義のにおいがする」といった反対意見も出ていたという。[11] 先述のとおり一九五〇年代の北朝鮮は、ソ連を中心とした東側諸国の復興援助の時代であり、その影響を受けた建築が多く建ち上がっていっていた。その状況下で、北朝鮮側の建築関係者のなかには、当時の東側諸国の建築文化の中心であったソ連の建築に惹かれていた建築家も、当然いたはずだ。加えて、日本植民地時代に建築教育を受けた建築関係者も多くいたであろうし、彼らは多かれ少なかれ日本の影響を受けていたと思われ、伝統的な朝鮮式の反った屋根をコンクリートの建物駆体の上に載せることに時代錯誤を感じる人もいたにちがいない。おそらくそうした反対意見も含む複数の建築様式が検討されるなかで、民族的な歌劇にふさわしい様式として朝鮮王朝期の屋根形状が選択されたと考えられる。[12]

しかし建築学的な見地からいえば、このような屋根を架けて全体の屋根形状を複雑にすれば、施工も難しくなるのはもちろんのこと、いくつもの屋根をバランスよくまとめ上げるための設計上の技量が要求される。実際、平壌大劇場の建設現場でも、関係した労働者たちから、舞台部分と練習場部分の屋根に違和感があるという旨の意見が多く寄せられてしまった。前者の屋根は同劇場のなかで最も大きく、切妻でデザインされており、その妻壁が絶壁のようにそびえ立っているにもかかわらず、後者の入母屋屋根が離れていて、互いに分離した印象を与えるという批判であった。[13] つまり伝統的な大きな屋根は強い視角的印象を生むが、それらを離して架けたために、一つの建物であるにもかかわらず分裂したような違和感が生じたのである。

これに対して、建設者たちがおこなった対応が面白い。竣工直前の「労働新聞」には次のような記事が出ている。

いま、建設者たちが力を合わせているのは、第三「キロギ〔雁のこと。ここでは雁の翼に似た屋根を指している：引用者注〕」工事である。第三「キロギ」工事とは、屋根の上に建てる三番目の屋舎のことだが、これはもともと設計時には予見されていなかった追加工事だ。大劇場の後面「キロギ」と前面「キロギ」工事を終えてみたら、その間隔があまりにも広く、大劇場の姿が、若干よくなかった。だから労働者たちは、その間に「キロギ」をもう一つ建てることにした[14]。

大胆にも施工中に、前と後ろにあった二つの屋根の間に、もう一つの屋根を架けたのである。報告書内の図面で確認すると、新たに架けたのは観客席の上の切妻屋根のさらに上の入母屋屋根であることがわかる。この屋根は真下に部屋はないため、単に視覚的効果しか持っていないと考えていいだろう。つまり、機能と分離した単なる装飾としての屋根を付加することで、離れた屋根同士の距離感を埋め、建物全体の連続感を創出したというわけだ。視覚的効果を極めて重視したのである。

写真４　建設中の平壌大劇場
（出典：김진수、최룡건 편『평양 대극장 건설』국립 건설 출판사、1960年、口絵）

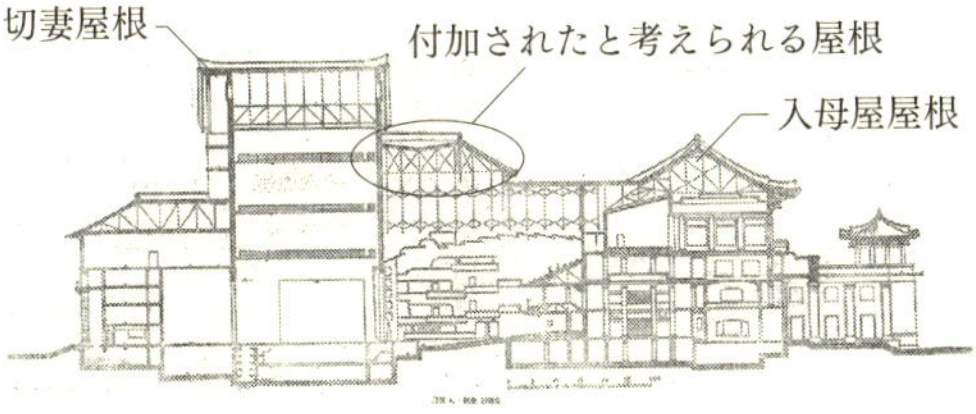

図1　平壌大劇場断面図
（出典：同前）

また、先の記事のなかで現場の労働者たちが屋根のことを「キロギ」と呼んでおり、吉祥の鳥でもある雁の翼を比喩的に用いて形容していたことがわかる。翼の比喩は、その後よく使われており、次のような印象を与えることが期待されていたようだ。

> 飛ぶような屋根は、私たち人民の前向きな性格を物語っており、常に進化し、常に高いところを志向する賢明な性格を象徴している[15]。

つまり、伝統的な屋根を、上昇を意味する雁の翼に見立て、朝鮮民族の象徴として論じることで、人々を鼓舞しようとした意図が読み取れる。以上から朝鮮式建物は、北朝鮮の民族主義と強い関係を持って生まれたのであり、具体的には戦災という苦難のなかで民族的な紐帯となって人々を鼓舞する役割が付与されていたと考えられるだろう。

ところで平壌大劇場は、一九五七年から始まった平壌の本格的な復興計画に連なる北朝鮮の五ヶ年計画の目玉事業として建設が進んだが[16]、計画の終了年である六一年に竣工したわけではない。それより一年早い六〇年八月十五日に間に合うよう急ピッチで工事が進められ、同じ朝鮮式建物である玉流館や他のいくつかの大規模公共建築とともに、滑り込みで竣工式を迎えた。その理由は、六〇年八月十五日という日付を見ても明らかなように、日本植民地からの解放十五周年を祝う記念建造物としての役割を持っていたからだ。平壌大劇場が、首都平壌における最初の大規模な朝鮮式建物であることを考えれば、朝鮮式建物がアメリカとの戦争からの復興に加え、日本の侵略に対する抵抗の記憶をテコにして成立したことを意味しているだろう。輝かしい未来は、支配や廃墟の地から飛び立って近づいていくからこそ、明るく対比的に描かれる。朝鮮式建物が未来に羽ばたく民族の希望の象徴の様式として、過去の朝鮮王朝時代の建築様式から召還されたとき、アメリカや日本の記憶もまた、同時に召喚されていた点は見過ごせない。

都市の顔、古の風景の創出――人民文化宮殿

一九七四年、普通江のほとりの朝鮮時代における平壌の西の玄関であった普通門の傍に、朝鮮式建物が竣工した。三千人を一度に収容できる会議施設や劇場、宴会場から構成された人民文化宮殿である。

当初、人民文化宮殿は、会談場、会議場、宴会場の三つの用途が見込まれていて、それぞれの空間に対する動線は、個別に分けて設計されたという。その結果、各機能は千里馬通りに入り口をもつ南東部、西城通りに入り口をもつ南西部、そして普通門があるロータリー広場に向いた北東部に、分けて配置された[17]。各空間の形状を航空写真から分析すると、三つの部分のうち南東部と南西部の平面は、それぞれの入り口から見て左右対称であり、

中央には大きな入母屋屋根を配して、さらに双方の入り口の両脇のウイングには小さな入母屋屋根を載せていることがわかる。このことから、対称的な空間構成を採ることで建築の中心性を高め、朝鮮式の屋根の記念碑的な

写真5　千里馬通りから見た人民文化宮殿（筆者撮影）

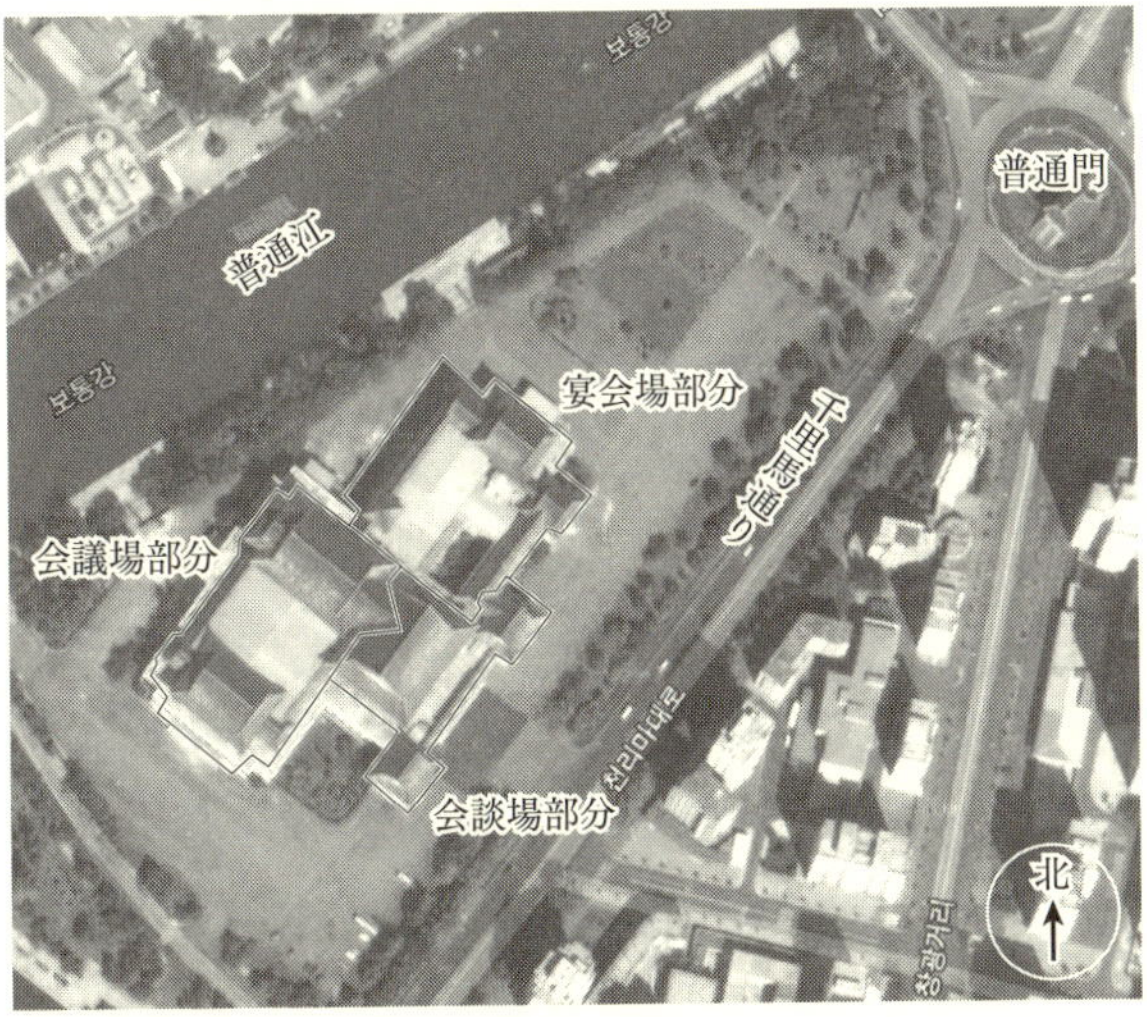

地図2　人民文化宮殿　筆者が屋根輪郭線をなぞった
©2014 DegitalGlobe, Cnes/Spot Image, Landsat,
地図データ ©2014 Google

印象を強めようとしたことがうかがわれる。一方、北西の普通江に向けた建物側面と北東部分の屋根は、他の屋根より比較的小さく、非対称になっている。これは意図的な操作と考えられるが、北朝鮮の建築史書によると、普通江の流れと人民文化宮殿の情趣が合うように屋根や回廊を巡らせた結果であり、加えて貴重な文化財として植民地時代から認められてきた普通門と違和感なくその景観をつなげることで、千里馬通りの起点となるようにしたという。(18) つまり、都市内の大通りから見たときには、中心性を重んじる左右対称の平面構成の効果により、人民文化宮殿の記念碑性やその入母屋屋根の象徴性が高まることが期待されていた。そして水辺や木造の古建築の傍から見た景観としては、非対称の構成をとりながら建築のヴォリュームを小分けにして見せることで、人民文化宮殿の記念碑性や重量感を軽減し、水辺の自然や歴史的建造物と視覚的に溶け合うことが企図されていたのである。

しかしながら、機能単位で空間を分けた上、外部からの視線にも個別に対応したことで、建物全体の一体感を創出することが難しくなってしまった。一つの建物であるにもかかわらず、全体が三つの部分に分かれているような印象を与えてしまったのである。この点を解決し、建物の一体感を高めるために建築家らがおこなった対処法は、建物側面に水平の帯を設けてつなぐというものだった。(19) 似た問題は先に見たように平壌大劇場でも起こっていたが、そこでは人民文化宮殿のように建物全体を考慮したというよりは、装飾的な屋根を付加するなど、場当たり的対応のように見える。平壌大劇場以後、朝鮮式建物を建設するうえで建築家たちの関心が広がり、技量がステップアップしたと考えていいだろう。実際に筆者が現地で観察したところ、人民文化宮殿での取り組みは一定程度成功しているように見受けられた。

また、平壌大劇場との差異としてもう一点重要なことがある。それは、朝鮮式建物という様式が、その施設用途から一歩離れた点である。先に述べたように、平壌大劇場は民族歌劇を上演する劇場であり、それを踏まえて民族的な様式である朝鮮式建物が選択されたという経緯があった。また、平壌大劇場と同年に竣工した玉流館についても、そこが伝統料理を提供するレストランであることを考えれば、平壌大劇場と同じようにその様式が民族的な施設用途に合わせて選択された可能性が非常に高い。だが、人民文化宮殿は会議場や会談場であり、用途として伝統性や民族性を強く必要としない。つまり朝鮮式建物という様式は、一九六〇年の段階では用途と密接に結び付いて選択されていたが、七四年の段階では用途とは一段階離れて用いることが可能になったと考えることができる。

ところで、朝鮮式建物という様式が様々な用途の建物に適用できるという認識が、一定程度確立されていたとはいえ、人民文化宮殿にこの様式を採用することで、何が期待されていたのだろうか。そもそも人民文化宮殿の傍らを流れる普通江周辺は植民地時代を通じて湿地であり、マラリアが発生する危険な場所であったうえ、土城楼と呼ばれた貧者たちのバラックが立ち並ぶ地域であった[20]。北朝鮮は日本からの解放直後からこの地の改修工事を進めており、一九七五年には楽園通りと呼ばれる通りを敷設し、高層アパートを建設した。それとほぼ時を同じくして、市街地西部にあった朝鮮時代の由緒ある遺跡である普通門から市街地南部に向けて千里馬通りを整備し、その通り沿いに平壌体育館をはじめとする大型施設を多く建設した。人民文化宮殿の建設は、こうした平壌西側の大規模な街区開発の一環としておこなわれたのである。加えて興味深いのは、人民文化宮殿の設計に関わった建築家であり、人民設計家の称号を持つリ・ヒョンの回想だ。それによると、金日成はとりわけ人民文化宮殿の屋根に強い関心を持っており、その屋根をうまく造ることができれば、付近の普通江と千里馬通りの一帯に、民族的な香りを漂わせることができると考えていたという[21]。つまり、先に述べたような人民文化宮殿の平面や屋根の念入りな操作の背景にあったのは、単に建物ひとつがどのように見えるかという関心だけではなかった。その様式が持つ視覚的な効果を通して、建物と街区や周辺環境の関係を取り結び、民族的な景観を生み出したいという願いだったと考えられるだろう。

以上のように、平壌大劇場の建設時には用途と一緒にあったはずの朝鮮式建物という建築様式が、人民文化宮殿の建設時では用途から一段階自由に適用されるようになった。そして設計上の技法としても、周辺環境に即した空間の対称性に関する処理や屋根の配置、建物の一体感の創出など、より視覚的な観点から洗練されていた。

そこで期待されていたのは、平壌西側の大規模な都市開発事業のなかで、特に大きな千里馬通り周辺の景観を、民族的なものに変えることであった。金日成を含む計画者たちは、人民文化宮殿を単に民族的かつ記念碑的建築として完成させるのではなく、周辺環境を考慮した設計によって、古の雰囲気を建物の周辺に漂わせ、最終的には人民文化宮殿の付近に民族的な都市景観を創出させようとしたのである。

様式としての成熟——人民大学習堂

平壌に造られた朝鮮式建物のなかで、最大規模を誇り、さらに様式としても高い完成度を持つのは、金日成の古稀に合わせて一九八二年に竣工した人民大学習堂だ（写真1参照）。この建物は平壌の中心である金日成広場を囲む建築群のなかでも、幅百五十メートル、高さ六十三メートルとひときわ大きい。施設の用途は図書館を中心にした学習教育施設であり、蔵書は三千万冊にのぼり、閲覧室や教室など多くの部屋や、展望テラスなどからなる。平壌はもちろん、北朝鮮の顔となるような象徴的な位置に立っていることからも、朝鮮式建物の様式が選ばれたことは必然的帰結のように受け取られるが、必ずしも計画当初からそうであったわけではない。この位置に建てられる建物のデザインについて、少なくとも二回は案が練られた。五八年の案が最初のもので、図書館ではなく労働宮殿として計画されており、のちに人民文化宮殿に関与することになる建築家リ・ヒョンらによって設計された。その建物は朝鮮式の反った入母屋屋根を架けているが、巨大な列柱をエントランスに配しており、朝鮮式と西洋式の折衷的なデザインのように見える。その後、当時の東側諸国で流行したモダンな様式の労働宮殿の案も出されたようだが、年代ははっきりわからない。そして七三年十二月以降に宮殿ではなく図書館へと施設用途が方針転換され、最終的には人民大学習堂として、コンペを通して様々な様式が提出された。そうした人民大学習堂案のなかにも、超高層のモダンな案が含まれており、複数の様式が比較検討されたようである（写真6参照）。ここからわかることは、金日成広場の中心的な建物といえども、その様式に関して建築家の間で確たる合意があったわけではないということだ。そして最終的には、金日成の意見と試案を見た人民の感想の結果、朝鮮式建物が選ばれたという[22]。

次に、採用された朝鮮式建物の様式自体に着目して分析すれば、平壌大劇場から人民文化宮殿へと至る過程で確立・洗練されてきた朝鮮式建物の設計技法が、この人民大学習堂でも用いられていることがわかる。人民大学習堂は、大同江を挟んで東側に立つ主体思想塔（一九八二年竣工）と向き合うようにして広場西側に立ち、東西方向に中心軸を持つ正確な左右対称平面を持っている。金日成広場で政治的なパレードや集会をおこなうとき、この建物は指導者たちの背後に屏風のようにそびえると同時に、主体思想と響き合う民族の記念碑としての機能が期待されているといえるだろう。

写真６　超高層で計画された人民大学習堂の試案
（出典：「높은 혁명성을 가지고 영웅적으로 투쟁하여 주체건축의 자랑찬 전성기를 더욱 빛내이자」「조선건축」３、공업출판사、1993年、10ページ）

地図３　人民大学習堂付近
©2014DegitalGlobe, Cnes/Spot Image, Landsat,
地図データ ©2014Google

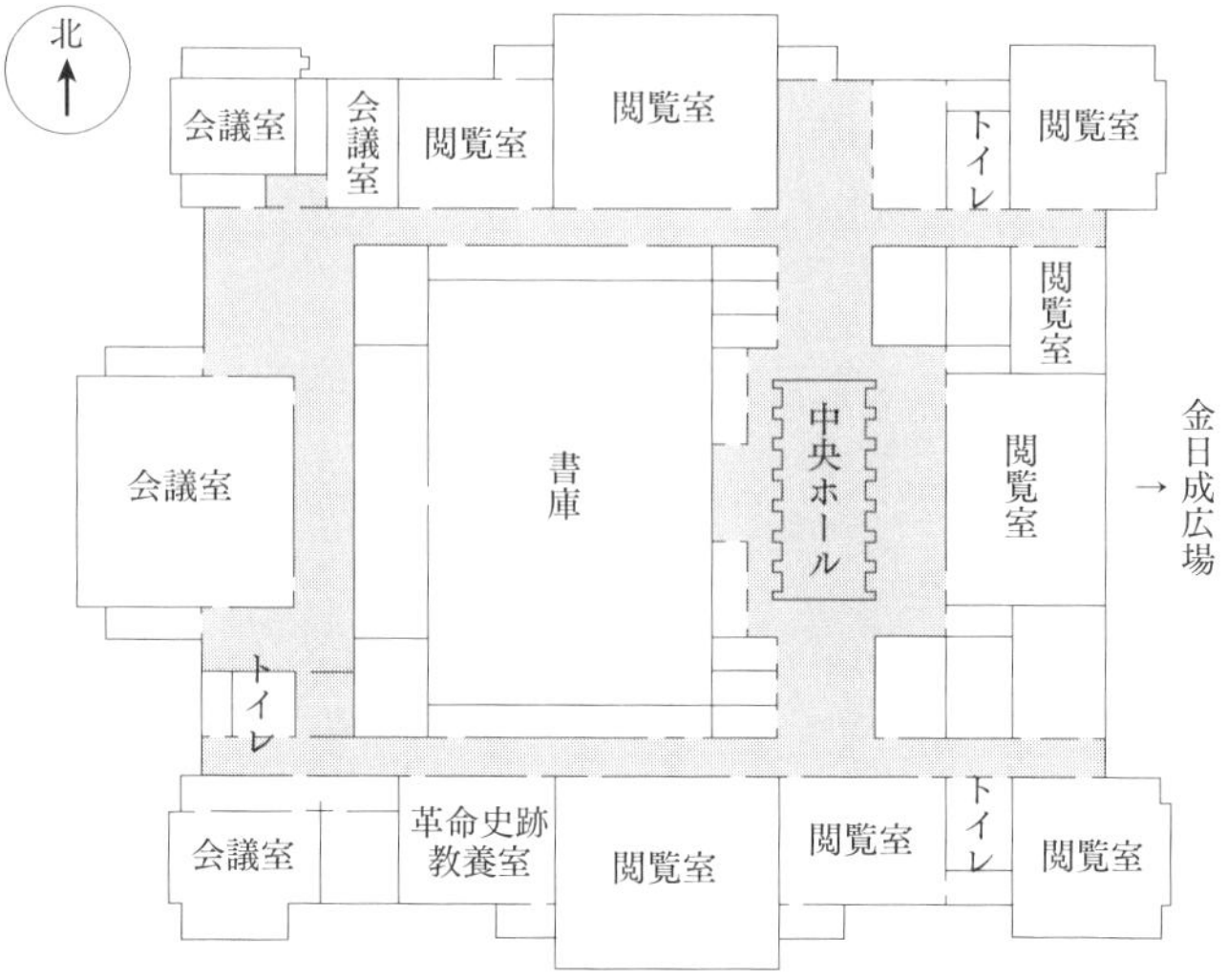

図2　人民大学習堂2階平面略図

加えて、非対称性をうまく使い分けることで、周辺環境に建物をなじませるという手法も用いられている。人民大学習堂は、北側や南側から見ると、非対称に見える。その主な原因は、中央の最も高い位置にある入母屋屋根が、建物中心から少し東にずれて架けられているためである。こうした非対称な構成がとられたのは、「北側の万寿台芸術劇場の方は地形の起伏があるうえ、周辺の建物が非対称の形態を持つものが多いため」[23]だという。人民大学習堂の北側は噴水のある公園であり、そちらに巨大な威容を象徴的に晒すのではなく、あくまで人々の憩いの場の背景となることが期待されたと考えていいだろう。ドラマティックな記念碑性と同時に落ち着いた周辺の環境との調和が、対称・非対称な形状を通して模索されたのである。

さらに水平の帯によって、強い印象を持つ複数の屋根とその下のヴォリュームをうまく関連づける手法も継承されている。人民大学習堂の二階と三階部分を見てもわかるように、帯状のテラスがめぐらされていて、これによって建物が視角的な一体感を高めていることがわかるだろう。

以上のように、人民大学習堂では朝鮮式建物に関するこれまでの技法が継承されて適用された。これに加えて、筆者がこの建物の完成度が高いと判断しているのは、複雑な屋根構成と平面構成を有機的につなげるなど、設計手法を発展させている点にある。筆者は二〇一三年五月にこの施設を訪れた際に、東側の金日成の座像がある部屋から入り、二階中央ホールに抜け、そして各階の部屋の一部を見ながら展望テラスまで見学した。その経験も合わせて平面を考察すると、次のことに気づく。すなわち、人民大学習堂は書庫の周りに廊下をめぐらせており、その周囲に大小の部屋を組み合わせて立体的に配置・構成することで壁面に変化とリズム感を生み出していること、加えて大小の部屋それぞれに反った屋根を架け、重層的な朝鮮式建物の屋根を創出していることである。仮に空間が同程度の大きさの部屋で分節されていたとすると、凹凸のない壁面となり、そのうえ異なる大きさの屋根を複数架ける必要もなくなってしまう。つまり大小の異なるサイズの部屋で平面を構成していることが、屋根や建物全体にリズム感や重厚さを生じさせる秘訣となっている。以上のように人民大学習堂では、内部空間の機能と無関係な屋根を架けた平壌大劇場や、象徴性を高めるために各入り口にわざわざウイングを配した人民文化宮殿よりもさらにステップアップした設計手法が明らかに見て取れる。平壌に本格的な朝鮮式建物が竣工して以来二十二年の歳月を経て、朝鮮式建物という建築様式が、単に屋根の形状だけではなく、内部空間構成と密接にリンクしながら、建物の外部空間とも接続・調和していく技法として確立したと考えていいだろう。

2　往古への首都建設

創造された歴史的建築

ここまで、平壌市内の三つの主要な朝鮮式建物について述べてきたが、これらは二十世紀後半の平壌でどのような意味を持ったのだろうか。あるいは、この様式を採用することで、指導者も含めて計画者たちは何を達成しようとしたのであろうか。人民大学習堂の竣工後約十年たって、金日成と並ぶ指導者の一人であった金正日が、このような話をしている。

写真７　普通江側から見た人民文化宮殿。右奥遠方に人民大学習堂が見える
（前掲『栄光の50年』163ページ）

革命の首都平壌には、首都の建築形成で重点的役割を果たす位置に伝統的な朝鮮式建物の人民文化宮殿、平壌大劇場、玉流館が建設されて大同江周辺と普通江周辺に民族的香りが漂うようになり、それらの建物を頂点としてできる三角形の幾何学的中心でもあり都市建築形成上の中心に位置する南山丘に雄大な朝鮮式建物の人民大学習堂が勢いよく立ち上がることによって、都市全般に民族的色彩がより一層鮮明になった。（略）平壌市をはじめとする、我が国の都市建設史は極めて浅いにもかかわらず、古い歴史を秘めた都市という感じを強く与える理由はまさにここにある。[24]

ここで述べられているような朝鮮式建物の配置方針が、平壌の復興の初期段階から一貫した計画として存在していたのかどうかは、検討の余地が大きい。[25] 先の三つの建物で見てきたように、様式としての朝鮮式建物の採用に関しては建築家らの反対があったり、あるいはコンペを通して様々な様式のなかから選ばれた経緯があったりするなど、少なくとも様式に関する揺るぎない計画や方針があったわけではない。現段階でその変遷を子細に解明することは大変難しいが、ここで筆者が興味深いと思う点は別にある。すなわち、当時すでに金日成と並ぶ指導者の一人であった金正日自身が、平壌を含め北朝鮮の都市建設の歴史は極めて浅いと自ら認めている点だ。さらに彼は、朝鮮式建物がそうした歴史の浅さをカバーするだけでなく、歴史的都市としての雰囲気まで醸し出してくれると述べている。

朝鮮戦争の被害を受けた平壌では、普通門や大同門はかろうじて残ったとはいえ、他の多くの歴史ある建築が失われたことは事実だろう。金正日のこの論考が書かれた時点で、朝鮮式建物はそうした失われた平壌の歴史――つまり都市の記憶――を代替し、新たに創出する役割が付与されていたのであり、人民大学習堂はそのプロジェクトの総仕上げとして位置づけられていたのだ。平壌での朝鮮式建物には、日本の植民地時代やアメリカへの抵抗の記憶をテコにして生まれながら、焼け野原のなかで人々を視角的に鼓舞し、そして最終的には失われた都市の記憶を取り返すことが期待されたといえよう。

ところで、平壌大劇場のところで触れたように、朝鮮式建物はその誕生の段階で、朝鮮の歴史的な建築を参照していた。また、人民文化宮殿や人民大学習堂で見たような周辺環境との調和を重視する姿勢は、朝鮮の伝統的な建築技法でもある。そう考えれば、朝鮮式建物の設計のなかで実践された技法や周辺環境との調和を目指した設計者たちの工夫は、まさしく伝統的なものであり、「朝鮮式」という名にふさわしい、歴史を重んじた根拠ある建築様式のように思える。

だが、もう一歩踏み込んで考察してみると、やや話が違ってくる。一見してわかることだが、駆体が鉄筋コンクリート構造である点は、決定的に伝統建築とは異なる。建築の用途も、劇場や会議場、図書館など、近代以降に生まれたものだ。加えて人民大学習堂のような高層建築も、風水などの伝統的観点からは通常忌避されるものであった。平壌の朝鮮式建物のような多層建築は、実は歴史の中にはほとんどなかったのである。また、たとえば平壌大劇場では朝鮮王朝後期の屋根形式を導入することを決めているが、曲線率に関しては朝鮮王朝初期の普通門や中期の大同門を参考にするなど、建築単体のなかでも細かな様式の利用方針はチグハグだ。つまり、朝鮮式建物は明確な折衷建築なのであり、朝鮮半島の過去の歴史をひっくり返してみてもどこにも存在しない、創造された歴史的建築といえるだろう。

平壌で朝鮮式建物の設計上の技法が洗練されていく過程で、平壌大劇場に始まり、人民文化宮殿、人民大学習堂が建ち上がっていった。それらは記念碑性に加えて朝鮮の民族意識を鼓舞する使命を任され、さらには周辺環境との調和や建物周辺の民族的な景観の創出も期待された。そして最終的には平壌の印象を「古い歴史を秘めた都市」へと変貌させる役割が、朝鮮式建物に与えられた。端的にいえば、朝鮮戦争後の北朝鮮の国家形成において首都平壌は、共同体が結束する場所として未来に向けて創造されただけでなく、時間軸を反転させ、まるではるか昔からある都市のように、往古に向けて遡及的にも建設された。都市を、失われた記憶のなかへ再建設する技法こそ、朝鮮式建物という様式だったのである。

おわりに

最後に、一つの記事を紹介したい。時は朝鮮戦争の停戦からまもない一九五四年十二月二十六日、平壌復旧建設事業における国際旅館(後の大同江旅館)の建設に携わった労働者に関するものだ。

コン・ヒョンピル同務〔目下の者に使う敬称:引用者注〕は、昼食のたびに、この窓から大きくなっていく平壌の姿を見ることを楽しんでいる。平壌の多くの若い建設者たちがそうであるように、コン・ヒョンピル同務が美装工になった動機と経緯は明確だ。彼は停戦後、民主首都を急速に華麗で近代的な都市として復旧建設する計画が提起されたとき、即座に平北の碧城郡からここまで走ってきたのだ。(26)

これを民族主義に傾倒した青年が馳せ参じたと読むか、それとも都会を夢見た地方の青年が、首都の戦災復興で仕事にありつけると思って走ってやってきたと見るか、記者の意見ほど「動機と経緯は明確」ではない。戦災からの復旧建設事業は、都市民一丸となっておこなわれたが、「平壌の多くの若い建設者たちがそうであるように」と述べられていることからも、コン・ヒョンピルのような若者が非常にたくさんいたことが読み取れる。そして記事は次のような話に続く。

コン・ヒョンピル同務は、自分の手で丁寧に作ったモールディング〔天井と壁の間の帯状の装飾：引用者注〕が、すべてきれいに美しくはりついている三階の隅々まで回ってみながら、自分の気持ちが、うれしく、わくわくしてくることを感じた。(27)

建築を造るということに対する素直な喜びと、そこから自然に出てくる「わくわく」する小さな希望。古い記憶の廃墟を取り払い、新しい記憶を入れるための建築を造る作業は、人々に確かな実感とその喜び、ひいては希望を生み出した。そうした意味で、民族や伝統といった表向きの大文字の背後で、うねるような平壌の人々のそれぞれの願いや具体的な創作の喜びが、確かに朝鮮式建物にも投影されていたはずだ。

このように考えれば、冒頭で紹介した朝鮮式建物という様式の完成に対して、大きな貢献をしたと思われる建築家・金智恒も、そのうねりに立ち会った一人の青年だった。彼は「敵によって」失われた都市の上で、再建の夢を誓った。未来だけでなく、過去をも奪われた現実のなかで、その両方の再建に彼は挑んだわけだ。彼を含む北朝鮮の建築家たちのこのような試みに対する歴史的・建築史的な評価は、今後徐々に進むと考えられる。その際、彼らがそこに込めた情熱や、それを造り出さなければならなかった事情について、彼らが立つ地平と地続きの場所から、理解と共感、ときに批判をすることが不可欠だと筆者は考える。そのためには、本章では述べることはできなかったが、東アジアや東南アジアにまで視野を広げ朝鮮式建物を論じるべきだ。というのも、朝鮮式建物のようなストレートな伝統表現をおこなった現代建築は、他の地域でも多く見られるからである。その原因に関しては、比較研究としてより子細に検討される必要性があるが、多くの研究者が指摘していることは、次のようなことだ。それは、各地域がそうした様式を創り出す以前に、いずれも日本を含めた列強による植民地化、内戦や対外戦争のため、建築を通して自らの伝統表現をおこなうことが難しい時期を経験していたという点である。その共通性に着目すれば、東アジアや東南アジアにおける朝鮮式建物のような伝統的な屋根を架けた現代建築の成立は、日本との闘争や対外戦争、あるいは内戦などの後に高まった民族意識の発露や、国民統合の必要性と強い関わりを持っていると考えられる。それを踏まえると、私たちが朝鮮式建物に対してときに感じる時代錯誤さや不可解さは、二十世紀半ばに民族意識の結束や国民統合の必要性を抱えた国々に対する私たちの無理解と、アジア社会における自らの立ち位置に対する無自覚の裏返しかもしれない。そうだとすれば逆に、朝鮮式建物に対する理解を深めてゆくということは、それを生みだした朝鮮の人々のおかれた歴史的・社会的コンテクストを読みとき、彼ら／彼女らと私たちの距離を縮めてゆくひとつの手がかりとなるのではないだろうか。すなわち、相手と自らの立脚点や相互の距離を明らかにすることで、対話の地平を広く切り開く一歩につながるからだ。民族や伝統といった大文字が躍る壮麗な建築が生まれてきた事情をともに受け止めながら、そこに記憶のすべてを委ねてしまうのではなく、金智恒やコン・ヒョンピルをはじめとする北朝鮮の一人ひとりの具体的な記憶を粘り強く探し、付け加えていくことがいっそう目指される。

注

（1）「今日朝鮮」第五百十六号、外文雑誌社、一九九二年、二二―二三ページ
（2）同誌二二ページ
（3）리화선『조선건축사（2）』과학백과사전종합출판사、一九八九年
（4）金智恒は一九五九年以降、平壌の代表的設計組織のひとつである平壌都市設計事業所の技師を務め、七八年以降は技師長となるなど、平壌の都市建設に深く関わった。そして『朝鮮式建物建築設計』（出版社名および出版年不明）という書籍を著していることからも、おそらく朝鮮式建物の第一人者にちがいないと考えられる。

（5）既往研究はゼロではなく、平壌の建築や都市に関する比較的まとまった研究やその成果は、近年のものではイム・ドンウ（임동우『평양 그리고 평양 이후』효형출판、二〇一一年）や、クリス・スプリンガー（Chris Springer, *Pyongyang: the hidden history of the North Korean Capital,* Entente Bt., 2003）によるものが挙げられる。前者は、平壌全体を扱った概説史であり、限られた地図をベースに中心部の街区変遷を読解しているものの、平壌の設計案が中心となっている。後者は平壌の建物が網羅的に概説されているが、個別建物情報の集積にとどまる。これまでで最も充実している研究では、北朝鮮で出版されたリ・ファソンの研究書が挙げられ（前掲『조선건축사（2）』）、そこには北朝鮮国内の資料に基づいた多くの知見が含まれている。しかしながら、各建築を個別に解説しているために、建築相互の関係性に関する議論が少ないことや、国際関係などに十分な注意が払われていない。

（6）一九三〇年代から五〇年代のソ連を中心に流行したスターリン・ネオクラシシズム様式の影響が強く見られる。

（7）いくつかの棟に分かれた迎賓館と思われる建築の配置が不明なために、それらはまとめて一棟とした。また、平壌中心部以外にも朝鮮式建物は存在している。たとえば平壌市北東部にある革命烈士廟や平壌民族公園のゲートなどは朝鮮式建物である。

（8）김진수、최룡건 편『평양 대극장 건설』국립 건설 출판사、一九六〇年、一三―一五ページ

（9）同書一二ページ

（10）同書一二ページ。実際に普通門と大同門は韓国の古建築専門家にも高く評価されている（尹張燮『韓国の建築』西垣安比古訳、中央公論美術出版、二〇〇三年、三八二―三八三ページ）

（11）「수령님의 령도업적 만대에 길이 전할 국보적건축물―평양대극장」「조선건축」二、공업출판사、二〇〇五年、七ページ

（12）この点は、同時に竣工した朝鮮伝統料理のレストランである玉流館も同じ文脈であったと推定できる。施設の機能に応じて、建築の様式が模索されたのだろう。

（13）平壌大劇場の当初の屋根は切妻屋根であり、妻壁が強調されるデザインを持っていたことがこうした逆効果を生んだと考えられる。切妻屋根を架け、壁を強調するデザインは、中国風ともいえ、平壌大劇場の初期設計に中国人建築家が関与した可能性がある。

(14)「로동신문」로동신문사、一九六〇年七月二十八日
(15)前掲『조선건축사（2）』一五二ページ、前掲『평양 대극장 건설』七ページ
(16)「로동신문」一九五八年七月十三日
(17)前掲『조선건축사（2）』三七五ページ
(18)同書三七四―三七五ページ
(19)同書三七四―三七五ページ
(20)『平壌府』朝鮮総督府、一九三二年、四九、二一二ページ
(21)리형「인민 문화 궁전을 볼 때마다」「조선건축」三、공업출판사、一九九七年、二二―二五ページ
(22)「높은 혁명성을 가지고 영웅적으로 투쟁하여 주체건축의 자랑찬 전성기를 더욱 빛내이자」「조선건축」三、공업출판사、一九九三年、二―一〇ページ。『김정일선집』一四、조선로동당출판사、二〇一二年、四八六ページ
(23)前掲『조선건축사（2）』三八一―三八三ページ
(24)前掲『김정일선집』一四、四一一―四一二ページ
(25)先に述べたように、少なくとも最初の平壌大劇場では、朝鮮式建物を封建主義の象徴として受け取る建築家がいたわけであり、様式の登場の段階では意見が一致していなかった。さらに一九五〇年代、六〇年代の段階では、人民大学習堂の位置に計画されていた建物の様式に関して、建築家たちの間で様々な意見や候補があったことも確かである。したがって金正日が述べるような朝鮮式建物の効果は、段階的に認識されたり修正されたりしながら、都市全体に波及するものとして考えられてきたと判断するのが妥当だ。
(26)「로동신문」一九五四年十二月二十六日
(27)同記事

［補記］本章は、JSPS科研費・基盤研究（B）「二十世紀北朝鮮の建築・都市通史の解明」（研究課題番号：26289221、代表・谷川竜一）の成果の一つである。また本章は、漢陽大学東アジア文化研究所による国際シンポジウム「グローバル時代と東アジアの文化表象（Ⅲ）」（二〇一四年三月、ソウル）における筆者の発表稿に加え、平田

賢一編『百聞不如一見二〇一〇年〜一三年訪朝報告書』（私家版、二〇一四年五月）に所収した筆者の小論を基にして、大幅に書き改めたものである。

第5章　戦争の記憶と和解
――韓国軍によるベトナム人戦時虐殺問題

伊藤正子

はじめに

韓国軍がベトナムで戦闘に加わっていた。これまであまり知られてこなかったが、ベトナム戦争中の一九六五年から七三年にかけて精鋭部隊延べ三十一万人以上を派兵し、うち五千人前後の死者を出した。この間に生じた民間人虐殺は、最近日本のマスコミで盛んに取り上げられているので、この文脈で知ることになった人も少なくないかもしれない。しかしその取り上げ方は、日本の朝鮮植民地統治下で生じた従軍慰安婦問題などに対する日本の責任を問う声への反撃材料として利用することに終始していて、何の生産性もない。

本章が目指すのは、韓国軍の行為を逐一叙述することではない。明らかにしたいのは、週刊誌「ハンギョレ21」の一九九九年の報道をきっかけとした、ベトナムと韓国の双方での虐殺の問題の語られ方である。さらに、韓国軍のベトナム戦争参戦に関して、韓国社会を割った言論の対立の背景を探り、自国の負の歴史を直視することの困難さについて検討し、負の歴史を明るみに出して記憶し未来の平和のために役立てようとする韓国NGOの活動が、ベトナムで果たしてきた和解の役割についても考察する。そのうえで、被害者のベトナム側が韓国軍による戦時の虐殺をどのように記憶し語ろうとしてきたか（あるいはしていないか）について分析する。そのうえで、ベトナム戦争についてのベトナムの歴史認識が公定記憶に強く支配されていて、公定記憶になりえない記憶がこぼれ落ち、国際関係に影響を与えない範囲でしか真実を語ることができない状況であることを明らかにする。

本章では、「ハンギョレ21」などの韓国側資料、ベトナムの地方レベルで編纂された内部資料、筆者がおこなった両国での当事者たちへのインタビューなどを用いて以上のことを記述していく。証言の正確さの問題は残るが、戦争の記憶をめぐる論争の様々なありようを示すことで、日本での戦争の記憶をめぐる論争にも新たな視座を提供したい。

1　記憶の語り方——韓国の場合

朴正熙《パク・チョンヒ》ののち、全斗煥《チョン・ドゥファン》、盧泰愚《ノ・テウ》の両大統領がベトナム戦争の参戦軍人であったこともあり、韓国では、武勇伝以外の形でベトナム戦争にふれることはできず、一九八七年の民主化後も歴史の「タブー」であり続けた。これに風穴を開けたのが、韓国軍が虐殺事件を多数起こしていたことを明らかにした韓国の進歩的新聞社の週刊誌「ハンギョレ21」であった。本節では、報道の経過、内容、連動しておこなわれたNGOによる謝罪活動について検討し、さらにこの報道に刺激されて告白をおこなった参戦軍人（ベトナム戦争にかつて従軍した人たち）を三つに類型化する。そして参戦軍人たちの一部がなぜ報道に我慢ならなかったのかを指摘する。

「ハンギョレ21」の一九九九年の報道によってそれまでの「武勇伝」が「虐殺」とされ、記憶の混乱が起こった。その結果、事実の解明とベトナムへの謝罪を求めるNGOが活動をはじめ、「ハンギョレ21」が謝罪活動のための募金キャンペーンを呼びかけた一方、「正義の戦争」だったと主張する退役軍人を中心とした保守派の反発を招くことになった。特に二〇〇〇年六月二十七日に二千四百人もの参戦軍人がハンギョレ新聞社を取り囲んで抗議し、内部に侵入してパソコンを破壊し、放火して、新聞社の幹部数人を監禁するという襲撃事件[1]を起こしたことは、韓国世論の鋭い対立を浮き彫りにした。

具秀姃《ク・スジョン》と「ハンギョレ21」の報道

「ハンギョレ21」の記事を書いたのは、ホーチミン市でハンギョレの通信員をしていた具秀姃であった[2]。彼女は一九六六年生まれで、韓国の民主化運動の時期は、韓神大学の学生で活動家であったが、九二年末の大統領選挙で金大中《キム・デジュン》が敗北し、学生運動が方向性を見失って混乱に陥ったため、社会主義がどのようなものなのか見ようと、同年末に国交正常化がなったばかりのベトナムに渡った。報道時は、ベトナム国家大学ホーチミン市校の大学院歴史学科に在籍し「ベトナムにおけるアメリカの戦争への韓国軍の介入」をテーマに修士論文を執筆中でもあった。彼女は研究途上で「ベトナム南部における南朝鮮軍の罪悪」というタイトルのベトナム共産党政治局の内部資料を入手していたが、以下の三つの理由で公表をためらっていた。一つはベトナム側の一方的な報告書かもしれないので検証が必要と考えたこと、二つ目は、韓国人には、自分たちは外国を侵略して他国に迷惑をかけたことはないとの「神話」があるため、ベトナムで虐殺事件を起こしていたと公表することで、社会に与える衝撃をはかりかねたこと、三つ目は日本の嫌韓右翼に利用されてしまうのではないかと懸念したことだ。

しかし、ＮＧＯナワウリ[3]のメンバーたちが、日本のＮＧＯピースボートの船旅に乗船し、のちほど取り上げるハミ村をたまたま訪問して村人の証言に衝撃を受け、一九九九年四月にベトナムにやってきた[4]。その折に初めて彼らに資料を公開し、通訳も兼ねてその資料をもとにした調査の旅に同行した。最初に訪れたのは、ニントゥアン省ファンラン市にあるリンソン寺だった。ここで虐殺が起こったのは六九年十月で、僧侶四人が殺され一人だけ生き残ったのだが、その生き残りの僧から話を聞くことができた。また、ビンディン省博物館が編纂していた「ビンアンの虐殺」に関する資料もあることを知り、最初の記事「ああ震撼の韓国軍」を一九九九年五月六日号の「ハンギョレ21」に発表した。その記事を一部抜粋する。

韓国軍が道を整えて、学校と病院を建て、生活必需品を支援して、テコンドーを普及するなど対民間支援事業にも戦闘に劣らない尽力をしたことは事実だ。だが、それが韓国軍のすべてだったのだろうか。参戦勇士たちの武勇談のなかでときどきぞっとする殺戮の話が出たりしたが、私はたいがいの武勇談がそうであるように、誇張されているものと考えていた。そのような話を聞くことは私にとって単に、全身に鳥肌が薄氷のようにたつ恐怖映画を一本見るのと同じだった。その映画のなかにいつもエキストラで登場していたベトナムの人々、しかしカメラのアングルを変えると、すぐに彼らは生々しいうめき声を出し主演俳優として壮絶に死んでいった。[5]

「ハンギョレ21」を出しているハンギョレ新聞社は、朴正熙大統領の時代に民主化を主張したために他の新聞社を解雇された新聞記者たちが中心となって一九八八年に設立した新聞社である。「権力と資本からの独立」を掲げ、「国民の声と民族の良心を代弁する勇気ある新聞」をモットーに、政権や企業におもねることなく理想を追求する姿勢をとっている。[6]韓国軍の虐殺についてのこの記事が出た当時、通信員を統括する仕事を兼ねていたのが高暻兌《コ・ギョンテ》記者であった。当時の韓国軍に関するまだ十分に明らかにされていない資料がベトナムにあると知った彼は、特集として扱いたいと考えた。具秀妸はそれに応じ、先の共産党政治局の資料に沿って、数十日かけてベトナム中部五省の九県十三社[7]を直接回り、百人以上の人々にインタビューをした。これをもとに、高暻兌は、九九年九月二日の雑誌で、十ページにわたる特集を組んだが、これが約二カ月後に始まる募金活動と合わせて、のちに「ごめんなさいベトナムキャンペーン」（後述）と呼ばれることになる運動の開始であった。賛同の声と同時に猛烈な抗議にさらされながら、キャンペーンは一年間続く。

　この運動は、ベトナム側で当初何度もこの問題について記事を掲載した「トゥイチェー」[8]紙のアドバイスも入れ、民間人虐殺があった地域での学校建設を目標とした。目標金額は最低一億ウォン（約一千万円）で、十六教室の学校をつくる予定であった。その後、被害地域に五十床の病院をつくる計画に変わったが、金大中政府がベトナム中部五省に病院を建設する計画を発表したことから、二〇〇一年最終的に平和公園をつくることに決まった。

このキャンペーンに賛同した人々は、ちょうど同じ時期に表面化したノグンリ問題(9)に対し、アメリカ軍の責任を問うなら、自分たちが起こしたベトナムでの民間人虐殺にも向き合わなければならないと考えた。同じハンギョレ新聞社が、日本軍の慰安婦にされたおばあさんたちの支援のために集めた寄付に比べると、政・財界からの寄付がなく低調であったが、高暻兌記者は「ベトナム戦争が我々の社会において依然としてタブーであることの反映だが、それにしてはかなりの額が集まった」と評価している。地道な運動の結果、二〇〇三年に韓越平和公園が建設された。

NGOナワウリの活動

先にも述べたように、具秀妍が韓国軍に関する記事を書くきっかけをつくったのは、ナワウリのメンバーがホーチミン市にやってきたことであった。ピースボートの船旅に誘われて参加したナワウリのメンバーは、ダナンで下船した際、「ベトナム戦争と韓国軍」というタイトルのプログラムに参加し、そこで第2節でふれるハミ村の人々の話を聞かされた。当時三十歳代前半の韓国人参加者たちにとって、初めて聞く話で、当惑を引き起こすものであった。しかも、この問題を日本人に提起されたことは、韓国人の苛立ちを倍増させた。その後船内でおこなわれた討論では、日本人側から「韓国は日本に謝罪し反省しろと言いながら、ベトナムに対してはなぜ謝罪しないのか」「日本に補償を要求するのに、ベトナムに対して何もしないのか」などの質問が出された。参加していたナワウリメンバーによれば、「船内に異常な空気が流れた」という。

しかしその後、一九九九年四月になって、ナワウリのメンバーたちは、自分たちの力でこの問題を明らかにするべきだと考え、自ら現地に赴く。彼らは具秀妍と合流して調査の旅に出るが、この数週間の調査は断続的に四年間で計四回に及び、参加者には当時の参戦軍人もいた。特に第一回調査は、共産党の内部資料を手に入れてからも公表に迷い、二年間も机のなかに放置していた具秀姃に、虐殺事件を明るみに出すことを決心させたものとなった。その意味でも、ナワウリが始めた調査は非常に大きな意味があったといえる。

ナワウリはこの後、二〇〇一年にホーチミン市でグッドウィルというNGOを結成した。グッドウィルの当初のメンバーは、在越韓国人ばかりで、ベトナム人はこの問題に全く無関心だった。ベトナム人自身にこの問題を考えてもらわないと主体的ではないと考え、彼らはホーチミン市の大学の韓国語学科の学生をリクルートし、うち数人を韓国に留学させ、韓国社会について勉強してもらうと同時に、虐殺の問題についても提起した。帰国後に彼らがグッドウィルの中心メンバーとなっていく。

図1　ベトナム中南部の地図

二〇〇二年からナワウリとグッドウィルは、韓国軍が虐殺を引き起こした地域で、いくつかの謝罪活動を始めた。韓国人青年とベトナム人青年（ホーチミン市と村の若者たち）が二週間、寝食をともにしながら両国の過去を振り返り、真の平和に向けた実践を模索しながら、一緒に労働して汗を流し親睦を深める「韓越平和キャンプ」である。労働によってつくったのは、まずは虐殺の犠牲者のための慰霊碑で、その後舗装道路や橋の建設、虐殺の生き残りの高齢者たちの家の修理などをした。ベトナム人でも、共産党の「過去にフタをして未来へ向かおう」という方針（後述）のせいで、青年世代はベトナム戦争の歴史について詳しくなく、ましてや韓国軍の虐殺事件については知らない者が多い。そのため、ベトナム人自身に、家族を殺されて苦しい思いをし、いまも置き去りの状態にある生き残りの人々に手を差し伸べるよう自覚してもらうことも意図していた。

参戦軍人たちの三類型

一方、参戦軍人たちの多くは「ハンギョレ21」の報道に反発した。しかし、彼らも一枚岩ではなく、韓国軍の参戦と犯したとされる虐殺に対する考え方によって、大雑把に三つのグループに分類できる(10)。

最も多いのは、当時の政府のスローガンを信じて命がけで参戦したことは、自らの誇りなので、その戦いを「虐殺」と非難され汚されることは非常に不愉快だが、一方で戦場の状況からして、偶然に「虐殺」事件は起こりえたかもしれないと感じている人たちである。そのため、「ハンギョレ21」の報道を許容できないが、一方で報道に反発する政治的な運動を過激におこなう意志もなく、もう静かにしておいてほしいと考えている。

その次に多いのは、戦友会の活動的なメンバーであり、政府に働きかける圧力団体としても強力な運動を展開している人たちで、強烈な反共主義者でもあり、「ベトコン(11)」「アカ」と勇敢に戦ったことを「虐殺」といわれることに我慢のならない人々である。

そしてほんの数えるほどしかいないが、「ハンギョレ21」の報道とあいまって、自分たちがベトナムでおこなってきたことを真摯に反省し、誠実に謝罪し、未来の平和のために生かそうと考える人たちである。彼らはこの問題の展開に大きな役割を果たした。

このように、虐殺の実態が報道された結果、参戦軍人たちの間にさえ、自国の負の歴史に向き合う人々を生み出し、ベトナムの被害者との和解を目指す活動も盛んになった。しかしながら、世論の分裂を乗り越えるところまではいかなかった。やはり、北朝鮮との統一が成し遂げられていない韓国の現状が大きな影を落としている。北朝鮮の脅威があるかぎり、「共産主義の浸透におびやかされる南ベトナムを助けるために参戦した」との言説は、正当性を持ち続ける。しかしそれでも、民主化後の韓国では、現在の保守政権下でもなお、記憶同士が「闘争」できる余地がある。つまり政権の介入を受けて、「ハンギョレ21」が潰されたり、ナワウリが解散させられたりすることはない。一方、次節で見るようにベトナムには記憶の「闘争」の余地がほとんどない。一党独裁の国家権力が、公定の歴史だけを国家の歴史として掲げ、人々が個人の歴史を語る自由を末端レベルだけに抑え込もうとする。記憶の「闘争」を許さず、「統制」を徹底するのだ。人々は「統制」が及ばないレベルでしか、自らの記憶を自由に語ることができない。

2　記憶の語り方——ベトナムの場合

ベトナムでは、各級行政組織（国家、省、県、社）によって、地域によって、また時間の経過によっても、韓国軍の虐殺行為について、異なった記憶の語り方を示した。具体的には、「ハンギョレ21」のキャンペーン開始時には、虐殺の生き残りのベトナム人たちが前面に出て、当時の悲惨な状況を素直に言葉にすることができたし、「ハンギョレ21」の報道を追う形でベトナムの全国紙にも同様の内容の記事が掲載されたりした。しかし、韓国の世論が割れていることをベトナム国家[12]が認識し、また「ハンギョレ21」の記事がロイター通信の報道を通じて全世界に拡散しだすと、事態は変化し始めた[13]。国家にとって、虐殺の記憶の語りが県レベルを超えて国民に共有されるようになることは望ましいことではなかったからだ。反韓感情が国民の間で強くなり、ひいては外交・経済交流に悪影響を及ぼすような事態になることを懸念して、ベトナム国家はこの問題が全国的に継続的に報道されることを許さなかった。これは、「過去にフタをして未来へ向かおう」というベトナムのドイモイ（刷新政策）後の方針のためである。もともと一九九〇年代初めにアメリカとの関係改善を目指して掲げたスローガンだが、これをその後すべての国に適用している。つまり、ベトナムは歴史上自分たちに被害を及ぼしたどの国に対しても賠償を求めず、未来の関係改善こそを重視する方針をとっている。一見未来志向に聞こえるが、戦争被害の過去を掘り起こして真実に沿った歴史を刻むよりも、共産党の公定記憶に貢献するものだけが、特に国家レベルでは「歴史」となることに帰結している。その結果、被害国であるにもかかわらず、国家関係・国家利益を優先して、現政権への貢献がなかった戦争被害者の声を封殺し、多様な記憶の表明を許容せず、弱い立場の自国民を犠牲にするケースさえ見られるのである。

クアンナム省ハミ村の慰霊碑をめぐる騒動——優先された外交関係

以下、韓国軍による虐殺事件が相次いだ四つの省のうち三省を対象に、具体的に見ていく。まず、中部の大都市ダナンのすぐ南にあるクアンナム省ハミ村の事例を紹介する。一九六八年二月、ハミ村で百三十五人の村人が韓国軍に虐殺された。男性は南ベトナム解放民族戦線に入るか南ベトナム政府軍に徴兵されるかどちらかだったので、残っていたのは高齢者、女性と子どもがほとんどだった。彼らは韓国兵に撃たれたり、集められて家に入れられ手榴弾を投げられたりして亡くなった。筆者に証言してくれた男性は、家にいると政府軍に連れていかれるので、毎日早朝に家を離れていたが、その日帰宅して母や兄弟、親戚など家族が殺されているのを発見した。明かりをつけると韓国兵に撃たれるので、暗闇のなかで死体を集めて埋めたが、翌日韓国軍は戦車で死体を轢いて整地していったとのことで、この男性は「二度殺された」と証言した。

このハミ村をドイモイ後の一九九九年になってから、元軍人グループが訪問し、資金不足で慰霊碑が建てられないことを聞いて自分たちで二万五千ドルを寄付した。ハミ村が属するディエンズオン社は慰霊碑と集団墓地の建設のための土地を提供し、村人たちは労働力を提供した。昼休みは通常昼寝をする習慣のベトナム人たちが、慰霊碑建立のためには嬉々として自主的に働いたという。その甲斐あって慰霊碑は立派にできあがり、多くの家族が集団墓地に遺骨を移動させた。できあがった碑の表には犠牲者の名簿が、裏側には虐殺を詠んだ詩が彫られた。碑文の内容は、生き残りの人々の話をかなり忠実に反映していた。しかし、この詩が騒動の原因になる。

慰霊碑は二〇〇〇年十一月に完成したが、碑を見にきた元軍人たちは、残虐行為がリアルに表現されていることに耐えられず、文章の修正を韓国政府を通じて、要求した。韓国大使館はベトナム政府に、ベトナム政府はクアンナム省に圧力をかけた。ベトナム政府の役人たちはこの碑の存在を知らされ、「党と政府が韓国と未来のための協力を強調している時に、いったい誰がそのような慰霊碑を新しく建てたのか」と発言し、碑の文言は政府の政策に合わないと思うと答えている。(14) 政府からの圧力を受けたクアンナム省は、当初は人民委員会副主席、日本でいえば副県知事に相当する女性幹部が、「それなら韓国に費用を負担してもらわなくて結構、慰霊碑はクアンナム省とディエンバン県で建立する」とベトナム政府の要請を突っぱねた。当時、韓国からの投資は民間だけでなく、ＫＯＩＣＡ（ＪＩＣＡの韓国版）を通じた政府レベルの多額の援助も増大していて、ＯＤＡ（政府開発援助）によってクアンナム省の中央総合病院の建設計画が進んでいた。地元の強い反応に驚いた政府は、この病院建設が碑の問題によって影響を受けるようなことがあったら、クアンナム省にとって大きな損失となるといって説得した。そして、県レベルを飛び越えて直接行政村であるディエンズオン社にスタッフを向かわせた。その結果、上部の行政機関と村人との板挟みで苦しんでいた行政村の村長も、結局圧力に屈せざるをえなくなってしまった。村人たちは当初「真実が書かれているだけなのになぜ消さなければならないのだ」と言って、しばらく上からの要求を無視していたが、村長に「虐殺」という語を取った穏健な文言を受け入れるか、すべての文言を消すかという二者択一を迫られ、最後まで抵抗していた生き残りの村人たちも結局折れざるをえなかったという。(15) しかし、韓国側は「削除」したと思っているが、実は村人は蓮の絵柄を彫った石版で裏面を覆い、「フタ」をしたのであった。地元の人たちは、「これこそまさに過去にフタをする、ということだ」と自嘲めかして言っている。

写真１　ハミ村慰霊碑のフタがされた裏側（2008年2月に筆者撮影）

一方、具秀妊やナワウリのメンバーは、地道に生き残りの人々の訪問を続け、また若者同士が交流する平和キャンプなどを実施し、虐殺被害者たちの日常生活の援助をおこなってきた。虐殺の生き残りや家族を殺された人たちが少しずつ癒されてきているのは、彼らの活動のおかげである。具秀姃たちが、韓国社会にこの問題を知らせ、今後の教訓にしようと奮闘する姿を目にすることで、「韓国人に対する憎しみが薄れていった」と感じているお年寄りは複数いる。

フーイエン省韓越平和公園——韓国市民の募金でできた公園とその後

次にフーイエン省につくられた韓越平和公園の事例を紹介する。フーイエン省は、中南部の海岸に面した省のなかでは、住民の八割が農業・漁業に従事していて、相対的に周辺省よりも経済開発が進んでいない。そのため予算に余裕がなく、慰霊碑建立や慰霊祭なども一切おこなっていないだけでなく、虐殺に遭った人の名簿も作成しておらず、正確に何人が亡くなったのかさえわからない。そのため韓国NGOは、「ハンギョレ21」が「ごめんなさいベトナムキャンペーン」をおこなって集めた寄付で、フーイエン省に韓越平和公園を建設し、行政をはじめ地元住民に虐殺問題に関心を深めてもらおうと考えた。しかし、韓越平和公園は韓国NGOの意図どおりにはならなかった。

韓越平和公園は、二〇〇三年三月に完成し、さらに三年後、韓国の芸術家たちによるオブジェやベトナムの子どもたちが絵を描いたタイルを組み合わせたモザイク画などができあがった。しかし、具秀姃たちが公園内に力を入れてつくろうとしていた「平和歴史館」は、結局ベトナム側の許可が下りず、韓国国内での設置を目指すことになった。韓国NGOとしては、この韓越平和公園を、有名なアメリカ軍による「ソンミ事件（アメリカ軍の呼び方はミライ）」の跡地につくられた博物館と公園のように整備したかったのだが、それはうまくいかず数年で劣化し整備も追いつかなくなった。場所の問題などもあるが、最大の理由は韓国とベトナムの歴史の記憶に対するより根本的な認識の差があったからだ。つまり、寄付を集めた「ハンギョレ21」や具秀姃たちにとっては、自分たちの負の歴史を記憶して表現し、二度と繰り返さないよう未来の平和のために生かすことは極めて重要で、

写真2　ビンアンの虐殺の慰霊碑のモザイク画（2008年2月に筆者撮影）

その象徴である公園は、虐殺で大切な人たちを亡くし、あるいは一生消えない体や心の傷を負った人々にお詫びの気持ちを表し、彼らの癒しの場所とするためのものだった。しかし、「過去にフタをして未来へ向かおう」とするベトナム国家にとっては、この公園がソンミ博物館とその公園のように有名な観光地になり、世界からの観光客を呼び込む状態になると、韓国NGOと志を同じくしない韓国政界・経済界の機嫌を損ねかねないという懸念があった。またフーイエン省にとっては、維持費だけがかさむ公園は何の利益にもならなかったのである。

県主催の「ビンアンの虐殺」慰霊祭
——地方レベルを超えさせない「虐殺の記憶」

しかし、国家との摩擦を起こさないかぎりは問題とはならない。たとえば、省や県レベルでは、虐殺事件の慰霊祭を組織したり、独自に被害者の名簿を作成したり、事件の概要をパンフレットとして編集しているところはある。省や県は被害の記憶を省レベル、あるいは県レベルにとどめるとともに、国家とは異なる独自の動きをとることで、住民たちの不満の緩衝材の役割を果たしている。その例として、ビンディン省の事例を紹介する。ビンディン省テイソン県テイヴィン社では、「ビンアンの虐殺」という韓国軍による数ある虐殺事件のうちで最大の事件が起こった。テイヴィン社のゴーザイという丘ではたった二時間で三百八十人もの民間人が韓国兵に殺されたという。現在テイヴィン社には、肩に白い猛虎のマークを付けた韓国兵がベトナム農民に襲いかかる大きな絵が描かれた立派な慰霊碑が建立され、県主催の大規模な慰霊祭も毎年おこなわれている。ハミ村のそれと比べると、こちらのほうがかなり衝撃的な慰霊碑であるにもかかわらず全く問題化していない。なぜだろうか。ビンディン省はドイモイ開始直後から証言を集め、遺骨の発掘調査を実施し、博物館で遺品の展示をおこなったり、慰霊碑を建立したりし、最も早くから熱心に虐殺問題に取り組んだ省である。二〇〇八年には筆者自身も参加したが、県の慰霊祭には、事前学習を受けたテイヴィン社の小学生百人強と、中学生四学年約五百人を含む千人以上が集まっていた。虐殺でケガをして生き延び、のちに社の党書記などを務めた人物が証言をおこない、みんなで花輪を捧げた。

ビンディン省とクアンナム省の事例の違いは、地域的な差異ではなく、国家間の懸案に拡大したかどうかである。つまり、遺族や生き残りの人たちが地元で慰霊祭をおこなうことは、どれほど盛大であろうと過去の残酷な記憶を繰り返し思い出させる内容が含まれていようと、それが外交問題になる可能性がないかぎり、規制されることは一切ない。ビンアンの虐殺の場合、慰霊碑はベトナム側だけの経費で建立されていて、韓国側が口を出す余地はない。つまりベトナム国家は、地方の社、県、省レベルで追悼事業をおこなっているかぎりは、「亡くなった肉親や祖先を残された者たちが手厚く供養するのは当然である」という地元の論理を黙認している。

3 報道十年後の軋轢

「ハンギョレ21」の報道から十年が経過した二〇〇九年、両国間外交に摩擦が生じた。韓国国会で審議された法律の条文のなかの「ベトナム戦争参戦勇士は世界平和の維持に貢献した」という文言に、ベトナム政府がかみついたのである。

韓国では一九九八年に民主化運動の柱であった金大中が大統領に就任し、非常に明瞭な形でベトナムに謝罪の言葉を述べ、その後ＯＤＡによるベトナム中部への援助が増大した。しかし、金大中の謝罪は自分たちの尊厳を冒瀆したと見なす参戦軍人たちは、逆に反発を強めて反撃に出、韓国全土で巻き返しを図ろうとした。二〇〇〇年代後半に入ると、まず「ベトナム参戦碑」を各地に建てて、ベトナム戦争参戦を自ら顕彰する動きが顕著となった。保守政権に替わったことも後押しし、もともと十分な補償がなされていないといわれていた参戦軍人たちは、自分たちの地位向上を政府に働きかけ、法律改正などを目指し始めた。つまり圧力団体としての活動を活発化させたのである。

激しい民主化闘争を経て政権交代が普通のことになった韓国とは異なり、ベトナムでは一九八六年末のドイモイ開始後も共産党の一党独裁が続き、一時政治改革も目指されたが、八九年の中国の天安門事件以降、改革の多くは経済面に絞られるようになった。そのようななか、ベトナム国家は、当初外務大臣が具秀妍の活動に感謝する親書を送るなどしていたが、次第にＮＧＯの活動から距離を置くようになっていく。つまり当初は、「被害を受けた自国民を援助してくれる望ましい動き」と一般の人々と近しい心情で捉えていたのだが、韓国世論の鋭い「記憶の闘争」状況を知るにつけて、「過去にフタをして未来へ向かおう」というスローガンによる自国民の記憶の統制を重視するようになっていく。韓国軍の民間人虐殺をめぐって両国の国家レベルの歴史認識（公定記憶）は矛盾するものであり続けているにもかかわらず、両国家ともに国際問題とさせないよう、心をくだくようになっていく皮肉な状況がある。ベトナム国家は中部の虐殺被害者の記憶を管理しようとし、両者の和解の下に後世に語り継ごうという韓国ＮＧＯの努力を阻んでいるのである。以下、詳述する。

韓国国会の議決

両国の経済関係は、韓国が一九九七年の通貨危機の影響から立ち直るにつれて、急速に深化していった。貿易規模は二〇〇三年の三十億七千万ドルから〇七年に七十一億五千万ドル、〇八年には九十八億四千万ドルに拡大し、[16]一〇年に百二十八億五千三百万ドル、一一年に百七十八億九千百万ドルと、伸び率は日越間を上回る。[17]このような両国関係をさらに密接で強力な「戦略的協力パートナーシップ」に格上げすることを目指して、大統領の訪越が計画された。〇九年十月、当時の李明博《イ・ミョンバク》大統領はベトナムを国賓として訪問したが、実はこの訪問の直前に一悶着あったことが、翌年報道された。以下長くなるが、「朝日新聞」の報道を引用する。

ベトナム戦争の解釈「平和維持」　韓国にベトナム反発

［ソウル＝牧野愛博］韓国が、四十五年前に派兵したベトナム戦争の解釈をめぐってベトナム側と衝突し、昨年十月の大統領の訪問が宙に浮きかけていた。功労者の顕彰制度に関する法改正に際して、派遣された兵士たちが「世界平和の維持に貢献した」と表現したことにベトナム側が反発。政治決着がなされたが、日本との間では「侵略行為」を批判してきた韓国が「侵略者」と追及される立場になった。

複数の韓国政府関係者によると、発端は昨年九月、韓国の国家報勲庁が発表した「国家報勲制度」の全面改訂作業だった。法律で「戦争参加功績者」とされていたベトナム戦争参加者の扱いを「国家的功労者」に格上げする方針を決定。国会に法案改正の趣旨説明文を提出した。

この文書で参加者を「世界平和の維持に貢献したベトナム戦争参戦勇士」と表現。ベトナムが「我々は被害者。ベトナム戦争の目的が、なぜ世界平和の維持なのか」とかみついた。十月二十日から予定された李明博大統領の国賓としてのベトナム訪問も「このままでは訪問を歓迎できない」との考えを非公式に伝えた。

驚いた韓国側は、柳明桓外交通商相を急きょベトナムに派遣。外相会談で「世界平和の維持に貢献」の文書を削除することを約束し、李大統領のベトナム訪問を予定どおり実現させた。十二月中旬、文言を削除した法案が国会に提出され、審議が続いている。

一連の外交交渉で、ベトナム政府は「侵略者は『未来志向』といった言葉を使いたがり、過去を忘れようとする」と指摘。小泉純一郎首相（当時）の参拝で中国や韓国の反発を招いた靖国神社問題を例に取り上げ、「この問題で日本を批判している韓国なら、我々の考えが理解できるだろう」と訴えたという。[18]

一九九九年から二〇〇〇年にかけての「ハンギョレ21」のキャンペーン以降、「参戦勇士」から虐殺事件を起こしたと非難される立場になった参戦軍人たちは、戦友会に属している人々を中心に間もなく反撃に出た。まず国会での法制化を通じての自分たちの地位向上と、処遇の改善を求め、「枯葉剤後遺症患者支援などに関する法律」「参戦有功者礼遇〔優遇：引用者注〕に関する法律」「国家有功者等礼遇及び支援に関する法律」などの新設や改正を目指した。そのなかで、文言に「世界平和の維持に貢献したベトナム戦争有功者と枯葉剤後遺症の疑いがある症状の患者たち……」とあったのが、ベトナムとの間で外交問題化したのである。それで結局、「ベトナム戦争有功者」から「ベトナム戦争」が落ち、ただの「有功者」となった。[19]

まずベトナムが日本を持ち出して韓国の説得に乗り出したことを、日本人として重く受け止めなければならない。日本が引き起こした一九四五年の大飢饉などに対して何の補償も要求したことがなく、日本の歴代首相の靖国神社参拝に関しても沈黙を守ってきたベトナムだが、黙っているからといって、みんなが歴史を忘れ去っているわけでないことは明白である。日本が「自国の引き起こした負の歴史を反省できない国家」であるとの強い印象は、ベトナムにもある。日本が韓国、中国、台湾、ロシアという周辺国とはいずれも領土問題でもめるなか、「ベトナムは非常に親日的な国家である」と持ち上げる人たちが多いが、アジア・太平洋戦争で大きな被害を受けた国家の一つであるベトナムが、一方で、日本の公的な歴史認識を批判的に見ていることには留意しておくべきだろう。

それでは、現在の経済的利益を優先して、自国の被害者住民たちに妥協や忍従を強いる場面も多かったベトナム国家が、突然、韓国の歴史認識に異議を唱えたのはなぜだろうか。このニュースは韓国では報道されたが、ベトナムでは全く報道されることはなかった。そのため一般のベトナム人は、韓国国会の動向や「世界平和の維持」の文言について一切知らされることはなく、したがって反発を招くこともなかった。ベトナム国家としては報道をうまくコントロールすることで、国民のナショナリズムを刺激することを回避したといえる。一方で、ベトナム戦争に勝利したことは現政権の正統性の根源であるから、韓国国会のベトナム戦争参戦正当化の言説を認めることはできなかった。さらにまた現在のベトナムでは、相当数の国家幹部、特に政権の中心にいる人々が、ベトナム戦争を自ら経験してきた。彼らにとっては個人的心情からしても、「侵略」を「貢献」と言いくるめる韓国の歴史認識、特に国会という国家を代表する場でそのような歴史認識で法律が制定されることは、許容できる範囲を超えたものだったのだろう。中部各省の韓国軍による虐殺被害住民に対しては、「過去にフタをして未来へ向かおう」と呼びかけてきた国家だったが、事が自分たち自身の「誇り」「正統性」「アイデンティティ」に抵触する問題として立ち現れてきたときには、我慢ならず、声を上げることになった。

しかしベトナムとしては、参戦した韓国軍兵士の位置づけは韓国の内政問題で自分たちの関知するところではなく、ただ国家レベルでベトナム戦争を正当化する言説を除去することができればそれでとりあえず問題はないと考えていた。韓国軍のベトナム戦争参戦に関して、韓国世論が分裂していることをよくわかっているベトナム国家は、韓国がこの問題にあくまでこだわり、有望な投資先であるベトナムとの関係を悪化させるような措置はとらないであろうと読んでいた。そのため、韓国が「ベトナム戦争」の語句を削ってくれさえすれば、ベトナムの国民世論を沸騰させるような事態は避け、穏便にすませたいと願っていた。外交上手のベトナムならではの対応ではある。

こうして李明博大統領の二〇〇九年十月の訪越は無事に終わり、両国関係は「包括的パートナーシップ」から「戦略的協力パートナーシップ」に格上げされた。そして同年、韓国はベトナムの六大貿易相手国に浮上した。

日韓・日中関係と異なり、両国政府は問題がさらにエスカレートすることを望まず、互いの異なる公定記憶には目をつぶり、それぞれの事情を「慮る」配慮を見せて、根本的な解決を目指すことなく問題を葬り去ったといえる。

阻止されたベトナム人記者の韓国派遣計画

韓国では、「ハンギョレ21」の報道があった後、十四のＮＧＯが「ベトナム戦争真実委員会」という組織を結成した。韓国軍が参戦したベトナム戦争中の真実を明らかにし、ベトナムに謝罪して、和解への道を模索し、未来の平和を追求するのが目的である。当初委員会は、ベトナムのフーイエン省につくることになった韓越平和公園内に「平和歴史館」を併設することに力を注いだ。しかしベトナム側の許可が得られなかったので、韓国国内での建設に計画を変更した。そして二〇〇三年十一月、平和博物館建立推進委員会が設立された。「苦痛・記憶・連帯」の精神に基づき、戦争を記憶し、傷を受けた人々との「苦痛の連帯」を目指している。委員会はソウルの有名な観光地、仁寺洞の近くに約百平方メートルの展示空間と事務所を持ち、平和に対する感受性を育てるための様々な展示をおこなっている。

この平和博物館の主要なメンバーたちは頻繁に会合を開いて活動について話し合っていて、先の国会議決が外交問題化した際、ベトナムのマスコミ関係者や作家などを招請する計画を立てた。また、「ハンギョレ21」の報道以後、各地の戦友会がベトナム参戦を国家への貢献として歴史に残すために建立を進めた「ベトナム参戦碑」や、ベトナム戦争時代に派遣前の部隊が訓練を受けていた場所につくられた施設「ベトナム参戦勇士出会いの場」（江原道華川郡）などを一緒に見にいく予定であった。

ベトナム側では、具秀姃が知り合いのベトナム人記者たちにこの計画を提案し、みな非常に乗り気であったという。しかし、計画が上層部に上がっていくと、どの新聞社やテレビ局もＯＫを出さず、かえってそのような試み自体が問題と見なされた。激増している「ベトナム参戦碑」などが、マスコミ報道によって、外交問題の火種になることを恐れたのだろう。さらにはベトナムの外交部（外務省）まで上がって問題化した。ただし問題化したのは、ベトナム参戦碑や「出会いの場」の展示内容ではなかった。ベトナム国家の顔をつぶさない程度には配慮してくれ、かつ割れた世論の問題は国内から出さないでおこうとする韓国政府の方針に従わず、勝手に「不穏」な動きをする韓国ＮＧＯの活動のほうだったのだ。

こうして両国関係は良好なまま推移しているが、ベトナムが「過去にフタをして未来へ向かおう」というスローガンの貫徹に踏み切ったことで、「記憶の闘争」状況をベトナムに伝えようとした韓国ＮＧＯの新たな活動は阻止され、ホーチミン市を中心に活動している具秀姃は、依然よりも制限を受けるようになっている。

おわりに

ベトナムと戦火を交えてきた複数の国家は、「過去にフタをして未来へ向かおう」というベトナム共産党の方針を、過去を持ち出さない潔い方針として評価している。しかしながら、現代世界では、「過ぎたことを水に流す」[20]のは、戦争に関するかぎりもはや美徳ではなく、「平和のために〈過去〉を忘れない」ことこそが美徳であり、価値観である。加害国であるのに過去を認めない勢力も根強い日本とは異なり、ベトナムは被害国であるため、外部から非難されることはないが、時代の価値観に逆行している点では同じである。そのため、ベトナム国家の方針は、地元だけでなく、具秀姃や「ハンギョレ21」の報道、ＮＧＯナワウリの活動など、韓国の民間による、暗い歴史を明るみに出し過去を教訓にして未来に生かそうとする動きとも微妙な齟齬を生じてきた。それが典型的に現れたのが、ハミ村の慰霊碑をめぐる騒動である。ハミ村のような最前線だった村々の虐殺被害者たちは、高齢者、女性、子どもばかりで、直接解放民族戦線に参加してゲリラ活動をしていた人々ではない。虐殺を生き延びた村人や遺族も、革命に功労があったわけではないため、現在ほとんど何の手当も得ていない。このような「中途半端」な村の虐殺事件の記憶は、経済発展に邁進することこそが至上命題の現在のベトナム国家にとってては、掘り起こしても何の得にもならない「歴史」にすぎない。ベトナムの戦争をめぐる公定記憶は、北の正規軍や解放戦線の命がけの、あるいは自身を犠牲にした戦いの輝かしい勝利の記憶である。それに対し、「輝かしい勝利」に何ら貢献していない、生き残りの人たちが語る「ハミ村の虐殺」は、ベトナム国家の公定記憶になりえない。つまり韓国軍による虐殺の記憶は、ベトナムでは、ナショナリズムと結び付いた記憶にはならない。

この点が、日韓や日中の関係と最も異なるところである。

以上のように、ベトナムの国家としての戦争の記憶を検討することでいえるのは、国家が記憶を解釈し、ナショナルヒストリーとして構成すると、都合がいいものだけが記憶されがちとなり、切り捨てられる記憶が出てくるということである。小菅信子は、「ナショナリズムと強固に結び付かない悲惨な〈過去〉は、時の流れによって風化する。戦争世代の死は、〈過去〉をめぐる感情対立をともかくも解消へと導いていくことになる」[21]と言っている。ハミ村など韓国軍によって引き起こされた虐殺の記憶は、生き延びた人々の死とともに通常なら消えていくであろう記憶だが、皮肉なことに、韓国のＮＧＯ関係者が、外部者として別の回路で記述・記憶し続けているともいえる。ベトナム戦争の記憶を語り継いで未来の平和に生かそうとする韓国ＮＧＯの活動こそが、国家に包摂されない戦争の多様な記憶を維持している。

具秀妊は、出身国で「国賊」などの非難を浴びせられながらも、韓国のナショナルヒストリーに風穴を開けた。また、ナショナルヒストリーの占有をじゃまされたくないベトナム共産党からも厄介者扱いされながら、ベトナムの公的記憶になりえない記憶をすくい上げ、記憶の当事者たちの癒しに貢献している。韓国のＮＧＯや個人など民間の地道な活動が、虐殺を生き延びたベトナムの人たちの心を解きほぐし、記憶を捻じ曲げたり過去にフタをしたりすることによってではなく、記憶を新たにすることで、赦しと和解が生まれてきた過程について本章は明らかにした。

韓国軍のベトナムでの虐殺については、日本の植民地支配と戦争に関する記憶のあり方を抜きには語れないが、本章では紙幅の関係もあり、ベトナム戦争をめぐる韓国とベトナムの記憶のあり方に絞った。詳細は、拙著（注（10）『戦争記憶の政治学』）をお読みいただきたい。

注

（1）大久保泰／伊藤厚史／福島申二「被害と加害。誇りと汚点。自己中心では見えない歴史をどう直視するか」「シリーズ 日本の予感 二〇〇一年のナショナリズム1」「朝日新聞」二〇〇一年三月十七日付、十四版、一面。ハンギョレ新聞社『不屈のハンギョレ新聞――韓国市民が支えた言論民主化二十年』川瀬俊治／森類臣訳、現代人文社、二〇一二年、二三九―二四二ページ

（2）以下の証言は本人へのインタビューによる。

（3）「私と私たち」の意味で、一九九八年に設立された社会の少数者との共存を目指す平和運動団体。

（4）金賢娥《キム・ヒョナ》『戦争の記憶 記憶の戦争――韓国人のベトナム戦争』安田敏朗訳、三元社、二〇〇九年、四一―四四、五四ページ

（5）「ハンギョレ21」一九九九年九月二日号、ハンギョレ新聞社

（6）伊藤千尋『たたかう新聞――「ハンギョレ」の十二年』（岩波ブックレット）、岩波書店、二〇〇一年、二ページ

（7）社は行政村の意味。

（8）ベトナムで人気のある日刊紙で、ホーチミン市のホーチミン共産青年団の機関紙でもある。

（9）朝鮮戦争時の一九五〇年七月、ソウルの南約百六十キロにあるノグンリで発生したアメリカ軍による民間人虐殺事件。アメリカ軍の命令で南に向かって逃げていた避難民たちが、アメリカ軍の戦闘機に攻撃されたためノグンリのトンネルに逃げ込んだが、トンネルの出口と入り口の双方から銃撃を加えられ、約四百人の死者を出した。鄭殷溶《チョン・ウニョン》『ノグンリ虐殺事件――君よ、我らの痛みがわかるか』（伊藤政彦訳、寿郎社、二〇〇八年）を参照。

（10）彼らへのインタビューの詳細は拙著『戦争記憶の政治学――韓国軍によるベトナム人戦時虐殺問題と和解への道』

（平凡社、二〇一三年）を参照。

（11）南ベトナム解放民族戦線のこと。アメリカがつけた蔑称。

（12）ベトナムには、行政を担う政府以外に、共産党組織が中央から末端まではりめぐらされている。しかし実際、重要政策を決める際に党と政府がどう関わっているのかははっきりしない。そのため、党か政府かという煩雑さを避けるために、国家の語を用いることにする。

（13）金栄鎬「韓国のベトナム戦争の「記憶」——加害の忘却・想起の変容とナショナリズム」「広島国際研究」第十一号、広島市立大学国際学部、二〇〇五年、一四ページ

（14）이용준『베트남, 잊혀진 전쟁의 상흔을 찾아서』조선일보사、二〇〇三年、一一一ページ

（15）同書一五五ページ

（16）「韓国・ベトナム、貿易二〇一五年二〇〇億ドルに倍増」「東洋経済新報」二〇〇九年十月二十三日（http://toyo-keizai.co.jp/news/general/2009/2015200.php）［アクセス二〇一五年一月二十一日］

（17）「ジェトロ世界貿易投資報告」二〇一一年版「ベトナムの主要国・地域別輸出入」（http://www.jetro.go.jp/world/gtir/2012/pdf/2012-vn.pdf）［アクセス二〇一五年一月二十一日］

（18）「ベトナム戦争の解釈「平和維持」韓国にベトナム反発」「朝日新聞」二〇一〇年一月六日付、八面

（19）「共産主義の脅威」に対して同じように命がけで戦ったのに、朝鮮戦争参戦者と差別化されてしまうという不公平感から怒りは収まっていないが、「国家有功者等礼遇及び支援に関する法律」が二〇一一年三月に一部改正されて、「国家有功者認定」を受けられるようになり、これらの怒りは法律上は受け皿を得たことになっている。

（20）小菅信子『戦後和解——日本は〈過去〉から解き放たれるのか』（中公新書）、中央公論新社、二〇〇五年、二〇五ページ

（21）同書一九二ページ

第6章　交錯する農村の近代
――岩手県沢内村と黒龍江省方正県

坂部晶子

はじめに

岩手県沢内村と黒龍江省方正県《ほうまさけん》との関わりを知ったのは、方正県の日本人公墓の園内にあった資料館の展示からだった。方正県は、中国最北の省・黒龍江省の中央部にあり、省都哈爾濱《はるびん》から松花江《しょうかこう》沿いに車で三時間ほど行ったところにある。なだらかな丘陵地帯にトウモロコシ畑や田んぼが続く農村地帯にある、中国の東北地域では特に変哲のない小城鎮である。ただ一方で方正県の名は、「満洲」への日本人開拓団の関係者や研究者などの間では知られていた。中国東北地域で唯一、公式に建てられた日本人開拓団犠牲者の墓がある場所だからである。

方正県を初めて訪れた二〇〇一年当時の資料館には、この日本人公墓や方正県に対して支援をおこなった日本の団体名が書かれたボードが展示されていた。その団体名のなかの一つに、岩手県沢内村の名前があった。沢内村は岩手県と秋田県の県境にあり、奥羽山脈のなかにある豪雪地帯の山村である。こちらも交通は便利なところではなく、盛岡市からは一日に三本ほどのバスで二時間、北上市からは二時間に一本くらいの列車で湯田町まで行き、そこからバスで三十分ほどかかる。ただ沢内村も、単に豪雪地帯としてだけではなく、日本ではそれなりに知られた村である。山間僻地にありながら、日本の自治体として初めて年間の乳児死亡者数ゼロを達成し、自治体主導で高齢者医療費の無料化を実現した村として、医療・保健分野や地域行政などでは著名な村ともいえる。[1]「満洲国」時代の人々の生活経験や記憶について調べていたときにたどり着いた方正地区日本人公墓の資料館で、この沢内村の名前を見たときには意外な感じがした。他の支援団体としては、日中友好協会などの中国からの帰国者や日中交流に関係がありそうな団体名が並んでいたと思う。そのため、保健行政で有名なこの村の名前を見て、異質な感じがしたのである。

方正地区日本人公墓の設立経緯や中国社会での位置づけなどについては、以前にも書いた[2]ことがあるので、ここではごく概略的に説明してみよう。方正地区日本人公墓は、中国の戦争期・植民地期での記念施設としては特異な存在であること、またそのため、資料館展示でもある種の二重性が見られることが特徴である。一般に中国の博物館や歴史資料館などでは、植民地満洲国時代の歴史を、日本帝国主義による過酷な支配とそれに対する多くの民衆による民族的な抵抗運動の時期として描き出し、その間の歴史上の事象を、様々な被害の実態や、抵抗運動の途上での殉死者などの事績によって提示するという形式をとることが多い。[3]方正県の資料館展示も大筋ではこの流れに属し、特に地域的な特徴が見られる展示としては、日本の侵略期での県

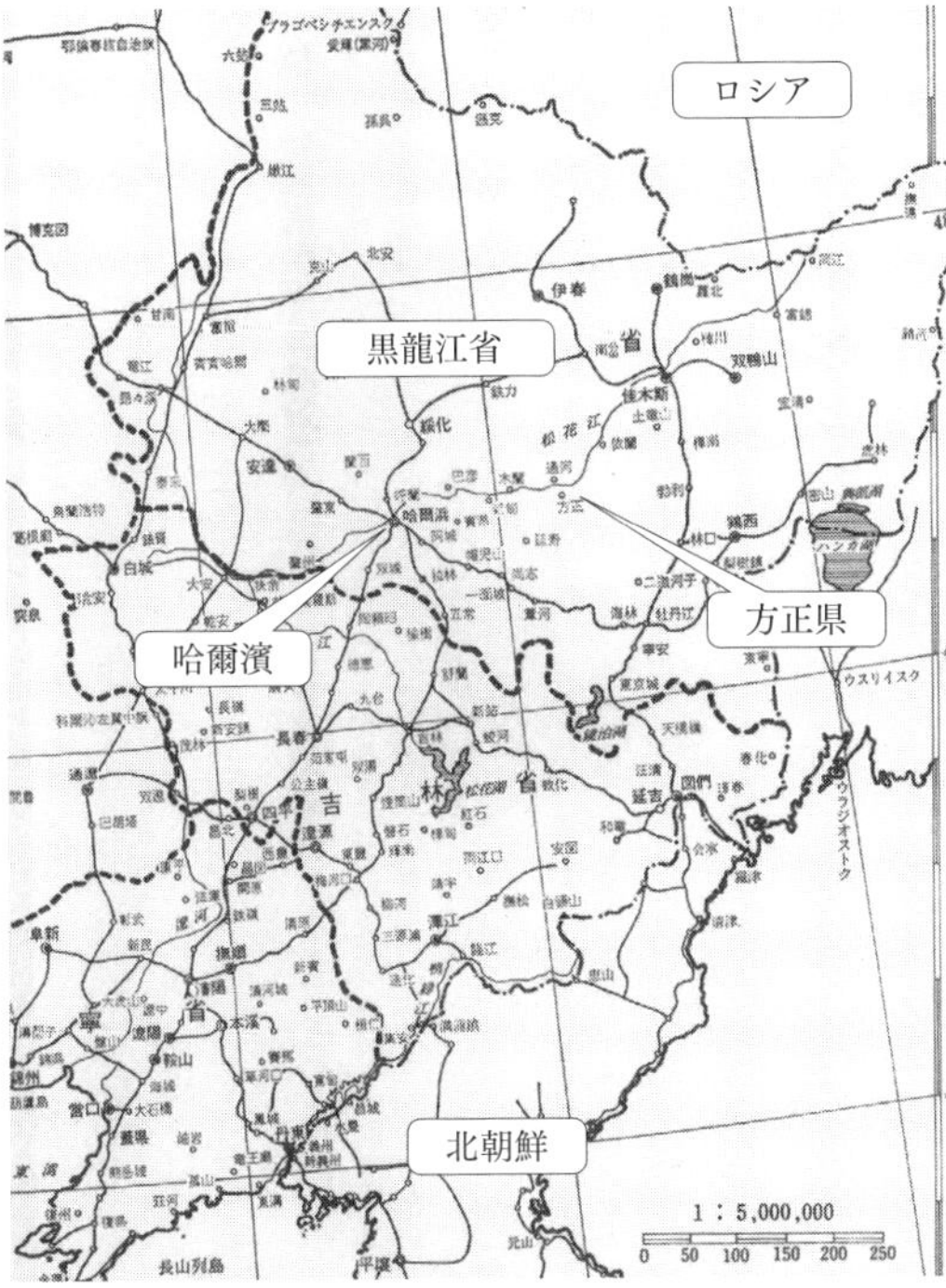

地図1　黒龍江省方正県（中国東北地図）
（出典：西村成雄『中国近代東北地域史研究』〔法律文化社、1984年〕を再構成）

内開拓（日本人農民によって農地を追い出された中国人農民の移動）などの状況が、かなり具体的に記述されていた。ただ、この方正地区日本人公墓は日本人開拓団の犠牲者をまつる墓地であり、先ほども記したように中国ではかなり特異な存在である。当地に残された日本人女性からの請願があったとはいえ、黒龍江省政府および方正県政府という公的機関によって、「日本帝国主義の先兵」としての犠牲者を弔う墓地が建設された。一九六三年という早い時期であった。さらにその後、「残留孤児」として中国で育てられた後日本へ帰国した人が、「中国人養父母の墓」を公園内に寄贈している[4]。方正県に数多く残された日本人残留者とこの日本人公墓を起点として、方正県と日本の関係者や関係団体との間で、長期にわたる様々な交流やりとりがおこなわれてきたのである[5]。

方正県でのこの日本との交流の歴史が、二〇〇一年当時の資料館展示にも影響を与えていて、展示内容の二重性を生み出していると思われた。日本人公墓の資料館展示を丁寧に読んでいけば、先ほどの中国社会での侵略と抵抗という一般的な歴史解釈の枠組みとともに、（主に日本からの参観者向けと思われる）日本との友好交流の歴史を提示していこうとするもう一筋のレトリックが見て取れるからである。岩手県沢内村との関係は、この友好交流の歴史の流れのなかに位置づけられていた。

ただ岩手県沢内村と方正県との関わりは、直接的に満洲国という歴史的過去と結び付くものではなく、藤原《ふじわら》長作《ちょうさく》という一人の篤農家の事績によるものである。彼が方正県で自ら実践的に米作り指導をおこない、日中友好に貢献したというものだ。それは、中国社会での植民地期関連の施設のなかでは特異な存在である方正地区日本人公墓でも、さらに異質な関係性である。藤原長作については、日本では及川和男による小説形式の記録があり、また中国では方正県の歴史資料[6]がすでに存在している。そのため本章では、このある意味特徴がある二つの村の近代のあり方について、帝国主義と植民地期という時代とポスト植民地期という時代の二つの近代的時間で取り上げてみたい。そこから、帝国主義・植民地の時代とその後という時間軸のなかで、単なる国家政策というマクロな歴史ではなく、また個別の人々の事例というだけでもない、人がそのなかで生きる地方農村という社会空間のもとでの歴史的変遷を描き出すことができるのではないかと思われるからである。

1　沢内村の近代と中国

拡大する帝国と農村の戦時体制

沢内村は岩手県内陸の山間部に位置する。高原性の盆地であり、その気候が特徴的である。冬期間の降雪量が多く、積雪期間は五カ月に及び、冬の間二メートル近い雪に覆われる。こうした山間高冷地であることから、気象の変化が激しく、昔から冷害の多い地域であったという。[7] 貧しい村であり、冬の気候条件が厳しく、村に関連する記録などでしばしば言及されるのは、冬に病人が出ても、雪のため医者まで行くことができず、亡くなった後死亡診断書のために箱橇にのせて死者を運んだというような思い出である。[8]

戦時期の日本と中国との関係は、侵略戦争の戦場であり、また半植民地となった満洲国としての関係である。そのためこの時期、一般に日本人と中国との関わりとしては、兵士としての中国大陸の経験と、満洲国への移動、移住の二つが考えられる。岩手県の奥地、沢内村の人々と中国の関わりも、おおよそこの二つのパターンとして捉えられる。大きな部分は、徴兵による兵役である。このタイプは日本全国で大きな偏りはないと思われ、沢内村からも一定数が徴兵されたと思われる。一方の満洲国の経験は、地域や状況によって多様な可能性がある。満洲国の経験についても、満洲開拓団としての農村部への渡満と、満洲国の公官庁や企業の職員などのような都市住民としての渡満の二通りに分けておく。

満洲国へ農業移民として沢内村から集団的に渡満したという記録はない。農業開拓団での移民は全国で総数二十七万人ほどであったが、概していえば、特に初期の頃には東北、北陸、中部などの満洲国に気候が適合的と考えられた地域からの移民が比較的多い。ただし、それぞれの町村や県から集合開拓団や分村開拓団が組織されるかどうかは、かなり行政的な指導やそれを受け入れる地域の体制にもよっていた。[9] 沢内村と同じ岩手県から送出

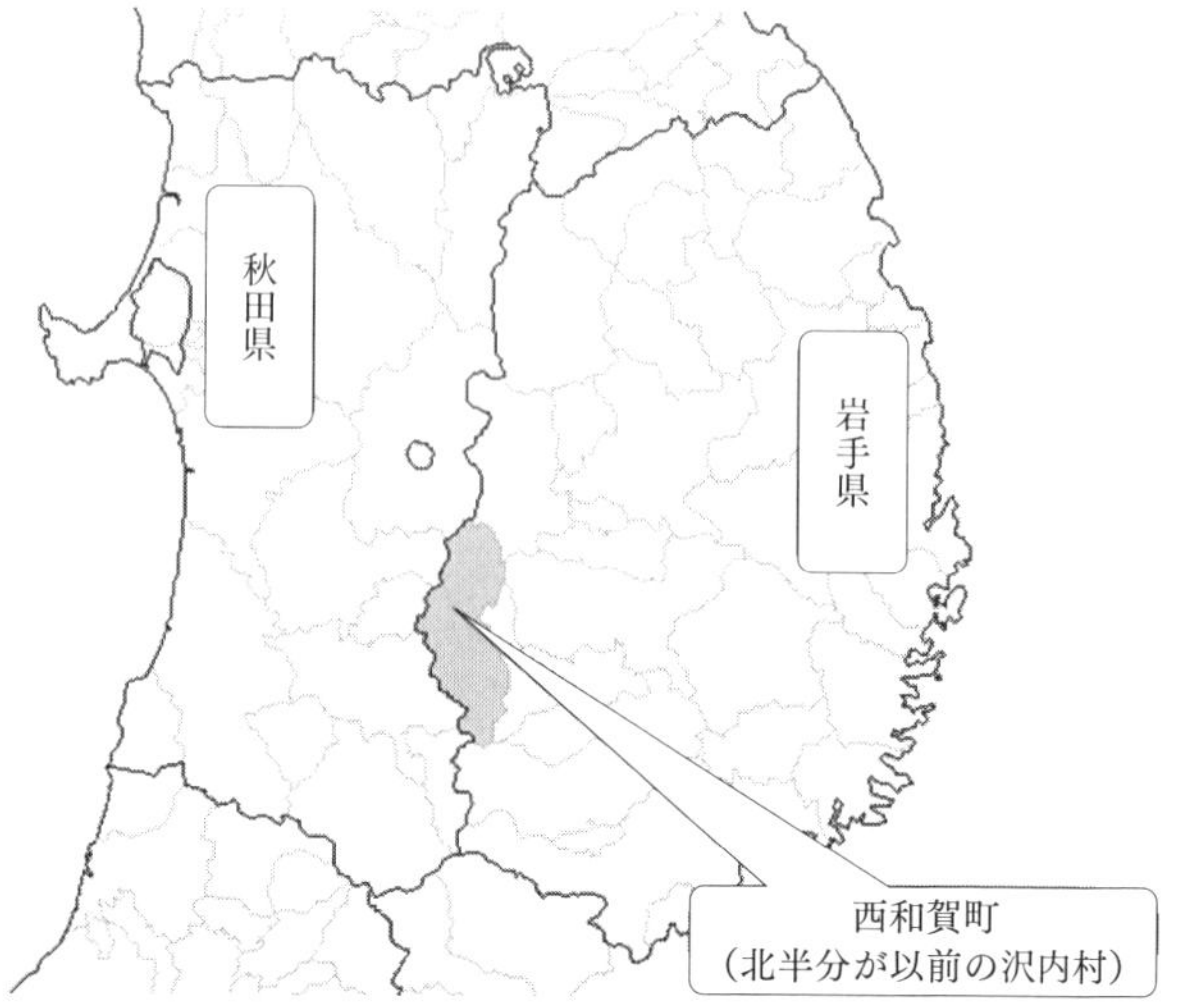

地図２　岩手県沢内村（岩手・秋田の地図）

された「依蘭《いらん》岩手開拓団」についての戦後の記録には次のようにある。

> 特に昭和十二年頃になると食糧難になり、国策の遂行がより強化され、岩手県でも満洲開拓主任官（小田耕一氏）を設け、小川村、江刈村をはじめ、八ヶ村の開拓移民による分村計画を樹立、行政指導を実施した。(10)

この開拓団は、合計五十八戸三百四十八人の人々を送出し、つくられた分村であった。そのうち生きて帰還した者は八十四人であり、八割を超える被害を出したという(11)。農村部からの移民は、都市部への移住者よりも大きな犠牲を出したのである。沢内村と満洲開拓との関係では、戦後の国内緊急開拓事業がある。満洲開拓義勇軍として準備中であった青年たちを含めた集団が、戦後、沢内村の貝沢地区に入植している。彼らは満洲へ渡る前に戦争が終わり、実際に渡満することはなかったが、他にも、戦後数年の間に満洲から引き揚げてきた人々は、命がけの逃避行の末に、着の身着のままで帰国した人々が多く、また引き揚げ後に、さらに国内での定住先を求めて再移動せざるをえない人も多かった。

沢内村の記録を調べていて気づいたのは、戦後の沢内村行政改革の中心となった深沢晟雄《ふかさわまさお》の植民地経験である。

彼は山間僻地の沢内村から一関の中学に進み、一九三一年に東北帝国大学を卒業する。時代はちょうど日本帝国の拡張期と重なり、職を求めて台湾や満洲に渡っている。上海銀行、台湾総督府、満洲拓殖公社、満洲重工業東辺道開発公社、北支開発山東工業会社などに勤め、四六年に帰国している。[12]彼の経歴は植民者の上層階層としての満洲経験に属するだろう。

戦前の沢内村が、中国や満洲開拓と直接的な関わりがあったわけではない。ただし、日本帝国の拡大、アジアへの侵略と戦争、農村部の窮乏という時代背景は、沢内村の状況をも規定していたといえる。

図1　12月の沢内村。雪はこれからが本番だという（2013年12月筆者撮影）

僻地の村の自己発展

戦後の沢内村の軌跡は、戦後日本での僻地農村社会の「成功例」として語られるものであろう。沢内村に関しては、一九六八年の時点で『自分たちで生命を守った村』というエスノグラフィーが書かれている。[13]「豪雪、多病多死、貧困」の問題を、国家や県行政の支援を待つだけではなく、村が一体となって保健行政をつくり上げていくことによって乗り越えてきた。一年のうち半年近くも雪で閉ざされてしまう沢内村は、冬になると深い雪のなかを歩くよりほかなく、車馬の往来は途絶する。こうした状況を仕方がないこととしてあきらめるのではなく、失敗しながらもブルドーザーでの除雪を開始し、冬季交通の確保をおこなう。さらに貧しく「乳児死亡率の高い村、老人は姥捨山同然[14]」とされた状況を改善するため、保健婦を設置し、家庭訪問を続け、村の人々に理解を求めていった。高齢者や子どもたちが医者にかかれない状況の改善のため、高齢者の医療費の十割給付を自治体として初めて実現し、また乳児死亡率の低減のために、保健婦指導を徹底して、年間の乳児死亡者数ゼロを達成する。こうした独特の取り組みから、現在でも、日本各地やアジア諸地域などからの研修団が絶えないという。住民の生命を第一に考える自治へ向けての改革をおこなったキーパーソンが、一九五七年から六五年にかけての村長であった深沢晟雄である。

一九六〇年代は、日本の地域社会を描き出す様々なルポルタージュが出され始めた時期である。『自分たちで生命を守った村』もそうしたエスノグラフィーの一冊として知られている。本書の著者・菊《きく》地《ち》武《たけ》雄《お》は、県内出身で高等小学校卒業後、村役場、県の産業組合連合会を経て、戦後、岩手県国民健康保険団体連合会に勤務。三六年頃から保健関係の仕事につき、四二年頃から沢内村も訪れるようになり、沢内村とは二十数年の付き合いがあったという。著者は本書を記すにあたって最も書きたかったこととして、単なる医療費無料化という事績だけではなく、以下のように述べる。

> 深沢さんが（略）、国の政治から置き去りにされてきた辺地——奥羽山脈の山裾の一寒村、しかも村内の政争が激しく、とくに医療の分野では悲惨その極に達していた沢内村を、この村の中心課題でなければならない保健問題にしぼって村ぐるみの保健活動に統一していった、そのことです。[15]

同書は、同時代の、内部の状況をよく知る当事者による記録である。そうした視点を通しての記録が残されたことが、沢内村の事績が訴求力を持ったことにも、いくぶんかの貢献を果たしていると思われる。

沢内村の事績は、前述のように、深沢村長の求心力を中心に語られてきたという側面が強い。深沢晟雄は一九〇五年、沢内村の小地主の家庭に生まれた。曾祖父は県議会議員を経験している。三一年に東北帝国大学卒業、さらに先述のように台湾や中国大陸など、外地と呼ばれた植民地での生活を経験し、四六年に日本に帰国。その後佐世保船舶工業などを経て、五四年、五十歳手前で沢内村に帰郷した。[16]その後、教育長、助役を経て、村長として先に述べた改革の先頭に立った。子どもの多病多死は、学校制度の普及とともに近代化初期の社会改革の重要課題の一つである。本節では、深沢村長の経歴と事績を概略的に追っただけであるが、深沢村長の事績の特徴は、村の中心的問題を現実的な政争レベルではなく、沢内村エスノグラフィーの著者がいうように、生命尊重という保健問題として捉えた社会改革のまなざしにあったと思われる。ここでは、こうしたまなざしの背後に、外地や日本都市部での生活経験があったことに着目しておきたい。

もう一人、沢内村の近代という時間と中国との関わりを示す人物として、冒頭で言及した篤農家である藤原長作の事績を見ておく。藤原長作は深沢晟雄よりも七歳年下の一九一二年生まれ。自分の田畑を持たない貧農の家庭の出身で、小学校を出ると仙台市に奉公に出たり、炭焼きをしたりしながらお金を貯め、いくらかの土地を購入し、米作りを始めるようになる。彼が生きてきた経路は、ちょうど深沢晟雄と反対に近代化初期の地域社会の現実での葛藤を主軸として、それを元手に中国での活動を招来したというものであった。

戦後、日本全体で米の増産が目指されていた。藤原長作は以前は稗《ひえ》しか穫れなかった地区で米作りを始め、寒冷地での米の増産に取り組む。「保温折衷苗代」や早い田植え、土作り、適切な品種の選定などによって、実績を上げていく。当時のことを知る同世代の村人によれば、藤原さんは村の青年の集まりでは熱心な若者集団の一人であったという。一九五六年、朝日新聞社主催の「米作日本一」コンクール（米作日本一表彰全国競作大会）で東北ブロック増産躍進賞を受賞している。[17]個々の農家の貧しさが問題になっていた沢内村では、深沢村長から、五七年、「感謝状」をもらっている。

しかし、一九六〇年代末から七〇年以降、日本全国ではコメの生産調整（減反政策）が進められていく。沢内村も例外ではなく、それまでの農業方式では対応が難しくなっていく。その後、日本社会での農業に困難を感じた藤原長作は、たまたま目にした中国への渡航を夢見るようになる。一九七九年から二年間、自費での訪中を果たした後、八〇年に訪れた中国黒龍江省方正県での農業指導に赴くことになった。

当時は日本から中国へ自由に渡航できるわけではない。ちょうどこの時期は、中国東北地域に満洲国期の日本人残留者が多数いることが判明し、日本から中国への訪問団が組まれるようになっていた頃であった。藤原長作が参加した訪中団は、たまたま日中友好協会が東北地域への訪問を意図して組織した黒龍江省農業視察団であり、その際方正県に滞在し、技術交流座談会の場で技術指導を自ら申し出た形となった。藤原長作は、一九八一年から数年間、毎年数カ月方正県の農家に住み込み、初めは実験田からその後面積を拡大して、水稲栽培の指導をおこなっていった。方正県と沢内村は寒冷な気候が共通していて、彼が地元でおこなっていた寒冷地水稲稀植栽培法が方正県にも応用され、初年度は直播田との対比で九三・六パーセントの増産という実績が示されたという(18)。当時、方正県側の技術指導員として藤原長作に同行していた朱国政《しゅこくせい》は、彼の印象を次のように書き残している。

一九八一年と一九八二年の二年間、我々と藤原長作さんは朝陽公社富余大隊において、寒地水稲旱育稀植の試験を行い、ほぼ二年間にわたり仕事をともにしてきた。藤原長作さんが初めて方正に水稲旱育稀植試験に来たとき、すでに七十一歳、古稀の老人であった。(略)歩く姿は四十、五十代の人に見えた。彼のあの勤勉熱心で真摯善良な人柄と、富余大隊の人びとのかの老人にたいする深い友情はいまでもわたしの脳裏に深く刻まれている(19)。

その後、彼の水稲栽培法は黒龍江省内の百四十万ヘクタールに拡大され、さらに延安、山西省でも試みられた。こうした取り組みが評価され、一九八九年には中華人民共和国成立四十周年記念特別栄誉証書を授与され、翌年の国慶節には当時の沢内村長である太田祖電とともに中国政府から招待されている。沢内村と方正県とのこうした農業指導を通した関わりは、確かに藤原長作という個人の強い熱意で始められたものだったが、その後、沢内村からは他の幾人かの人々が藤原氏とともに技術指導に参加している。また逆に沢内村では中国側からの研修生の受け入れもおこない、沢内村と方正県との間には個人を超えた地域共同体相互の関係性が生まれていった。

2　方正県の近代と日本

植民地化される農村と植民者の帰結

方正県は、黒龍江省の省都哈爾濱から東へ百六十四キロの位置にある。中国東北地域の主要交通手段である鉄道は通っていないが、かつては松花江の水運で哈爾濱と結ばれ、現在では高速道路が開通している。哈爾濱からは車で三時間ほどの距離である。県の北部は松花江《しょうかこう》に面し、湿地帯が多く、南部は丘陵地となっている。人口は二十二万人、主要産業は農業であり、他に大きな産業がない東北地域農村部では典型的な小規模な城鎮である。(20)

植民地期の方正県は、満洲国北部の農村地帯に属した。一九三二年、満洲国が建国されると、方正県もまたその支配下に入る。方正県へは四つの日本人開拓団が入植した（大羅勒密開拓団、伊漢通開拓団、李花小県開拓団、長野開拓団）。これらの開拓団は、方正県内の大羅勒密、伊漢通という松花江沿いの地域を中心に二十三の村をつくり、合わせて四百五十六戸、二千百十四人が入植した。方正県は、中国東北地域で残留日本人を多く出した場所として知られているが、満洲国期の入植者の数がとりたてて多かったわけではない。ただこの日本人開拓団の移民が入植したのは、方正県内の松花江に近い、中国農民によってすでに開墾されていた土地であったという。日本人の流入によって、現地の三千人ほどの農民は、県内北部の条件の悪い「挑竃溝《ちょうそうこう》」という未開拓地へと追いやられ、厳しい生活を送ることになった。(21)

「糠や野草を食う（吃糠咽菜）」という言葉は、生活が極端に貧しいことを形容する表現だが、開拓民たち(22)の生活では一年のうち米糠さえも見ることはなかった。ただ野草で飢えをしのぐだけだった。宋広珍は、夫が病気で重湯を飲みたがったとき、村中を走り回ったが、一粒の米さえ探し出せなかった。周喜発は当時八

図2　2001年当時、方正県の中心街（2001年8月筆者撮影）

歳で、鼠を殺して食うほど飢えていた。[23]

中国の農民たちが移動した先の「挑竈溝」は、井戸を掘っても水が悪かった。錆が沈んでいるような水を飲み続けていると、関節が肥大し、発育がおかしくなるという。さらに一九四〇年には「克山病」という風土病によって、二百五十人が亡くなったとの記録がある。[24] 満洲国研究でもしばしば指摘されるように、日本の開拓団の入植は、中国の農民の犠牲のうえに成り立っていたのである。

一九四五年八月に日本は敗戦し、満洲国は崩壊する。関東軍は先に南下し、その年春の「根こそぎ動員」によって、日本の開拓団の男性は招集され、村にいなかったことが多い。日本の敗戦やソ連軍の参戦はあらかじめ伝わらなかった地域も多く、満洲国奥地に入植した開拓団からは、車馬や荷物だけでなく、衣服や食料さえ失いながら、女性、子ども、老人を主体とした人々が、都市部や鉄道などのある地域へ向かって命がけの「逃避行」をおこなっていった。方正県永建郷にあった日本人開拓団の八十数人は、集団自決したという。[25] 方正県は、黒龍江省東部、東北部の、佳木斯《じゃむす》、樺川、湯原、樺南、依蘭、林口などから、哈爾濱へ向かう道筋にあたる。これらの地域に入植した多数の開拓団から、多くの日本人が哈爾濱を目指して逃げていく途上で方正県に集まってきた。方正県地方誌編集者、玄照発《げんしょうはつ》の推定によれば、全東北の開拓民の八分の一が方正にいたといわれていて、最終的に方正にたどり着いた者は一万人余であった。方正県は、満洲国の中心都市でもあった大連や長春、哈爾濱といった大都市を除けば、最も多くの日本人避難民が集中した地域であったと考えられる。

方正県に集まった日本人避難民は、伊漢通開拓団の本部などの建物に収容された。当時、方正県内も無政府状態であり、避難民たちも売り食い状態である。零下三〇度になる東北の冬を迎えるとき、飢えや寒さで多くの死亡者が出てくる。生死の境にいた日本人女性と子どものうち数千もの人々は、中国人の家庭に引き取られた[26]。

一九四六年二月には、新たに方正県政府が成立する。日本人の避難民の関連でいえば、この頃当地で亡くなった日本人移民たちの遺体処理がおこなわれた。砲台山東側の楊二玄溝で、三つの山となった遺体、およそ四千五百体を三日三晩かけて焼いたという[27]。その後、中国社会が秩序を回復していくにしたがい、日本人開拓民の引き揚げも開始される。入植者の引き揚げは、戦後一度におこなわれたわけではなく、いくつかの段階に分けられた。最終的には、五三年から五八年にかけて、数度にわたり集団的な引き揚げが実施され、それ以降は、日本へ直接帰国する手段は途絶えてしまう。様々な理由から集団引き揚げを逃した人々は、そのまま中国社会の公民として生きていくことになった。方正県は、満洲国崩壊以降の混乱と逃避行のさなかに日本人避難民の集結地であったことによって、数多くの日本人残留婦人、残留孤児を擁する地域となったのである。

植民地の痕跡とその資源化

新中国成立以降の一九五〇年代、六〇年代は、政治動乱が続き、自然災害も加わり、人々の生活は苦しかった。そのなかで、方正県内で暮らしていた残留日本人女性の一人が、当時中国全体での増産計画のため、砲台山付近を開拓した際に、白骨の山を発見する。それがかつての日本人開拓民たちの遺骨であると判明し、彼女は、政府に埋葬の許可を求めた。この請求を受けて、六三年、黒龍江省人民政府と方正県政府では、吉興村ダムの東側、砲台山の西北に墓と墓碑を建設することを決定することになった[28]。これが、現在の「日本人公墓」の原型となった。

当時中国では飢饉が続き、日本の残留者だけに限らず、多くの人々の生活が逼迫していた。そのようななか、かつての植民者たちの遺骨の埋葬と墓の建立が、地方政府の手によっておこなわれたのは、かなり異例の出来事であった。陳情をおこなった当事者の残留女性は、一九八〇年代の手記のなかで当時の気持ちを「人民政府に感謝」[29]という言葉で表現しているが、一般の開拓民は日本帝国主義の植民政策の犠牲者であるとされているとはいえ、革命への貢献度によって慰霊がおこなわれる中国東北社会で、このような墓の建立はかなり難しい決断であったと推察される。

「方正地区日本人公墓」の建立から十年ほど後、一九七二年には日本と中国との国交正常化が果たされ、それ以降、中国残留者たちの日本への里帰りが順次おこなわれるようになる。また幼児期に残された人々は、一時帰国する人々に手紙や親族捜しを依頼するといった手段で、日本での親族を捜している。この時代、まだ日本と中国との間の自由な渡航が可能であったわけではないが、特に中国東北部の農村と日本の関係者の間で、次第に人の往来が重ねられていくようになった。八〇年代になって、観光旅行という形での自由渡航が可能になると、東北地区にも多くの日本の関係者が訪れることになる。しかし、方正県を代表とする開拓民の残留地での訪問団ブームでは、唐突な中国社会への再訪という形をとるのではなく、開拓団関係者を中心とした日本の民間団体と地方政府や地域社会との間に、数多くの接触や交渉というプロセスが、前段階として存在していた。

その後、この方正地区日本人公墓では、他の地区の犠牲者の遺灰なども受け入れ、黒龍江省内で死んだ日本人開拓団員の墓という性格を帯びていく。たとえば、一九八四年には麻山地区で集団自決した日本人の遺骨（五百三十人）が移され、また八六年には海倫県元劇大框開拓民の遺骨が同じ「麻山地区日本人公墓」内に移動された。さらに九五年には、残留孤児として中国の父母に育てられてきた個人によって、「中国養父母公墓」が同じ園内に建てられている。[30]これらはちょうど日本からの墓参団が増加していく時期と重なっているが、彼らのような、かつての満洲縁故者たちの寄付によって、「和平友好」の碑の建立や、公園としての整備、展示室の建設などがおこなわれていくのである。また中国側の現地でも、省人民政府によって、応接室の設置、門番の配置がおこなわれ、さらに、郊外にある公園までの専用道路が補修されていく。方正地区日本人公墓がかつての開拓民たちの参詣地として成立していくまでには、二十年近くの人々の往来と多様な関与のプロセスがあった。

日本の関係者側からすれば、開拓団で亡くなった方々の墓参りの場であり、追悼の地ともなっている方正であるが、方正の地域社会の側からすると、時間をかけて形成された日本社会とのつながりは一種の資源ともなっているように思われる。特に二〇〇〇年代半ばになると、改革開放政策が一般社会にも浸透し、またグローバリゼーションの進展にも伴い、人々の移動についても以前ほどの制約はなくなりつつある。そのなかで、方正地区日本人公墓を中心とした日本との友好交流の経緯を、地方政府は街の資源として活用しようとしてきたのではないかと思われる。〇七年頃から、方正県内の商店の看板には、日本語が併記されるようになっていたという。[31] 日本との友好交流をアピールしたいという意図が示されているのだろう。[32] さらに一一年七月、方正県は日本人公墓がある中日友好園林内に、旧日本人開拓団員の名前を刻んだ慰霊碑を建立した。この慰霊碑建立に対して、県政府はなぜ侵略者の慰霊碑を建てるのか、という批判がインターネットなどを通して盛んになり、また慰霊碑にペンキがかけられるなどの抗議行動もおこなわれ、結局、建立から十日あまりで撤去されることになった。[33]

図３　「日本人公墓」がある中日友好園林（2004年7月筆者撮影）

　この事件は、二〇〇〇年代に入り、中国と日本の国家レベルでの外交関係が緊迫化しているなかで、方正県政府の日本人に向けたようなアピールが耳目をそばだてたことによると思われる。中国残留日本人の問題について、幅広い聞き取り調査をおこなっていた中国の研究者である関亜新《かんあしん》と張志坤《ちょうしこん》から直接聞いたところによれば、方正県の生活レベルは、この地域の地方農村としては著しく高い。おそらく日本との関係性が大きいためだという。[34] 方正県の人口は二十数万人ほどで、東北地方の農村部としては一般的だが、日本人残留者の配偶者や子ども、親族などの関係で、地域の数分の一の人口が、日本に帰国したり、滞在したりといった経験を有している。日本人残留者の親族として渡日し、日本で働いて貯蓄したのちに方正で事業を始める人もいる。さらに〇四年に筆者が滞在した折には、方正県内に民間の日本語学校や外国語学校（実質的には日本語学校）が十数カ所あり、日本語を学びながら日本へ渡る機会を待っている人々が目についた。日本語学校の教師のなかには、日本人残留者の親族として日本に数年間滞在した若者たちもいる。方正の街全体が、日本語教育や渡日準備のためのベースキャンプとなっている印象であった。

一般に、出稼ぎや移民という形での人の移動がおこなわれる際に、自分たちの家族関係や親族関係、または地域社会の歴史的つながりといった過去の資源が活用されることは珍しくはない。日中関係が冷え込むなか、方正県が培ってきた日本各地や諸団体との関係性は、自らの固有の資源であり、近年の様々な動きは、官、民それぞれの領域でそうした資源を活用していこうとする姿勢の現れであると思われる。

3　二つの村の近代をつなぐ

ここまで、日本の山間僻地の農村の一つである岩手県沢内村と、中国の北辺に近い黒龍江省方正県での、それぞれの近代の時間的経験について見てきた。本来交錯するはずのなかった二つの村を結び付けたのは、方正地区日本人公墓の資料館が正しく伝えていたように、植民地侵略の歴史およびそれに関わる地域社会の寛大政策と友好交流の積み重ねという基礎のうえにあった、藤原長作という個人の熱意そのものである。彼の技術支援への情熱を示すような、以下の新聞記事がある。

藤原は八〇年六月、日中友好協会が組織した農業視察団の一員として初めて方正を訪問した際、地元政府との座談会で突然、技術指導を申し出た。真意を図りかねる相手に、藤原はこう続けた。「報酬はいらない。日中友好の懸け橋として、実際の行動で中国人民へのしょく罪としたい」。この決意表明に、日中双方から感動の拍手が鳴り響いた[35]。

侵略戦争への贖罪意識と技術指導への意思を合わせたこのときの藤原長作の言葉は、中国側の資料にも同様の記録があり、おそらく会議の席上、語られたものであると思われる[36]。当時は、方正に居住する日本人残留者と日本の親族との間のやりとりが始められた頃であり、また日本側では行方がわからない親族捜しのための訪中が模索され、また中国へ来た日本人に自分の親族捜しを依頼する人々が殺到するという時期であった。日本との関わりで中国社会のなかでいくぶん特殊な位置づけにある方正県政府が、日本の寒村の一篤農家である藤原長作の唐突な申し出を受け入れることができたのは、彼のこうした言葉があったためであろう。藤原長作自身、国内にいたものの応召され、兵士としての生活も経験していて、彼自身の感慨としても事実であるとは思われる。

ただ一方で、もう一つ、彼の中国行きの熱意を支えたものに、日本の農家の現状があったのではないかと思う。以下の引用は、彼の中国行きの動機についての記事である。

〔ある新聞記事は、藤原が：引用者注〕団体旅行に参加して初めて中国に渡った動機を彼の談話の語りで次のように記している。

「米作れ、増産せいと言っていた国が、一転して減反だ。ハラがたった。おれはもう必要でない。でも米は作りたい。世界地図を広げたら、中国があった[37]」

藤原長作がおこなった水稲栽培法の改良の主眼は、戦後すぐ、機械化以前の時期の、田植えの早期化と稀植栽培（株間を粗めに植えること）による健苗育成であったという。寒冷地である沢内村で、様々な講習会の受講や農業指導員とのやりとりを重ねながら、自力で工夫を重ねてきた米作りの作法が、いったんは高く評価されたものの短時間の間に無用となっていく。彼の異様なまでの中国行きへの熱意は、こうした日本の農業政策の急激な変転、さらにいえば加速度的な近代化に対する一種の異議申し立てでもあるように思われる。

品種改良や土壌づくり、温度管理などの科学的測定法は積極的に取り入れながら、機械ではなく、手作業による田植えにこだわったという彼の農業技術は、素人《しろうと》の私の眼から見ても現代的ではないものに映る。ただ、資本主義国家と社会主義国家という体制の相違や、侵略国と侵略された側の社会という歴史的に相互理解の困難な関係性のなかにありながら、日本と中国のこの二つの農村を結び付けえたのは、生活様式や社会制度の改善とならんで、人々の生活のなかで培われてきた、こうしたささやかな近代技術であったように思われるのである。

おわりに

近代化とは、マクロな視点からいえば、政治、経済、市民生活のすべての領域が包摂された形で、人々の生活には利便性を提供するものとして、ミクロには、そこに生きる個々人に対しては使命感や欲望を与えるものとして、社会全体が変化していく動きである。日本の戦後社会で、沢内村という東北の一寒村の生活変容は、一九五〇年、六〇年に多くの日本の地域社会が経験した生活改善の一事例であり、またそれは、一義的ではないものの、「伝統的」な生活様式の喪失や第一次産業の縮小や離村といった、それまでの生活形態が全体社会の構造変動のなかで変化していく現実をどこかで伴うものでもあったのではないか。ここで取り上げた事例というのは、五〇、六〇年代の日本社会の変化と、改革開放によってかつての生活様式を残しながら市場社会に隣接せざるをえなかった八〇年代の中国の農村社会とが、植民地化の歴史という経験に対して厚みのある交流を重ねてくることができた場所で、偶然にも交錯し結実できたものであるように思われる。沢内村のこの篤農家が、日本社会の変化のなかで自らの生活基盤を築くための技術を確立し、さらに中国での稲作指導に熱意を燃やしたという物語は、「近代化」という全体的なプロセスに巻き込まれながらも、その変化の速度やありようなどに対してどこかで抵抗していることを示しているように思われる。

かつて竹内好《たけうちよしみ》は、戦後すぐに出された「中国の近代と日本の近代」という文章のなかで、「東洋の近代は、ヨーロッパの強制の結果である(38)」と喝破し、「抵抗を通じて、東洋は自己を近代化した。抵抗の歴史は近代化の歴史であり、抵抗をへない近代化の道はなかった。ヨーロッパは、東洋の抵抗を通じて、東洋を世界史に包摂する過程において、自己の勝利を認めた。それは文化、あるいは民族、あるいは生産力の優位と観念された。東洋はおなじ過程において、自己の敗北を認めた。敗北は抵抗の結果である。抵抗によらない敗北はない(39)」と述べた。このとき竹内は、ことに思想史や文学の領域で、日本の近代が中国と比較して腰の軽いものであることを批判しているのだが、ただ、近代化が逃れられない、忌避しがたいものである点、さらにその流れのなかにありながらも、自らの場所を確立する道筋として「抵抗」というものがもつ力を提示している。

日本と中国との間では、政府間にせよ民間にせよ、摩擦を含めた多様で厚みのある交流と関係性の積み重ねがある。本章で挙げた事例は、植民地の歴史に関わるものとしては傍流の、技術支援としても非常にささやかな、通常「ちょっとした美談」として通り過ぎてしまうような出来事であるかもしれない。ただそうした出会いを可能とするような、密度と多様性のある関係性が、前提となっている。さらに、この二つの農村の交錯の瞬間というのには、「近代化」の特定の時点という意味が見いだせるのではないだろうか。

注

(1) 岩手県和賀郡沢内村は、二〇〇五年に隣の和賀郡湯田町と町村合併し、現在は岩手県西和賀町の一部となっている。

ここでは主に合併以前のことを取り扱う場合には、「岩手県沢内村」と表記する。
（2）坂部晶子「グローバリゼーション下での寛容さの記憶――中国東北地区における日本人公墓の記念化を事例として」、芦名定道編著『多元的世界における寛容と公共性――東アジアの視点から』所収、晃洋書房、二〇〇七年、一四七―一四九ページ
（3）坂部晶子『「満洲」経験の社会学――植民地の記憶のかたち』（Sekaishiso seminar）、世界思想社、二〇〇八年
（4）中国の養父母たちの共同の墓は一九九五年五月着工、七月に落成。関亜新／張志坤『中国残留日本人孤児に関する調査と研究』下、佟岩／浅野慎一監訳、不二出版、二〇〇八年、二八九ページ
（5）前掲「グローバリゼーション下での寛容さの記憶」
（6）日本のものは藤原長作氏の生涯を小説の形で描いた、及川和男『米に生きた男――日中友好水稲王＝藤原長作』（筑波書房、一九九三年）であり、中国の資料は、中国人民政治協商会議哈爾濱市委員会文史資料委員会／方正県委員会文史資料委員会編『稲香新曲』（「哈爾濱市文史資料」第十八輯）、黒龍江人民出版社、一九九四年）である。この資料集のまるごと一冊が、藤原氏の事績と彼が普及させた稲作法の記録になっている。なお、残念ながら筆者は未見であるが、中国では方正の郷土史家・郭相声らによる藤原長作の記録が二〇一二年に出版されたという新聞記事がある（「読売新聞」二〇一三年二月一日付夕刊）。
（7）沢内村教育委員会編『豊かな自然、保健のふるさと――沢内村制百周年記念誌』岩手県沢内村、一九八九年、五ページ
（8）菊地武雄『自分たちで生命を守った村』（岩波新書）、岩波書店、一九六八年、一六―一八ページ
（9）蘭信三『「満州移民」の歴史社会学』行路社、一九九四年、九六―九七ページ
（10）依蘭岩手開拓団史編集委員会『流れる――依蘭岩手開拓団史』ダンブリ社、一九九九年、二八ページ
（11）同書二〇―三〇ページ
（12）及川和男『村長ありき――沢内村深沢晟雄の生涯』れんが書房新社、二〇〇八年
（13）以下、沢内村の事績の概略的紹介は、前掲『自分たちで生命を守った村』による。
（14）同書一〇六ページ

(15) 同書二一―三ページ
(16) 前掲『村長ありき』
(17) 前掲『米に生きた男』
(18) 森山誠之「日本水稲王　藤原長作」「善隣」第百九十七号、国際善隣協会、一九九三年、六ページ
(19) 朱国政「真摯的友誼」、前掲『稲香新曲』所収、二〇ページ
(20) 本節は、前掲「グローバリゼーション下での寛容さの記憶」の文章を大幅に改稿して再録した。
(21) このような中国人の現地での移住を「県内開拓団」と呼ぶ。
(22) ここでの開拓民は中国人の県内開拓民のこと。
(23) 玄照発「挑奞溝」、中国人民政治協商会議黒龍江省委員会文史資料委員会/方正県委員会文史資料委員会編『夢砕〝満洲〟』(「黒龍江省文史資料」第三十輯) 所収、黒龍江人民出版社、一九九一年、二四四ページ
(24) 同論文二五四ページ
(25) 王紹徳「〝鬼子営〟自焚目睹記」、同書所収、二二五―二三二ページ
(26) 玄照発「日本移民和黒龍江省日本人公墓」、同書所収、二五八―二六五ページ
(27) 同論文二六三ページ
(28) 現在「日本人公墓」があるのはこの当初の建立地ではない。一九七〇年代半ばにダム工事のため、現在の場所に移動している。
(29) 松田千衛「悪夢醒来」、前掲『夢砕〝満洲〟』所収、六六ページ
(30) 前掲「日本移民和黒龍江省日本人公墓」、長谷川佳哉編『風雪に耐えた「中国の日本人公墓」――ハルビン市方正県物語』東洋医学舎、二〇〇三年
(31) 「朝日新聞」二〇一一年八月八日付
(32) 中国の街中にある看板に多言語表記がなされるのは、通常、少数民族の自治地域で、少数民族言語と漢語が併記されることが一般的である。ただ、吉林省朝鮮族自治州内の琿春市などは中露朝の国境に近く、商店の看板にロシア語表記がなされていることもある。

(33)「朝日新聞」二〇一一年八月三日付、四日付、七日付
(34)「同県出身者の日本円の仕送りなどで、外貨交換額は全国の県級行政区のなかでトップクラス」(「朝日新聞」二〇一一年八月八日付)との記事もある。
(35)「読売新聞」二〇一三年二月一日付夕刊
(36)朱国政「憶藤原先生来方正二三事」、前掲『稲香新曲』所収、一七ページ
(37)前掲「日本水稲王　藤原長作」二ページ
(38)竹内好「中国の近代と日本の近代」一九四八年(『日本とアジア』〔ちくま学芸文庫〕、筑摩書房、一九九三年、一二ページ)
(39)同書一七ページ

第3部　二十世紀的記憶を描く

第7章　黒船来航と集合的忘却
——久里浜・下田・那覇

泉水英計

はじめに

終戦後の一時期、那覇に「ペリー区」という地名があったと聞いたのはずいぶんと前のことだ。軍港労働者を集住管理するために設置された特別行政村「みなと村」の一区画で、現在の那覇市山下町にあたる。町名は戦前からあり、一時的な改名だった。アメリカ軍の占領下であるから、高名な海軍提督にちなんだ地名というのも理解できなくはない。ただ、少々滑稽に感じたのは、旧町名が陸軍大将・山下奉文《やましたともゆき》を連想させるからという改名の理由である。占領軍の意向か住民側の配慮かどちらによるものなのか明らかでないが、いずれにせよ両者にとって、「マレーの虎」は生々しい存在感を帯びていたのだろう。それを共有できなかった筆者には、この固有名詞への拘泥が的外れに感じられたのだと思う。

マシュー・ペリーの日本遠征にゆかりのある港町には今日、黒船来航を記念する石碑が立ち、節目ごとに記念行事がおこなわれている。近代日本の始点を画した史実であれば当然にも見えるだろう。しかし、記念碑や記念行事の来歴をさかのぼってみると、大きな紆余曲折を経た末に現在の姿があることがわかる。国際関係に連動した変転ぶりや、開港地の地方的事情に応じた変化は、記念という行為に、集合的想起の促進という表向きの役割に劣らず、これとダイナミックに相関する集合的忘却の助長といういま一つの働きがあったことを考えさせられる[1]。本章では、ペリーゆかりの三つの港町、久里浜、下田、那覇に焦点を当て、黒船来航の史実がどのように記念され、同時にその裏でどのように忘却されてきたのかを見ていきたい。

幕末の一連の出来事は周知の事実ではあろうが、具体的な期日は記念という行為に重要な意味を持つから、ここで簡単に確認しておく。

一八五三年（嘉永六年）
　五月二十六日　那覇寄港
　七月八日　浦賀沖に来航
　七月十四日　久里浜上陸
一八五四年（嘉永七年）
　三月三十一日　日米和親条約（神奈川条約）
　六月十七日　日米和親条約細則（下田条約）
　七月十一日　琉米修好条約

一九五二年晩秋にアメリカを出立したペリーは、翌五三年四月に東シナ海に到達し、艦隊を整えてまず向かったのは沖縄であった。五月二十六日に那覇に投錨《とうびょう》、首里《しゅり》城《じょう》訪問と小笠原探検をすませて江戸へと向かう。浦賀沖で幕府役人と折衝の後、久里浜に上陸し、開国を促す国書を渡したのが七月十四日である。幕府が返答の猶予を望んだため、ペリーは一旦香港に退去する。翌五四年二月に再び江戸湾に現れ、三月三十一日に神奈川で日米和親条約が締結された。細則の交渉は、ここで即時開港された下田に場所を移しておこなわれている。帰路には那覇で琉球国との間に修好条約が結ばれた。

1　久里浜——国際政治のなかの日米関係

ペリー上陸記念碑

久里浜は東京湾の入り口となる浦賀水道に面し、岬を隔てて浦賀の入り江と隣接した見通しのよい砂浜である。現在、海岸道路を挟んですぐに千四百坪（約四千六百二十平方メートル）ほどの公園があり、中央に巨大な一枚岩がそびえるように立っている。伊藤博文の揮毫という題字には「北米合衆国水師提督伯理上陸記念」とある。ペリーの上陸地を記念する石碑だ。建立日は史実に合わせた七月十四日だが、一九〇一年というのは四十八周年であり、いかにも切りが悪い。中途半端な節目に、それとは不釣り合いに立派な記念碑が建立されたのはなぜだろうか。

直接のきっかけは、前年秋に当地に立ち寄った退役将校の発言であった。かつてペリー艦隊の一員であったペアズリー少将が老後の世界漫遊の途次に来日し、若き日に強い印象を受けた久里浜まで足を延ばす。彼の期待に反し、そこには艦隊の事績を偲ぶ何ものもなかった。けれども、この失望が識者に伝わると瞬く間に記念事業が立ち上げられ、一年を経ずしてペアズリーは記念碑の除幕式に招かれたのである。

来賓席の顔ぶれからは、短期日の準備にもかかわらず準国家的事業であったことがうかがえる。日本側は桂太郎首相を筆頭に、外務、農商務、逓信、陸海軍各大臣がそろい、両軍からは現職トップも元帥格も出席、他に省庁高官、知事、両院議員、財閥有力者など三百人が特別船に乗って来場した。アメリカ側は横浜総領事、副総領事と公使館員に加え、アメリカ東洋艦隊の艦船三隻が特別に派遣され、ペリーの孫にあたる司令長官のロジャース海軍少将と、前フィリピン総督マッカーサーも列席した。随行の将兵や報道員を含めると参列者は六百人を超えたという。

図１　久里浜ペリー上陸記念碑

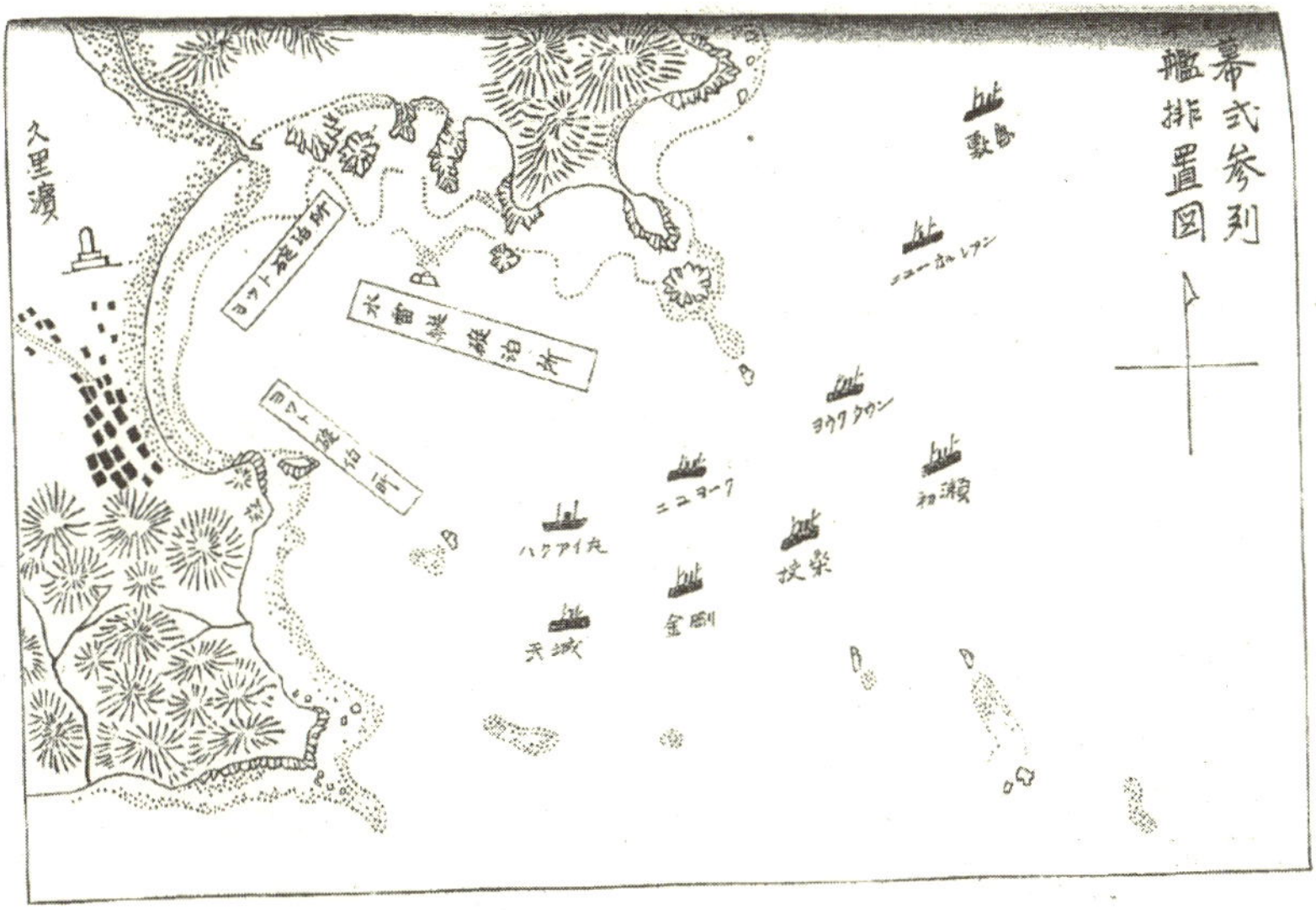

図２　「落成式の艦船配置」（澤田半之助『米友協会会史』米友協会、1911年、88ページから）

大規模な事業の背景には米友協会の転機があった。留学や在米公務を経験した者たちの私的な親睦団体にすぎなかった米友協会は、一九〇〇年九月に積極的な対外活動を期して改組を進めていた。新会長に選出された金子堅太郎が、翌月に成立した第四次伊藤博文内閣の司法大臣に就任することになったため、協会員たちが祝賀会を催した。偶々訪日中であったペアズリーもこの席に招かれ、挨拶のなかで久里浜での失望に言及することになったのである。協会員が即座に反応したのはもちろんだが、彼らの人脈を通じて寄進者が続出し、アメリカ側からも寄付が集まる。天皇下賜金も加わって、予想を上回る潤沢な資金が用意された(2)。

静かな漁村に突如出現した記念碑が偶然の産物に近かったことは、翌年の上陸記念日が巡り来ても祝賀行事がおこなわれなかったことが示している。二年後の一九〇三年七月十四日は五十周年の節目なので計画はあったようだが、「公使グリスカム氏其他米友会会員は如何なる都合にや一人も出席せず唯郡村吏二三名碑前に参席して心ばかりの祝祭を催せり(3)」といった寂しいものであった。

日露戦争

しかし、翌一九〇四年の三月三十一日を迎えると東京ＹＭＣＡでは開国五十周年記念会が開催されている。神奈川条約の締結が久里浜上陸より重要なのは確かだが、単純に節目だからというだけでなく、ここでも直近の事情に応じ、前月初旬に戦端が開かれていたロシアへ対抗するためにアメリカへの接近を狙った催しであったようだ。ロイド・グリスカム公使、大隈重信《おおくましげのぶ》や松方正義《まつかたまさよし》、井上馨といった元大臣、その他両院議員や大学教授も詰めかけた記念講演会からは、親米感情の政治的背景が明瞭にうかがえる。

たとえば、新聞人で代議士の島田三郎は、ペリー来航と同時期にエフィム・プチャーチンによる日本開国の試みがあったことに触れ、「露の為に開かれずして米の如き自由博愛の国により開かれしは日本の最も幸福とすべき所なり」と論じた。理由として、アヘン貿易の排除、岩倉使節団の厚遇、条約改正交渉での他に先んじた許諾などを彼は指摘している。同様に大隈重信も、「米国政府が遣わす処の人物、施す所の政策、一として日本の利益の為に尽さざるはあらず」と断じた。大隈によれば、日本がロシアと戦っていることは、「清韓両国に於ける政略に於て日本と歩調を同じうせる米国に対し謝恩の一端」[4]なのだという。

アメリカ側の反応もこのような論調に十分に応えるものであった。大隈に次いで壇上に立ったジョン・マキム聖公会主教は「ペルリ記念義金」の計画を開陳する。対露戦で夫や父親を失った遺族に向けた救恤金は、「中立を妨げざる範囲に於て米国人民の心裏に存する友情を発揮」するものだという。居合わせた政・財界の重鎮連が即座に応分の供出を約し、その後、アメリカでも募金活動が組織されて、十万三千円が宮内省に届けられた。[5]

この催しに金子堅太郎の姿が見えなかったのは、特命を帯びてすでに渡米していたからである。アメリカで基礎教育から学び豊富な人脈を持っていた金子は、世論工作には最適任だった。セオドア・ルーズベルト大統領とはハーバード法科大学の級友という知己である。ロジャース少将など来日の折に接待した人士たちが精力的に動いたことも手伝って、アメリカの一般国民にも日本への同情が高まったという。一九〇五年の七月十四日には、元ペリー遠征隊員が私宅に他の生存者や日本領事を招き、上陸五十二周年を祝う晩餐会を催した。[6]節目を外れた唐突な催しは、親日感情もまた政治的背景に促されたものだったことを示す。

黒船来航の史実は、親米政治家の活動と結び付いて不意に国家的な顕彰の対象に浮上、その直後に、日露戦争下で接近する日米両国の意向を受けて急速に存在感を増した。しかし、戦争が終わり両国の利害に不一致が目立つようになると、開国の恩人という解釈は修正を迫られることになる。

排日移民法から対米戦へ

修正はまずペリー個人への批判へと向かった。早期の事例を高橋作衛の資料案内に見ることができるだろう。彼が紹介しているのはウィリアム・ロシッターの「最初の帝国主義者」[7]（一九〇六年）と題する論文で、ペリーがアメリカ政府と交わした公文書を根拠に、彼が軍事占領を望んでいたことを明らかにしたものである。遠征中に政権交代した新政府がペリーの野望を阻んだことと合わせ今日ではよく知られている事実だ。注目したいのは、この論文を読んでいた高橋が意識的に紹介を遅らせていたことである。「紹介することの果たして実際上世に裨益する所あるべきや否やに疑いあり[8]」というのがその理由であった。

そのような打算あるいは遠慮は、サンフランシスコ市の日本人学童隔離問題（一九〇六年）から日米紳士協定（一九〇八年）を挟んでカリフォルニア州の外国人土地法の施行（一九一三年）そして排日移民法（一九二四年）へという一連の対日政策が親米感情に水を差すにしたがい消えていく。たとえば、対露戦は「米国に対し謝恩の一端」と論じていたはずの大隈重信も、一九一三年の『開国大勢史』では、高橋が紹介したロシッター論文を参照しながら、ペリーが初めから、「英人の香港を得たる如く、日本の一港を得、若し、成功せずんば、琉球を占領せんとしたるは事実なり[9]」と冷静な評価に転じることになった。ただし、この種の批判はペリー個人に対する評価であって、その野望を阻んだ政府を戴くアメリカは「依然として日本文明の開発誘導者[10]」に違いはない。

けれども、排日移民法施行後にはこのような解釈さえ難しくなってしまう。徳富《とくとみ》蘇峰《そほう》は、米友協会の初期には評議員をしていたのだが、『近世日本国民史』（一九二九年）のなかでは、ペリーを「日本の恩人とし、彼の為に記念碑を建立し、彼に向かつて国史の上に感謝の情を湛ふる」ことは、本人にとっては「実に意外至極……或は難有迷惑」だとし、黒船来航がなくとも開国の機は熟していたのであって、黒船はアメリカが純粋に利己的な目的で送ったものであると論じる。強いて日本への影響をいうならば、提灯が意図せずに後続の人の足下も照らしたようなものだという。これを彼は「余恵」と呼び、「余毒」となってしまう可能性もあったのをそうさせなかったのは「我が国人の思慮と努力の結果[11]」だと断じた。

彼のライフワークであった『近世日本国民史』は丁寧に一次史料を載せていて、そこには後年に黒船来航をさらなる批判に晒す証拠ともなった「白旗書簡」も含まれていた。ペリーが幕府に白旗を送り、あらかじめ降伏の方法を教えることで、交戦への強い意思と必勝の確信を誇示したことを伝えるとされる史料である[12]。アメリカ側には対応する史料がなかったが、三輪公忠によれば、威嚇外交の事実をごまかそうとするペリーによって湮滅された可能性が高い。日本側史料を紹介できる立場にあったのは『日米関係史』（一八九一年）の新渡戸《にとべ》稲造《いなぞう》であったが、英訳の際に核心部分を隠蔽したために「白旗書簡」をその後長い間埋もれさせることになったという。[13]攘夷運動を覚えている人々がいまだ存命の時代であれば、新渡戸が日本側史料に気づいていたとしても、紹介は「世に裨益する」よりはむしろ反対だったろう。

すでにそのような懸念を振り払ってしまった蘇峰には遠慮はなく、日米戦が末期を迎える頃、自身の発言に忠実な振る舞いを見せることになる。一九四五年二月八日、横須賀市の翼賛壮年団が久里浜の上陸記念碑は国辱であるとして、石碑を台座から引き倒してしまう。管理責任者の県知事から事前に諮問を受けた蘇峰は、新聞報道によれば、「双手を挙げて賛同、さらに同碑撤去の後に建設すべき警世的の記念碑碑文の起草をも快諾[14]」したという。上陸記念碑跡の当座の措置として、「護国精神振起之碑」と彼が墨守した木柱が立てられたのは、議論の余地なく占領の意思を持ってアメリカ軍が二度目の日本上陸を果たす半年前のことであった。

2　下田――観光資源としての開国史

雑誌「黒船」と唐人お吉

近世初期に江戸入津の管理港として栄えた下田は、奉行所が浦賀に移転してしまった後は衰退していたが、幕末になって一瞬のにぎわいをみせる。神奈川条約による最初の開港場となったからだ。紛らわしいが、横浜の開港は一八五八年であり、それまでの四年間は下田が海外への窓口であった。条約細則の交渉を終えたペリーが去ると、入れ替わるようにプチャーチンが来航し日露和親条約の交渉が始まった。五六年にはタウンゼント・ハリスが赴任し領事館を開設する。しかし、修好通商条約が成立すると、公使に転じたハリスは江戸に移り、関東の貿易拠点もまた、新たに開港された横浜に移っていった。再び寂しくなった下田はやがて観光産業に活路を求め、開国史も観光資源という観点から注目されることになる。

図３　雑誌「黒船」の表紙

ハリスの妾といわれる「唐人お吉」がハリスよりも脚光を浴びたのはこの事情をよく示すものだろう。漁師の娘・斎藤きちは長じて下田で評判の芸妓となっていたが、アメリカ領事の「召仕女」として幕府に雇われた。外国人との性的関係が帯びたスティグマのために同郷人からは蔑視され、ハリスが去った後に恋人と再起を図るが失敗し、うらぶれた人生行路を歩んだ末に地元で入水自殺したという。

一九二四年に下田の医師・村松春水が、古老からの聞き書きやわずかに残された記録を集め、雑誌「黒船」に発表したことで広く読書人に知られる道が開かれた。「黒船」は、地元の老舗薬局の三代目・森一《はじめ》が主宰した総合郷土誌で、旧制豆陽中学の同窓生を中心に、南伊豆を扱った文芸作品、時事批評、郷土史を掲載していた。資金に恵まれ、充実した誌面を月刊で二十年間にわたり維持する。村松は彼らの先輩格で、初期の「黒船」で健筆を振るった郷土史家の筆頭であった。[15]

村松はさらに、お吉に興味を掻き立てられた人々の物理的な結集点をも提供する。無縁墓に紛れていたお吉の遺骨を探り出し、私財を投じ移葬して墓碑を建てた。今日下田名所となっている宝福寺での建塔式には地元の名士が集い、一《はじめ》の父・桐三郎が、「堪え難きを堪え、忍び難きを忍びて日米談判の外交の上に寄与貢献[16]」した彼女の霊をねぎらった。けれども、一般の関心は、国家への献身に対する称賛よりも、堪え偲ぶ女性への同情に根ざしていたようだ。やがて、お吉を演じた俳優の寄進が次々と集まり、そのことが芸能ファンの関心を呼んで、さらに観光客を集めることになった。

彼女の入水地点も「お吉が淵」という名を与えられ、名所にふさわしく、新渡戸稲造が寄進した石像が設置された。新渡戸は私信で、お吉が示した「国家の犠牲」に心を動かされ、「自分の孫娘などにもお吉のやうな犠牲的精神を植え付けたい[17]」とまで記したというが、一般には、村松が過去帳から明らかにしたお吉の命日が巡るたびに、付近の温泉芸妓が艶やかな集団墓参をすることで人気を集めるスポットであった。

先に触れた徳富蘇峰も「黒船」に寄稿しているが、原稿依頼には困惑したはずだ。「黒船来航の目的が、何れにありしか、斯の黒船の我が国に対する態度が、如何ありしか、読者は此等の点に付て、充分研究せられつつあることと思ふ」という一文で筆を起こし、「黒船の国は、今や我が島国に対して、其国を鎖さんとして居る」ことを述べた後、「黒船来航の当時を追懐すると同時に、現在の活問題に対して、注意を怠たらざらん」ことを望んで結んでいる[18]。終始奥歯に物が挟まったような物言いからは、黒船に批判的になっていた彼が、それでも雑誌「黒船」への礼を失わないための躊躇の跡を読み取ることができるだろう。

中央の知識人との微妙な意識の違いを抱えながらも雑誌「黒船」は、開国史を資源とした観光開発の指南役となり、下田開港の史話を中央の読書人に紹介する媒体となった。とりわけ、唐人お吉の物語は人々の感傷を煽る通俗的文芸には恰好の史話であり、今日に至るまで繰り返し作品化されることになる。

開港七十周年からお吉ブームへ

最も早く村松の「唐人お吉」に目をつけたのは異色の読者であった。「フィラデルフィア・パブリックレジャー」紙通信記者パーシー・ノエル（E. Percy Noel）である[19]。一九二四年五月に震災復興の視察に来日していたが、お吉を題材にした脚本の執筆を思い立ち、年明け早々に下田を訪れる。日本初の本格オペラといわれる山田耕筰《やまだこうさく》『夜明け　幕末日本の抒情物語』（一九四〇年、のち『黒船』と改題）の原作となった作品だ。[20]

村松は史跡案内を依頼されるが、村松の側も、郷土史家らしい一つの腹案を練ってノエルを待っていた。翌二六年に開港七十周年を迎える下田にアメリカ大使を招待するという構想である。ノエルが取り次ぐとすぐにアメリカ大使館から村松に快諾の連絡が届いた。その裏に政治的思惑があったことは疑えない。排日移民法の施行によって対米世論が悪化していなければ、町医者の思いつきに一国の大使が容易に乗ることはなかっただろう。時の駐日大使エドガー・バンクロフト（Edgar Bancroft）は、アメリカ国内での人種紛争処理の業績を買われ、米日関係の修復のために着任したばかりであった。

人口約二万人の下田町は官民総出で接待の準備に奔走し、一年後の四月十六日、大使を乗せた駆逐艦夕風を無事迎える。城山公園での歓迎会を終えた一行は、ペリーが条約を締結した了仙寺の見学、近隣の海軍病院の慰問、吉田松陰《よしだしょういん》ゆかりの弁天島を経て、アメリカ領事館が置かれていた玉泉寺に至る。境内にあるアメリカ水兵の墓参をすませた大使は、保管されていたハリスの遺品を手に取って大先達を偲んだ。この間、空には花火があがり、沿道には日米国旗を打ち振る人々が列をなし、夜になると大使の宿舎に提灯行列が押し寄せたという。[21]親善行事に我が意を得たバンクロフトは、渋沢栄一を誘って玉泉寺境内にハリス記念碑の建立を計画する。ところが、下田訪問から三カ月を経ずにバンクロフトが急逝してしまい、翌年九月の落成式には両国要人が集ったものの、結局、記念行事が継続的な事業に発展することはなかった。

対照的に、お吉については、ノエルに続き中央の作家たちも次々と下田に村松を訪れ、一大ブームがわき起こる。とりわけ、大衆小説に仕立て直し、「東京朝日新聞」で連載もされた十一谷義三郎《じゅういちやぎさぶろう》の作品の影響は大きかった。同年の渡辺賞作品に選ばれると、翌年には単行本となって版を重ね、複数の文庫版も出版されている。時を置かず真山青果《まやませいか》が脚本化して歌舞伎座で市川松蔦《しょうちょう》がお吉を演じ、別脚本で新宿歌舞伎座でも片岡我童の扮するお吉が観られた。映画界では、一九三〇年に河合映画と日活太秦がお吉映画の制作を競い、翌年には松竹下賀茂による作品が上映される。小説も十一谷の他に山本有三『女人哀詞』や川村《かわむら》花菱《かりょう》の戯曲が出て、巷には西条八十《さいじょうやそ》の流行歌「唐人お吉」が流れた。

小説

信田葛葉「洋妾物語」「都新聞」一九一一年九月二十二日付―十月二十二日付（単行本『薔薇娘』万字堂書店、一九一三年）

十一谷義三郎「唐人お吉――らしやめん創生記」、『長編　唐人お吉』所収、万里閣書房、一九二九年一月

十一谷義三郎「時の敗者」「東京朝日新聞」一九二九年六月二十七日付夕刊―十月六日付夕刊（単行本『時の敗者唐人お吉』新潮社、一九三〇年二月）

十一谷義三郎「時の敗者唐人お吉　続編」「東京朝日新聞」一九三〇年三月二十九日付夕刊―六月四日付夕刊（単行本『時の敗者唐人お吉　続編』新潮社、一九三〇年七月）

十一谷義三郎『時の敗者唐人お吉』（日本小説文庫）、春陽堂、一九三二年二月

十一谷義三郎『時の敗者唐人お吉』（改造文庫）、改造社、一九三二年十二月

山本有三『女人哀詞』四六書院、一九三一年

丹潔『唐人お吉伝――艶麗の悲歌』泰山房書店、一九四〇年

脚本

真山青果『唐人お吉』歌舞伎座、一九二九年八―九月、市川松蔦（お吉）

真山青果『唐人お吉と攘夷群』歌舞伎座、一九三一年八月、市川松蔦（お吉）

映画

村松春水（原作）『唐人お吉』新宿新歌舞伎座、一九三二年一月、片岡我童（お吉）

『唐人お吉』監督：村越章二郎、脚色：八尋不二、主演：琴糸路、制作：河合映画、一九三〇年六月
『唐人お吉』監督：溝口健二、脚色：畑本秋一、主演：梅村蓉子、制作：日活太秦、一九三〇年六月
『唐人お吉』監督：衣笠貞之助、脚本：悪麗之助、主演：飯塚敏子、制作：松竹下賀茂、一九三一年十二月
『唐人お吉』監督：冬島泰三、脚本：川口松太郎、主演：水谷八重子、制作：新興キネマ、一九三五年一月
『唐人お吉　黒船情話』監督：池田富保、脚本：滝川紅葉、主演：花井蘭子、制作：日活京都、一九三七年六月
『新釈・唐人お吉　焚身篇』監督：犬塚稔、脚色：犬☒稔、主演：田中絹代、制作：松竹下賀茂、一九三八年十二月

歌謡曲
西条八十「唐人お吉の唄　黒船篇」作曲：中山晋平、一九三〇年
西条八十「唐人お吉の唄　明鳥篇」作曲：佐々紅華、一九三〇年

ただし、お吉を題材とした作品ということならば、このブームの十年以上前に信田《しのだ》葛葉《かつよう》が筆を執った『洋妾《らしゃめん》物語』が存在していた。(22) にもかかわらず一九三〇年代初頭になって突然のお吉ブームが起こったのは、作品の質や、映画という大衆メディアの成長も無関係ではないが、同じ頃に観光インフラが整備されたという要因は見逃せない。

伊豆半島の突端にある下田へは、今日では東海道本線熱海駅から乗り入れ東海岸を南下する列車の旅が一般的である。しかし、中間地点の伊東でさえ開通は一九三八年であり、以前は、沼津・三島方面から狩野川《かのがわ》沿いにさかのぼって半島中央部を縦断するのがメインルートであった。この下田街道には天城峠が立ちはだかっていたが、

日本初の道路隧道が穿たれ、一六年からは乗合バスも運行される。とはいえ、首都圏からこのルートへのアクセスが容易になるのは、丹那トンネルの開鑿によって東海道本線が三島と熱海を直接結ぶようになる三四年以降であった。(23)

　注目すべきはむしろ海路の発達である。大型大量の輸送には古くから船舶が使われていたが、一九二八年に東京湾汽船が旅客中心へと経営を大転換し、伊豆大島と東京を結ぶ人気客船が下田にも観光客を運ぶようになった。この年、流行歌「波浮の港」と、三原山火口への女学生の投身自殺というセンセーショナルな事件によって伊豆大島は観光ブームに沸き、それが下田にも飛び火する。(24)三一年からの統計しか手元にないが、連続する三箇年の下田港乗降客数は、五万五千人、八万千人、十四万人であり、この時期に毎年順調に伸びていたことがうかがえる。(25)

黒船祭

　このような状況で迎えた開港八十周年は戦前期の下田観光の頂点となった。一九三四年四月二十日から五月三日までの二週間にわたり、開港記念展覧会、開港先賢慰霊祭、仮装提灯行列、西条八十の新作「黒船音頭」の発表会、芸者連による「郷土芸術の夕」といった催し物が繰り広げられる。展覧会には「唐人お吉の室」が設けられ、仮装行列では玉泉寺の総領事館に赴くお吉が演じられ、お吉の墓詣をすませた下田芸妓一同の舞踊の見せ物は「お吉デー」と名づけられるなど、彼女は客寄せの目玉であった。沼津毎日新聞社が発行した案内本は、お吉に引かれる「艶笑探求家」を「桃色芸妓軍の進出」する稲生沢温泉の歓楽街へと誘う。世界的な不況下で解散や倒産が相次ぐ地元経済界にあって下田温泉株式会社の設立は稀有な新規事業であった。(26)

　もちろん、単なるお祭り騒ぎに尽きたわけではない。開催趣旨に「国民外交の一端に資せん」と宣言されたように、日米協会が後援に加わってアメリカ大使を来賓に迎えていた。(27)しかし、これは後から追って盛り込まれた内容であり、原案では開催趣旨は、「初夏遊覧客の招致に資す」(28)とのみ述べられていた。

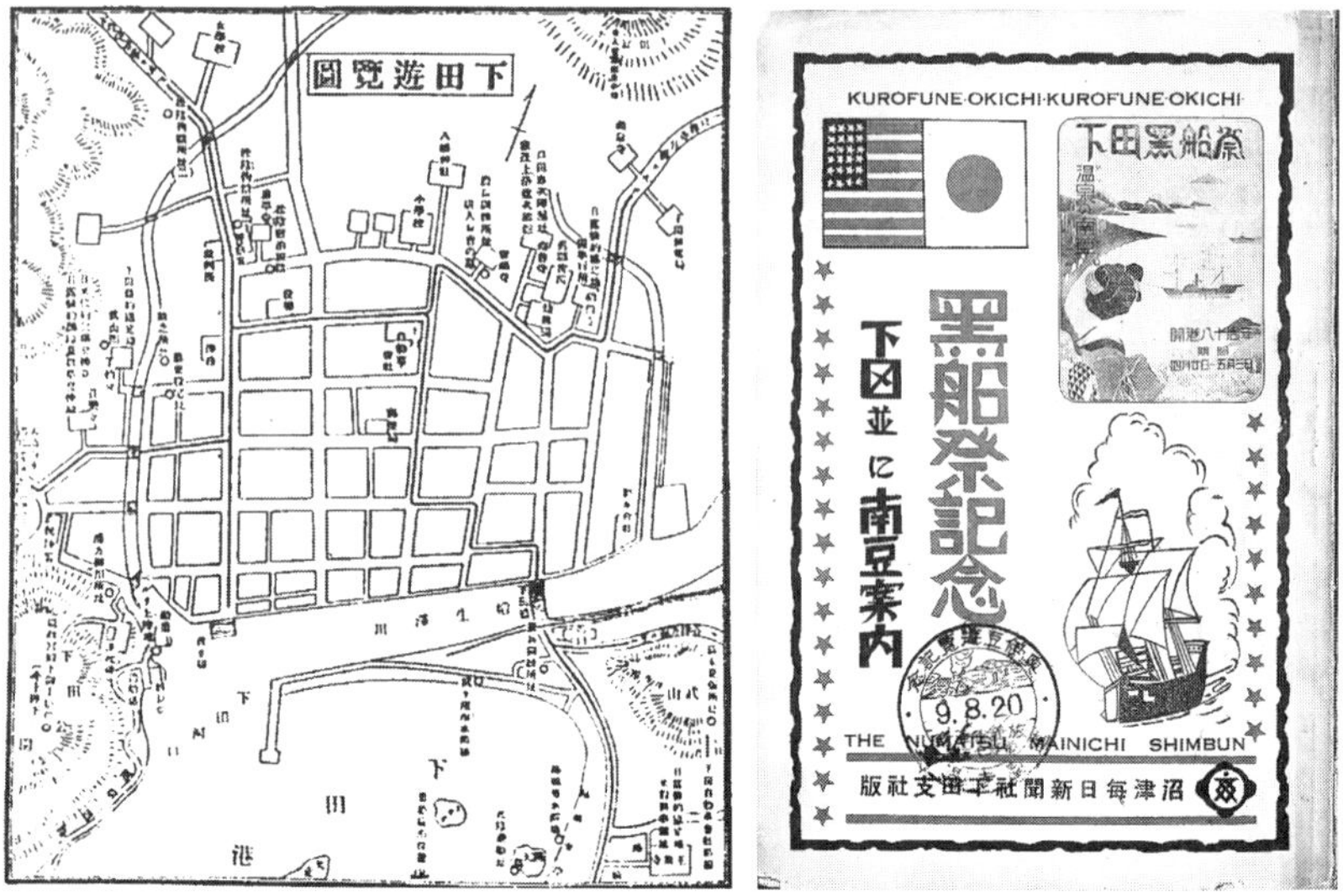

図４　『黒船祭記念　下田並に南豆案内』沼津毎日新聞社下田支社、1934年

黒船祭を考案した下田町助役の森義雄は、就任時に「観光下田」という町是を掲げて積極的な活動を始めていた。東京音頭（日比谷公園盆踊）や神戸「みなとの祭」の成功に触発されて、起爆剤となるようなイベントに思い至ったのだという。それが黒船祭となったのは、彼の回想によれば、「勘定してみたら開港八十周年」だったからにすぎなかった。寄付を募る企業回りの折に東京湾汽船の専務から日米協会を紹介されるが、観光がメインであることを見抜かれて一旦は後援を断られている。ＪＴＢ宣伝部長の入れ知恵で、ペリーやハリス、プチャーチン、吉田松陰、韮山《にらやま》代官《だいかん》・江川英武《えがわひでたけ》といった先賢の慰霊祭を中心としたプランに組み直し、ようやく日米協会を動かすことができた。こうなると大使館や外務省、海軍省との調整も順調に進み、駆逐艦島風がグルー大使夫妻を下田まで運ぶという、原案とは隔たった大規模なイベントとなった[29]。

　予想以上の成功を収めた黒船祭は次年度もおこなわれ、今日まで続く恒例行事となる。規模が縮小され期間も二日間へと短縮されたが、外部資金が獲得できた年には大使館、外務省や軍の関係者を招いた。とりわけ第六回黒船祭（一九三九年）は、同年三月三十一日に恒常的な運営母体として黒船協会が設立されていて、さらに、客死した駐米大使齋藤博の遺骨を護送したアメリカ巡洋艦乗組員八十数人が式典に参列したために、日米関係が悪化していたにもかかわらず華々しいものとなった。(30)日本政府側来賓の元駐米大使は、「下田といえば誰しも直に『唐人お吉』を連想し、それに依って僅に黒船時代の気分に触るゝのであるが、さて下田の国際的意義に就ては概して十分なる認識を持たない様である」(31)と皮肉を込めた挨拶文を書いているが、政治意識の希薄さがむしろ幸いしたともいえるだろう。戦前の開催日はすべて四月下旬であったが、「時期に於ては五月でも四月でも要するに、来遊者のもっと御多い時がよい」(32)というのが理由であった。また、第一回黒船祭では、日露修好条約もあわせて記念するとしてソビエト大使館に招待状を送っていることも、政治的配慮という観点からは軽率にみえる。第七回黒船祭にはアメリカン・スクールの学童たちが招かれ、続く一九四一年になってもグルー大使の招致に動いていた。ただし、内容は高等女学校での先賢慰霊と時局講演会に変じてしまい、これが戦前最後の「黒船祭」となった。(33)

3　那覇——日米の狭間で

米琉親善記念日

戦火がやみ降伏調印式を迎えたとき、ダグラス・マッカーサーは、かつてペリーが掲げた星条旗を本国から取り寄せ、ペリー艦隊の投錨地に近づけて停泊させたミズーリ号の甲板に展示させた。対日戦の勝利が九十年前の日本遠征と重ねられているのであれば、占領下で黒船来航を記念する行事は、現前の進駐軍を甘受し穏便な関係を築きたいという願望の表出といってよいだろう。久里浜では、半年前に壮年団が引き倒してしまった上陸記念碑を台座に戻し、市の中心部である横須賀にアメリカ海軍基地が置かれた一九四七年からは、七月十四日を期して毎年「久里浜ペリーまつり」を開催するようになった。同じ年のその一週間前には、下田でも、何事もなかったかのように、否、何事もなかったことにするために黒船祭が復活していた。

しかし、史実の再現を見るならば、名実ともに二回目のアメリカ軍占領下にあったのは沖縄である。江戸への二往復の行き帰りに那覇に寄港したペリーは、前進基地として使用するために一部の将兵を実際に島内に残留させていたのだから。日本開国に成功しなかったならば、実力でこの島を占領するつもりであったのだから。そして、九十年後、その野望は沖縄戦に続く軍政府という形で実現を見ていたのだから。であれば、二つの占領を結ぶ線はより太く明確に引かれ、その機会を与える行事も、久里浜や下田のように民間団体が自由におこなうのではなく、法的根拠を持つ祝祭日が設定されたという意味で、地域社会全体に及ぶ大きな催しとなった。

軍政府の特別布告によって「米琉親善記念日」が制定されたのは一九五〇年である。軍政長官ジョセフ・R・シーツ少将は、ペリーが「琉米親善の実」をあげた五月二十六日に「全琉球の米国人及び琉球人共同主催の下におこなわれる意義深き儀式」を求め、バンド演奏、スポーツ大会、バザー、マスゲーム、映画上映会、模型飛行機の滑空ショーなどが催された。住民を代表する沖縄民政府知事・志喜屋孝信《しきやこうしん》が「長官の政策そのものが既に…米琉親善の範」と応じたように、シーツの赴任を境に民政の整備が進んでいた。続けて副知事の又吉康和《またよしこうわ》が、「呼応して吾々住民は世界平和に寄与すべく新たな覚悟と準備が絶対に必要」だと訴えているのは、同時に進行する軍事要塞化を甘受する覚悟を促したものだろう[34]。

これらのコメントを掲載した「うるま新報」は、史実解説に真境名安興《まじきなあんこう》『沖縄一千年史』（一九二三年）を摘録する。黒船来琉の意図は「琉球の解放、正義と親切」とする一節は引用するが、その先にある「ペルリ提督は強硬なる帝国主義を採り、日本の本土の海港又は琉球を略奪せんとの熱心なる希望を有せしなり[35]」という一節はもちろん割愛してしまった。沖縄の知識人なら一度は手にする戦前の琉球通史の決定版であり、ペリーの野望は読書人にはよく知られていたはずだ。圧倒的な強者から差し伸べられた「親善」の申し出に水を差すのが憚られたことは疑えない。

ペリー来航の追憶

三年後の親善記念日は「琉米親善百周年祝賀」週間に拡大されひときわ華々しいものだった。この期間の新聞報道を見ると、テニスやバレーボール、水泳、卓球、陸上、そして野球の米琉対抗戦に始まり、文化会館での写真展や特産展、琉球大学奨学金を獲得した高校生懸賞論文の発表、ジョン・フォスター・ダレス国務長官やハリー・S・トルーマン元大統領ほかアメリカ政府高官の祝電、果ては、恩赦による仮釈放者名簿などが並ぶ。日本語では「ペリー百年祭」と呼ばれたように、中心テーマはペリーの来琉であり、艦船乗組員やこれを迎えた王国高官を模した仮装行列が那覇の大通りを行進して喝采を浴びた。

行列の先頭を走る賓客車には現地の最高権力者デビッド・A・D・オグデン少将を筆頭にアメリカ軍高官たちが並んだが、これに交じって琉球政府行政主席・比嘉《ひが》秀平《しゅうへい》の姿があった。全琉球を統合した住民行政組織の初代代表として、日々アメリカ軍との調整にあたる彼の脳裏には、このお祭り騒ぎに塗り込められようとしている一つの思い出がよみがえっていたはずだ。二十年前に彼自身も参画したペリー記念行事の記憶であるが、先に、黒船来航が那覇でどのように追憶されたかたどっておこう。

図５　M・C・ペリー『ペルリ提督日本遠征記抜粋――琉球の部』那覇琉米文化会館、1953年（ペリー百年祭にあわせて神田訳を謄写再版したもの）

ペリーの航海記が県内の読書人に利用可能となったのは大正の初めであったようだ。丸善での販売を知った伊波普猷《いはふゆう》が沖縄師範学校にもちかけ、学校の図書館に配架される。一九二三年になって新任教諭の神田精輝《かんだせいき》がそこから琉球関係の部分を翻訳し「琉球新報」に連載した。直接言及はないが神田は他の関連文献も読んでいたはずであり、三年後の単行本の序文ではペリーの琉球占領計画を明確に指摘している。また、悪化していく日米関係

図６　ペルリ来琉100周年記念エンタイア

も十分に意識し、「鎖国の一大障壁を打ち破り、我が国をして今日あらしめた亜米利加合衆国が、今や当に太平洋を隔てて睨み合ひ、よからぬ風雲を国際場裡に巻き起こさんとするが如きは、又一つの皮肉」と批判する。彼によれば、「合衆国が最近排日法案を設けたる如きは、我が国二百数十年前の真似であつて、時代彼我の逆転」であった。ただし、彼の真意は、だからこそ「三つ子の時我が国の手を引いてくれた真情を以つて、相提携して国際平和と両国繁栄[36]」に向かうべきだという点にあった。開国七十年祭開催の可能性にさえ言及している。

しかし、ペリー顕彰が実際に浮上したのはそれから十年後のことである。一九三四年一月に史料調査に沖縄を訪れた文部省維新史料編纂官によれば、ペリー上陸地に記念碑を建立する計画が持ち上がっていた。首里城北殿を改修し三六年に開館する沖縄県教育会「郷土博物館」計画の一端であったようだ。帰京後にこの編纂官は、関連するアメリカ国会記録や海軍省文書を紹介する記事を現地紙に寄稿している。そこではもちろん、「ペリー提督が訪日に際し琉球島に注目せる赤裸々な心情」が証拠づけられるのであるが、調査協力のお礼という意味もあってか、「訪日の真意は第二義に譲り、彼の渡来が原因となり、新日本が生まれた点に、人はその功績に感謝すべきであろう[37]」という中庸な意見を述べている。

二カ月後の三月三十日、那覇で記念行事が催された。沖縄日報社が後援し百貨店がショーウインドーに「ペリー展示」を出してはいたが、行事としては平日夕方の教育会館に主に教員と学生が集っただけの慎ましいものであったようだ。後援の沖縄日報社の挨拶に続き、高等女学校生たちによる日米国歌の斉唱、祝電披露、アメリカ大使メッセージの朗読があり、先に触れたペリー航海記を訳した神田精輝と、「郷土博物館」設立事業の中心にいた島袋源一郎《しまぶくろげんいちろう》が史話講演に立った。(38)

同じ頃に下田町民が準備に忙殺されていた黒船祭と比べると著しく地味な内容である。それでもイベントとして成り立ったのはアメリカ大使館の協力があったからだ。沖縄日報社から依頼を受けたグルー大使は、自身の肖像写真と一緒に巨大な星条旗を送った。同じ大きさの日の丸が県内に見つからず、バランスよく両国旗を並べるために東京から新しい日の丸を取り寄せなければならなかったという。メッセージも丁寧なもので、日本語訳を中学生たちが朗読し、別に原文のままでも朗読された。イベントの目玉となったこの原文朗読を担当したのが、当時は中学校の英語教師であった比嘉秀平《ひがしゅうへい》だったのである。(39)

三月末という日付から明らかなように、記念されたのは神奈川条約の締結である。日本時代だから日本人として日本の開国を記念したのは当然ともとれる。しかし、神田がペリー航海記を翻訳したのは、「沖縄県に於いてすら、米艦浦賀入港の前後琉球を根拠地として活動していたことを委しく知る人が少ないのを遺憾(40)」としたからであった。であれば、教育者の啓蒙活動として五月二十六日という選択肢もあったはずだ。沖縄日報社幹部として記念行事の挨拶に立っていた親泊政博《おやどまりせいはく》は次のように回顧している。当時、ルーズベルトの建艦政策に刺激されて日本海軍が大演習を計画し、艦隊は沖縄へ近づいていた。アメリカへの敵愾心を煽る文句が巷に飛び交うなかで、在米移民が多い沖縄人にとって、日米関係の悪化はとりわけ脅威であった。「日米の友好関係こそが沖縄の唯一の望み」であり、「独自の立場から日米友好に加わるための(41)」記念行事だったのだという。

無残に打ち砕かれたこの望みを、ペリー百年祭の仮装行列のなかで比嘉はどのように思い出していたのだろうか。この日の挨拶で日本には触れずに「琉米両国間の友愛親善」を説くオグデン少将に抵抗するように、「祖国日本」と繰り返し日本を祖国で修飾しながらも、「我々の琉球は百年の昔東洋の全地域をして今日の隆盛に導く重大使命を荷いまして日米友好の最前線基地となっている」ことを再確認する彼の挨拶は、日本と切れた琉球でもなく日本国沖縄県でもなく日米の狭間に立つ沖縄の「独自の立場」を忘れまいと自らに言い聞かせているかの

ようだ。(42)

おわりに

本章の冒頭で、戦後の一時だけ那覇に現れた「ペリー区」について触れた。それは確かに黒船来航の史実を呼び覚まし、現前するアメリカ軍は新奇ではなく、歴史的裏づけを持っているのだと訴えかけているように見える。けれども、史実の記念ということであれば、山下町から市街地を挟んで反対側の泊《とまり》地区こそ最もふさわしい場所であったはずだ。那覇滞在中に病死したペリー艦隊の乗組員が埋葬された一画は、他にも客死した訪問者が埋葬され外人墓地となっている。隣接する聖現寺はペリー艦隊の宿泊所であったたし、一九六〇年代に上陸記念碑が建てられているように、この地点こそがペリーが島への第一歩を下ろした場所であるのだから。この黒船来航の確たる痕跡は幸いに戦火をくぐり抜け、消し去られることなく残っていた。であれば、地名改名の本質は、ペリーを記憶することではなく、山下を忘却させることにあったといっていいだろう。同様に、久里浜や下田での記念碑建造や紆余曲折をみせる記念行事もまた、集合的記憶よりは集合的な忘却を意とするものだったのではないか。少なくともそこに、分かちがたく結び付いた両者の動的な相関を見なくてはならないであろう。

注

(1)「集合的忘却」という視点は、二〇〇九年東アジア人類学会(SEAA)研究大会(中央研究院、台北、二〇〇九年七月)で参加したパネルでの、「集合的記憶の研究において想起の政治でなく忘却の政治へ着目すべきではないか」という議論から得ている。Chien-Yuan Chen, "Transcending Whose Past? A Critical View of the Politics of Forgetting

in Contemporary Taiwan," *Suomen Anthropologi* 35 (2), 2010, p.36; note 6.
（2）澤田半之助『米友協会史』米友協会、一九一一年、八六―一〇八、一二四―三四ページ
（3）「東京朝日新聞」一九〇三年七月十六日付一面
（4）「東京朝日新聞」一九〇四年四月二日付二面
（5）同紙
（6）前掲『米友協会史』一五一―一五二ページ
（7）William S Rossiter, "The First American Imperialist," *The North American Review*, 182 (591), 1906, pp.239-254.
（8）高橋作衛「米国水師提督ペルリは果たして日本の恩人なりや」「国際法雑誌」第八巻第八号、国際法学会事務所、一九一〇年、六一七ページ
（9）大隈重信『開国大勢史』早稲田大学出版部、一九一三年、七一〇―七一一ページ
（10）前掲「米国水師提督ペルリは果たして日本の恩人なりや」六一七ページ
（11）徳富猪一郎『近世日本国民史三十一　彼理来航及其当時』民友社、一九三四年、五―七ページ
（12）同書二三七―二三八ページの水戸斉昭「海防愚存」の一節。歴史教科書問題との関連でこの白旗送付の記録をめぐる真偽論争があったが、岸俊光『ペリーの白旗――百五十年目の真実』（毎日新聞社、二〇〇二年）が、第三者的立場からその経緯をまとめている。
（13）三輪公忠『隠されたペリーの「白旗」――日米関係のイメージ論的・精神史的研究』上智大学、一九九九年、一八―四七ページ
（14）高橋恭一『浦賀奉行』学芸書林、一九七六年、二〇〇ページ
（15）初期の雑誌「黒船」に掲載された村松春水（春水老迂）のお吉関連記事として、「黒船（ラシャメン）」（創刊号、黒船社、一九二四年十月）、「黒船閑話（娘子軍）」（第二号、黒船社、一九二四年十一月）、「唐人お吉」（第二巻第一号、黒船社、一九二五年一月）、「黒船閑話その五（唐人お吉編）」（第二巻第二号、黒船社、一九二五年二月）と続き、以下、同タイトルで第二巻第七号まで毎月の巻頭記事がある。
（16）森桐三郎「あゝ斉藤お吉」「黒船」第二巻第四号、黒船社、一九二五年、四八ページ

（17）村松春水「新渡戸博士と唐人お吉」、黒船社編『黒船画譜』所収、黒船社、一九三四年、一〇二―一〇四ページ
（18）徳富蘇峰「黒船」「黒船」第二巻第六号、黒船社、一九二五年、二―三ページ
（19）「国立公文書館アジア歴史資料センター（ＪＡＣＡＲ）」（http://www.jacar.go.jp/）［アクセス二〇一四年十一月三日］B03040942500
（20）石川朝秀「下田を訪れた米大使」、『黒船祭第五十回記念誌』所収、第五十回黒船祭執行会、一九八九年、六一ページ
（21）編集部「米国大使エドガー、エイ、バンクロフト氏一行を迎へた伊豆の下田」「黒船」第二巻第五号、黒船社、一九二五年、一八―三〇ページ
（22）信田葛葉『薔薇娘』万字堂書店、一九一三年（新聞連載『洋妾物語』の単行本化）
（23）鈴木文彦「伊豆を走って七十五年――東海自動車（株）のあゆみ」、『東海自動車』（「バスジャパンハンドブック」第十六巻）所収、ＢＪエディターズ、一九九三年、一六―一九ページ
（24）森田裕一「秘蔵写真で見る東京湾汽船～東海汽船百二十年のあゆみ」「LAMER」第三十四巻第三号（通号第百九十六号）、らめーる日本、二〇〇九年、一四ページ。また、一九二九年からは小型水上機での東京定期便の運行も始まっている（平木国夫『日本飛行機物語　首都圏篇』冬樹社、一九八二年、一三九―一四〇ページ）。
（25）三井武雄『黒船祭記念　下田並に南豆案内』沼津毎日新聞社下田支社、一九三四年、二二ページ
（26）同書五九、六九、五二ページ
（27）編集部「下田に開催せらるる黒船祭」「黒船」第十一巻第二号、黒船社、一九三四年、四ページ
（28）モリヨシオ（下田町保勝会）「黒船祭」「黒船」第十巻第十二号、黒船社、一九三三年、四三ページ
（29）森義男「私の人生回顧」、前掲『黒船祭第五十回記念誌』所収、六二―六三ページ
（30）高木文博『黒船祭記念』黒船協会、一九三九年
（31）出淵勝次「黒船の下田とアストリア」、森一（森斧水）編『黒船談叢』所収、下田文化協会、一九四七年、二七八―二七〇ページ
（32）前掲「黒船祭」四三ページ

(33)「黒船」第十八巻五号、黒船社、一九四一年、四六―五五ページ。ただし、前掲『黒船祭第五十回記念誌』では、四一年に計画はあったが中止されたと認識されている。実際に戦後の最初の黒船祭は改めて第八回として勘定されている。

(34)「うるま新報」一九五〇年五月二十六日付

(35)島倉龍治／真境名安興『沖縄一千年史』一九二三年（真境名安興／島倉竜治『沖縄一千年史』琉球史研究会、一九六六年）

(36)神田精輝『ペルリ提督琉球訪問記』一九二六年（神田精輝『ペルリ提督琉球訪問記』国書刊行会、一九九七年）

(37)森谷秀亮「ペリー提督訪日の真相」「沖縄日報」一九三四年七月十一日付（『琉球学集説』第三巻、沖縄県立図書館所蔵）

(38)「展けゆく歴史の曙・ペルリ艦隊来航記念号」「沖縄日報」一九三四年三月三十日付。さらに、同紙六月十八日付の記事では、郷土博物館建設とあわせペリー上陸地（後述）に記念碑建立のための募金活動が開始されたことを伝える。これらについては新城栄徳氏からご教示をいただいた。

(39)親泊政博「Looking Back at Perry Festival 24 Years Ago」沖縄県公文書館USCAR文書（HCRI-PA, Box212 Folder7: Perry Centennial (20-26 May 1953)）。

(40)親見良治「序文」、前掲『ペルリ提督琉球訪問記』所収

(41)前掲「Looking Back at Perry Festival 24 Years Ago」

(42)『ペルリ百年祭記録』琉球政府行政主席官房（情報特集第二十七号）、日付なし

［補記］本稿の脱稿後に新刊案内で佐伯千鶴『ペリーと黒船祭――日米文化外交史』（春風社、二〇一四年十二月）を知った。ここで扱った史実の多くについて触れ、横浜開港祭や米国でのペリー像、近年の黒船祭など本章で手が付けられなかった話題も紹介しつつ、両国のソフト・パワー戦略の葛藤を明解に分析している。本来ならば、精読したうえで取り込むべきであるが、刊行時には既に入稿作業に進んでいたため、ここに言及するにとどめたい。

第8章　日本人の性的表象
——南洋を描いた中国語小説

及川　茜

はじめに

マレー諸島最大の島であるボルネオ島（カリマンタン島）はマレー半島と南シナ海を隔てて向かい合うように位置し、現在は北をマレーシア領（サバ州・サラワク州）およびブルネイ-ダルサラーム領、南をインドネシア領（西カリマンタン州・中部カリマンタン州・南カリマンタン州・東カリマンタン州・北カリマンタン州）とする。

歴史上のボルネオと日本との最大の接点は、太平洋戦争当時日本軍が敷いた軍政にあったといえるだろう。一九四一年十二月八日に太平洋戦争が勃発するや、日本軍は同月十六日にイギリス保護領であったサラワク王国のミリに上陸したのを皮切りに、翌四二年五月にはミリに軍司令部を設置し軍政を開始している(1)。日本語でボルネオを記そうとするとき、そこにはかつての日本軍の占領、そして戦争の記憶が影を落としており、南進政策やその帰結としての酸鼻を極める行軍が浮かび上がる。同時に、ボルネオとは未知なる人々が暮らす、他の土地では見ることのできない珍奇な動植物が観察される密林であり、そこには異世界に通じる扉が隠されるというイメージが形作られている。

たとえば、近年の日本語の小説作品で、この島を舞台にしたものとしては、辻原登（一九四五—）の長篇小説

『闇の奥』[2]、小田雅久仁（一九七四―）の長篇小説『本にだって雄と雌があります』[3]が注目される。

『闇の奥』では、一九四五年（昭和二十年）に陸軍省から民族調査の依頼を受けて北ボルネオ入りし、消息を絶った学者の三上隆をめぐって物語が展開される。彼がボルネオで求めたのは、伝説の小人族の子孫であるネグリトであり、ジャングルを移動しながら暮らすミリアン・ムルット族の地を目指していたと推測される。作中にはムルット族も登場するが、かつて首狩りの習慣を持っていたことが再三強調されるように、日本人である主人公の目には未知なる他者として観察され記録される対象として映る。

『本にだって雄と雌があります』は、隣り合わせに書架に収められた二冊の本がひそかに交合し、「幻書」を生むという奇想の物語である。そこにはこの世のありとあらゆる書物、そして「幻書」を収蔵する「ラディナヘラ幻想図書館」の存在が設定されるが、この読書家の夢を形にしたような幻想の舞台が、ボルネオ最高峰のキナバル山頂なのである。しかし、ここでは日本の南進政策とボルネオ占領が前景化される。この物語の主人公である與次郎は、太平洋戦争末期に応召してボルネオに送られる。そして一九四五年（昭和二十年）四月、「ボルネオ島東岸のタワオからキナバル山麓のラナウを経てラブアン島まで人跡未踏の密林の中を七百キロ、死屍累々たる地獄の行軍」[4]と形容される「サンダカン死の行進」の途上でマラリアに冒され意識を失い、そのさなかに司書の迎えを受け象に乗って幻想図書館に到達するのである。

他方、中国語圏の文学では、一九七〇年代以降に李永平《りえいへい》（一九四七―）および張貴興《ちょうきこう》（一九五六―）といった現マレーシア領サラワク州出身の作家が台湾で作品を発表し、注目を集めている。彼らの作品はかたや「南洋性と中国性との弁証法」、かたや「密林の史詩」[5]と評されるように、南洋の華人という作者の立場を前提として読み解かれ、華人の歴史の時空間としての密林の描写が期待されているといえるだろう。[6]

彼らの作品に描かれるボルネオの歴史には、日本軍政の記憶が色濃く反映されている。加えて特筆すべきは、日本人が性と極めて強く結び付けられて表象されている点であろう。ここにはボルネオをはじめ南洋での日本軍兵士による性暴力だけでなく、日本人女性が現地男性の性的欲望の対象として描かれることも含まれる。

また、南洋での日本軍の性暴力を描いた中国語の文学作品としては、台湾から特別志願兵として日本軍とともに南洋を転戦した経歴を持つ詩人の陳千武《ちんせんぶ》（一九二二―二〇一二）の小説も挙げられる。日本軍は一九四二年二月からポルトガル領ティモールに侵攻し、軍事占領をおこなっている。この際に開設された「慰安所」について、設置の事実が日本軍関係者によって公にされるより先に、陳千武は中国語で発表した小説のなかで扱っている。[7]

本章ではこれらの日本人が描かれる現代の中国語作品をめぐり、日本が遺した記憶の表象について考察を試みる。対象としては、ボルネオ島（カリマンタン島）が直接の舞台となった作品だけでなく、ボルネオ出身の作家の小説、および台湾で発表された「南洋」のイメージを描く小説も射程に捉えることにする。

1　張貴興が伝える日本イメージ

張貴興は一九五六年にサラワクのルトン（羅東、Lutong）に生まれ、高校卒業後に台湾の大学に進学した。早くも在学中に次々と作品を発表し、短篇小説集『伏虎』（時報文化出版、一九八〇年）を上梓した。卒業後も台湾に残って教壇に立ちながら創作を続けている。長篇小説では邦訳の備わる『象の群れ』[8]（一九九八年）に加え、『猴杯』（聯合文學、二〇〇〇年）、『我思念的長眠中的南國公主』（麥田、二〇〇一年）などがある。ボルネオの近現代史を背景に、作中に様々な仕掛けが施され、埋め込まれた謎が結末で一挙に解明されるスピード感あふれる語り口と、人間の世界を熱帯雨林さながらに描き出す、濃密で奇怪な美しさにあふれる文体を特徴とする作家である。

『象の群れ』に読む日本の傷痕

「ボルネオの『闇の奥』[9]」とも評される『象の群れ』は、辻原登の『闇の奥』の最初の掲載に先立つこと七年、一九九八年に発表された。物語では六〇年代から七〇年代初頭の共産勢力の武装組織の興亡を背景に、北カリマンタン共産党をモデルとした[10]「サラワク共産党」党員たちが政府の弾圧を避けて密林へと入っていく。作品後半部にはそのリーダーの余家同《エイチアトン》に会いにラジャン川をさかのぼり根拠地を訪ねる主人公の旅がクライマックスとして描かれる。主人公は最後に叔父の手記から家族の秘密を知ることになるが、そこには日本軍が残した傷痕が次のように生々しく記されていた。

「太平洋戦争が始まると、父は姉が従軍慰安婦に取られるのではないかと心配し、大慌てで義兄のところに嫁入りさせた。義兄はそのときまだ二十数歳だった（……）」

「次の日の夜も明けないうちに、姉が家畜小屋でアヒルに餌をやっていると、日本兵が数人来た。義兄は、声を聞いて飛び起きた。義兄はパラミツの木に縛りあげられ、姉は順番に辱められた。日本兵が去り際に義兄の陽物と姉さんの右胸を切り取っていった[11]」

図１　張貴興『象の群れ』（松浦恆雄訳〔「台湾熱帯文学」第２巻所収〕、人文書院、2010年）の書影

こうして生まれた中日混血児が主人公の長兄である。生殖能力を失った主人公の父は、借金のかたとして妻に金貸しと関係を持たせるようになる。その結果、一人、また一人と主人公を含め父の異なる子どもが生まれたのだった。一九四一年末から四五年にかけての日本によるサラワクの占領が、父の去勢という事態を招き、主人公は生まれながらにして父から切り離されているということになる。父の不在は後述する李永平の作品でも扱われているが、父を中国と読み替えれば、サラワクの華人の中国との断絶を寓意すると捉えることも可能であろう。さらに、物語が始まる前にすでに父の去勢と母の凌辱

という事件が起きていることを考えると、サラワクの華人作家が主人公として華人を設定しその家族史を創作するとき、日本兵による傷痕の記憶が起点として記されることは特筆に値する。

また、終盤で主人公はワタの木に登って半日を過ごした後、ワタの種が風に吹かれて浮遊し野鳥に食べられるさまを眺めながら自慰に及ぶ。ここでは再び日本人が姿を現している。

男の子は思わず母なる木の上で自慰をしてしまった。精液を空中に飛ばし、密生する肉厚の葉にふりかけた。男の子は木の幹をぐっと抱きしめた。ワタの木と交接したような快感に満たされた。精子がふわふわした羽根になり、あちらこちらに飛び散った。日本人が先住民をガイドや人夫に雇って撮影機を持ちこみ、密林の生態を記録していった。数台の重たい機材と小さな蛍光スクリーンと数週間の慌ただしい滞在でいったい何が記録できるというのか。頭上でワタの木と情交を交わしていた現代人の存在にも気づいていないのだ。[12]

さりげない描写であるが、ここで他でもなく日本のテレビクルーが現れることについては、土地に残された傷痕としての日本の記憶を全く顧みることなく、見たいものだけを数週間でカメラに収めて去っていくという批判が込められていることを読み取るべきであろう。

「圍城の進出」に読む歴史の寓意

日本の記憶に対する省察として、張貴興には『象の群れ』をさかのぼること十二年、一九八六年に台湾で発表された「圍城の進出」[13]もある。邦訳はいまだ備わらないため、以下にあらすじを紹介しよう。

楊公は日本人の木谷宇太郎と二十年来の碁敵である。楊公は北京大学出身で、台湾に渡ってからはC大学で博士号を取得、そのまま教壇に立っていたところ、三十四歳のときに二歳年下のP大学日本語学科助教授の木谷と知り合う。木谷は初めて楊公の家を訪れたとき、李白の画軸を目にして「屈原ですか」と尋ね、杜甫の詩句を読んでは「この句はどこかで読んだ気がします……李白でしょう」と言う始末で、楊公は彼を侮っていたところ、その日の対局は意外にも一勝一敗に終わる。それからたびたび勝負を挑むが、いずれも甲乙つけがたい腕で、一方の腕が上がればもう一方も追いつくという具合に、千局近くの勝負を重ねたにもかかわらず雌雄を決するには至らなかった。楊公はことごとに中国がいかに日本に優越するかを説き、六世紀にさかのぼって中国の医書が日本に伝えられて珍重されたこと、鑑真が「日本の神農」と尊称されたことを挙げる。そればかりか、日本がオリンピックで金メダルを獲得すると、腹を立てて「お前たちのオリンピックで金メダルを獲れるような強力な種にしても、我々から盗んだのだろう」と言い、武大郎《ぶだいろう》が潘金蓮《はんきんれん》の姦通現場を押さえたときに西門慶に追われて日本に逃げ、その荒れ地を開いてつくったのが日本であり、日本の文字も焼餅《シャオビン》の勘定をつけるのに使った程度の漢字に加えて武大郎が適当におたまじゃくしのような文字を作ったもの、手ぬぐいに焼餅を載せたのが日の丸なのだと笑い話にする。

こうして二十年あまりが過ぎ、「六十五歳五ヶ月」となった楊公は、最後の一戦を交えようと木谷に提案する。ただし、持ち時間に制限は課さないものの、二時間を超過した場合、次の一手を打つごとに指を一本切り落とすというのがその条件である。木谷は受諾し、楊公の家での決戦の日を迎える。勝負は木谷の優勢のうちに進み、二時間の持ち時間を使い尽くした楊公は、呼んであった友人の医師に一本、また一本と指を切断させる。しかも二本を切断した時点で、出血が不十分だとメスを用いることを拒み、自ら台所から包丁を持ってきて指を断ち落とす。碁盤に血を迸らせた彼は、「一本でよいのだ…木谷老弟よ、わし一人に勇壮華麗にも名誉を独占させたいとは思わぬだろう」と挑発するが、木谷は気まずそうにかすかに笑うだけで、また盤に目を落として厳粛な表情に戻る。そしてついに十指を失った楊公は、碁石を挟むこともできなくなり、「双の掌で碁笥を口元に持ってゆき、唇で碁石を一つくわえると背を丸めて碁盤に下ろす」のである。その姿は、「ああ…最後の一本の小指を切断してからこうした動作を繰り返す時、いかに滑稽で悲しいものだったか……まったく爬虫類の如き卑しさにまで身を捨てたかのように……自ら憐れみを乞うように背を丸め首をすくめ、進退窮まって嗅ぎ取ろうとするように盤上を目で探し、おもねるように、またとがめられることを恐れるように恐る恐る碁石を下ろし、ひいては碁石に汚らしく唾液を残す……」と描写される。一方の木谷は、楊公が十指を切断してから長考が続き、ついに残り時間が四分を切ったところで投了し謙虚に楊公に礼を述べる。

しかし、勝負に立ち会った友人たちは名勝負の感動さめやらぬまま、投了後の碁盤を眺めて口々に称賛し、同時に続きの手を考え始める。そこで木谷が「人生でこれほど玄妙な碁は打ったことがありません。最後まで打ってみたいのですが……勝敗にはこだわらず、ただ結果がどうなるかを知りたいのです……いかがでしょうか」と申し出る。楊公も同意して二人は再び碁盤に向かう。ところが、今度は楊公の手は次第に乱れ、形勢は木谷に傾き始める。ついに二百四十七手の後に勝負は定まり、楊公は三十二目の大敗を喫する。「この勝負はどうぞお心にかけませぬよう……いずれにせよ、先生が勝たれたので、私は永遠に敗軍の将です……本日のご教示に感謝申し上げます……ありがとうございました……」と木谷は丁重に頭を下げ、妻が待っているからと去っていく。そこに電話が鳴り、楊公は受話器に手を伸ばすが指がないことに気づいてすぐに引っ込め、そのまま昏倒する。

この作品について、高嘉謙は「侵略を『進出』の語で改竄しようとする日本の歴史解釈に対し、囲碁の対局によって国家と民族を寓意し、大量の省略記号を用いた簡略化された修辞と文体で、中国の歴史的コンプレックスと民族文化をパロディー化した寓話である(14)」と評する。日本の「兄」を任じるものの「弟」に負かされ、さらに進んで我が身を傷つけその犠牲の「壮烈」なさまに酔う楊公が中国の戯画であり、勝負に負けたにもかかわらず指一本切り落とすことはなく、かえって投了後の継続戦では逆転勝利を収めて帰っていく木谷が日本を体現していることはいうまでもない。名目上は敗者でも、実際には何らの損害もなく帰っていく木谷の姿は、華人世界で日本の歴史的な立場がどのように受け取られているかをよく表したものと見ることができるだろう。

さらに、ここで注意すべきは、楊公の目に映る木谷の描写である。

こんなに落ち着き払っていて……頭の先から足の先まで碁敗細胞でもとっくに醸成されていやがるのか……

全く意に介さず……ああ……雄豚の陰茎の先にぶら下がった小便臭い陰毛のような眉毛……しかめると顔には性欲の衝動が勃起する……ＩＱゼロの目……あんなにつぶれて赤いマントヒヒの尻のような鼻……八の字髭が特にバカヤローだ……太く短く風を受けて揺れる蝶結びのようで……雷のように大和民族の微笑をひらめかせる時……まったく……性欲絶倫でおっ立てて女に飛びかかろうとする大軍閥そっくりだ……写真映りがよくないのもここまで来るとわしらが狭隘で言うのではない……前から横から後ろからとくと眺めてやろう……慌てふためく閣下はまさに脱色された好色な黄色いアミンだよ……体つきも顔も仕草も……バカヤロー……まったくバカヤローだ……その腹をかっさばいて大和魂を出して見せろ[15]……

二人は囲碁という共通項で結び付いているが、それを超えて個人的に胸襟を開いて話をするような仲であるとの描写は一切ない。二人の会話も主に琴棋書画に関することで、楊公が木谷に対して中国文化についての教えを垂れるという形式が中心である。しかし楊公は、木谷の「カメラマンに撮影欲を起こさしめない」容貌の裏に淫欲を読み取ろうとしている。楊公の目に映る木谷は、サム・キーンによる敵の表象についての指摘「敵は明白に無垢なものを汚す肉欲そのものである[16]」とも合致する。

だが、中国語で書かれた小説で、日本人は常に計り知れぬ他者として表象されるわけではない。

2　陳千武が描くティモール島の戦争体験

台湾から特別志願兵として日本軍に入りティモール島に送られた体験を作品化した陳千武の短篇小説集『猟女犯』（のち『生きて帰る』と改題[17]）では、台湾籍の日本兵である主人公の目を通して日本兵の姿が描かれる。

陳千武は一九二二年、台湾の南投県に生まれ、台湾人児童が通う公学校の三年を終えたところで日本人児童が大半を占める南投小学校に転校、台中第一中学に進学した。家庭では台湾語を話し、学校では日本語で教育を受けた世代となる。中学卒業後、十九歳で台湾製麻会社に入社するが、翌年退職して従兄弟の経営する精米工場に勤めを変えた。(18) 四二年七月、「台湾陸軍特別志願兵」として「志願兵訓練所」で訓練を受けた後、翌四三年には台南の「台湾第四部隊」に入り新兵訓練を受け、九月末に高雄を出発、昭南港（シンガポール）を経て南洋各地を転戦する。ジャワでの敗戦の後はインドネシア独立軍に参加し、四六年七月に基隆《キールン》に帰港した。(19) 文学へのめざめとしては、台中一中に入学してから、京都で学んでいたいとこが帰省したときに台中の図書館へ連れていってもらい、吉川英治の小説を借りたことが語られている。日本の近代文学を耽読した後、雑誌「台湾文芸」の編集者に勧められ張文環《ちょうぶんかん》、龍瑛宗《りゅうえいそう》、呂赫若《ろかくじゃく》ら台湾人作家の作品に触れたという。(20) 自分でも創作を始め、台中一中在学時には「台湾新民報」に日本語詩が掲載された。しかし入営によって文学とのつながりは一時断たれ、帰郷後には創作言語を日本語から中国語へと変更し、一九五八年に至って最初の中国語詩「外景」を発表している。

図2　陳千武『猟女犯——元台湾特別志願兵の追想』（保坂登志子訳、洛西書院、2000年）の書影

日本兵の性

志願兵として出征した当時の体験は、短篇小説「輸送船」（一九六七年）に次のように記される。

> 日本人には兵役の義務がある。彼らは徴集された現役兵だ。だが我々にはない、これは権利がないのと等しい。権利を剝奪された一方で、労役の義務を課されている。これは我々が誕生と同時に引きずっている悲しい運命なのだ。だから新兵の群れのなかで、我々の正名は『台湾陸軍特別志願兵』なのである。

私は志願してきたのだろうか？　そうだ、確かに志願書を書いた。刀を帯びた警察と兵役官が家を訪れたあの日、私は書いて印鑑を押した。もし志願書を書かなければ、非国民と呼ばれたであろう。実際のところ、そもそも彼らの国民ではなかったのに。だが彼らは強いて私を国民として登録したが、それは李鴻章が彼らに売り渡した奴隷契約に基づいてのことだった。[21]

日本人として日本軍に従軍しているにもかかわらず、彼の立場は他の日本人とは異なることが折に触れて意識される。陳千武は当時の台湾軍には、鹿児島と沖縄の出身者も含まれていて、台湾人がそこに交じっていたと語っている。[22]作中には、鹿児島出身の岩田は「正統の日本人」で、那覇出身の金城は「日本人とは異なる日本人」であり、台湾出身の自分は「日本植民地の現地の土人」だという記述が見られる。したがって、ティモールの住民に対しては日本兵である一方、他の兵士に対しては台湾人でもあるということになり、この重層的な認識が現地の女性たちに見つめ返されるときにとりわけ浮かび上がる。

ジャワを発ってバリ島を巡り、ティモール島を目指す輸送船には、捕虜となった「インドネシア女性」たちが乗せられていた。「輸送船」では「なあ、非力な女性を戦地に連れていってどうするというのだろう？」と疑問を呈する語り手に、吉本という日本人兵士は「なんだ！お前まだ知らないのか。慰安婦になるんだよ」と当然のように答える。吉本はさらに得々として、「上の席に座っている二人は朝鮮ピー」「こっちの二人はフィリピンピー、あとはみなインドネシアピーだ」と説明して聞かせる。語り手は次のように嘆息する。

古参兵は皆こうなのか？　今日命があるなら今日のうちにできるだけ快楽を得ねばと。慰安婦の身体から快楽を得て、憲兵に強制的に連行されてきた女性の身体に欲望の斑点を刻するのが、快楽だと？　短いつながりで、感情を見せることもなく、それで快楽が得られると？　おお！野獣のような兵隊ども。[23]

戦地の日本兵の性については、「猟女犯」（一九七六年）、「困惑の季節」（一九八二年）で繰り返し描き出され、主人公もそれをともに経験することになる。「慰安所」の開設前、あるいは近くに開設されていない場合、兵営では同性間の性交渉とマスターベーションとが半ば公然とおこなわれている。古参兵たちは持久力と精液の飛距離を競うマスターベーション大会をおこなったりしているが、主人公は体力の消耗を嫌って参加しない。しかし、「戦地では、作戦行動のないとき、男たちが寝起きを共にしているうちに、ときたま同性愛が発生するが、青春の呪縛された鬱積を発散し、欲望の自由を取り戻そうと企てることは、ときには確かに必要だった[24]」とあるように、主人公も准尉の身の回りの世話をするうち、ときには同衾するようになったことが記される。

……突然自分がぐったりと准尉の抱擁に身を任せていることに気づいた。舌の先は強く吸われ、性欲をかき立てられ、感電したように衝撃が全身に行き渡り、異常な火花を散らし、同時に柔らかな快感が若々しく異質な歓楽へと引き上げられた。

そして鈍い魂が、性の陶酔に洗われてから、林兵長はしばしば誘われて准尉の布団で眠り、激しい歓びの後での熟睡によって、一日の疲労を癒やすのだった[25]。

男の漲る精力は、激しい戦闘のみによって消耗し、あるいは疲れ果てた末の夢精で昇華され、清らかな人間性を恢復するというわけにはゆかなかった。意識下で、絶えず切実に対象を求め、人の群れに寄りそう習性によって、はじめて自らを救えるのだ[26]。

秋吉久紀夫は、陳千武が戦後十三年の沈黙を破り爆発的に詩を書き始めたのは「「性」「愛」こそ「生」の根源であるという認識を、まだ不確かな状態であったが、所有し得たからである[27]」と指摘しているが、ここに描かれるのも、極限状況で「生」と人間性を保ち自らを救うための性愛であり、その相手となる准尉も「無垢なものを汚す肉欲」の持ち主としてだけ描かれるのではない。

とはいえ、その対象が女性となったとき、そこには犠牲が生じることも描かれている。「困惑の季節」では、「将校慰安所まで車で一時間あまりという土地で労役に就いている兵士たちは、長いこと女を目にしておらず、みなただちに飛び出がピーを連れて来たと聞いて、兵隊はみな目を血走らせて胸を高鳴らせるのも無理はない。美醜にかかわらず、女でさえあれば、長く野して行って、二人のピーがどんな容貌か見たくてたまらなかった。戦生活を続けた男たちには貴重に感じられた[28]」。さらに、この女性たちは慰安所から同郷のインドネシア人兵補を訪ねてきたと知ると、上等兵の一人が女の手を無理やり引っ張って帰すまいとする。「確かに、訪ねてきたインドネシア女性はインドネシア人兵補の客である。しかし横暴な日本兵に言わせれば、彼女らはインドネシアピーで、軍隊が徴発してきた専用の売春婦なのだ[29]」。しかし、そこに姿を現した将校が女たちを連れて去ってしまうと、上等兵は憤懣やるかたなく、命令不履行でインドネシア人兵補に制裁を加えようとする。横で見ていた主人公も巻き添えになり、心ならずも制裁役を務めなければならなくなる。

こうした日本兵の非道と横暴は、『猟女犯』所収の多くの作品で描かれ、それによって主人公の忍辱と置かれた境遇のなかで精いっぱい正義を実行する姿が、いっそう強く印象づけられる。この場面で現れたインドネシア女性は、ジャワで徴発され主人公たちと同じ船でティモールに連れてこられたが、輸送船の上で機銃掃射を受けたとき、主人公によって救われた経験を持つ。だが主人公には、自らの危険を顧みず少女を死の淵から救う力はあるものの、彼女を「慰安婦」の運命から救う手立てはない。

現地女性に向けられる主人公のまなざし

とはいうものの、主人公は同時に、現地の女性に向けられる日本兵の視線を半ば内面化してもいる。

輸送船のなかで「童貞のまま死ねば、一番純潔じゃないか」と話していた主人公は、たまたま水くみのときに

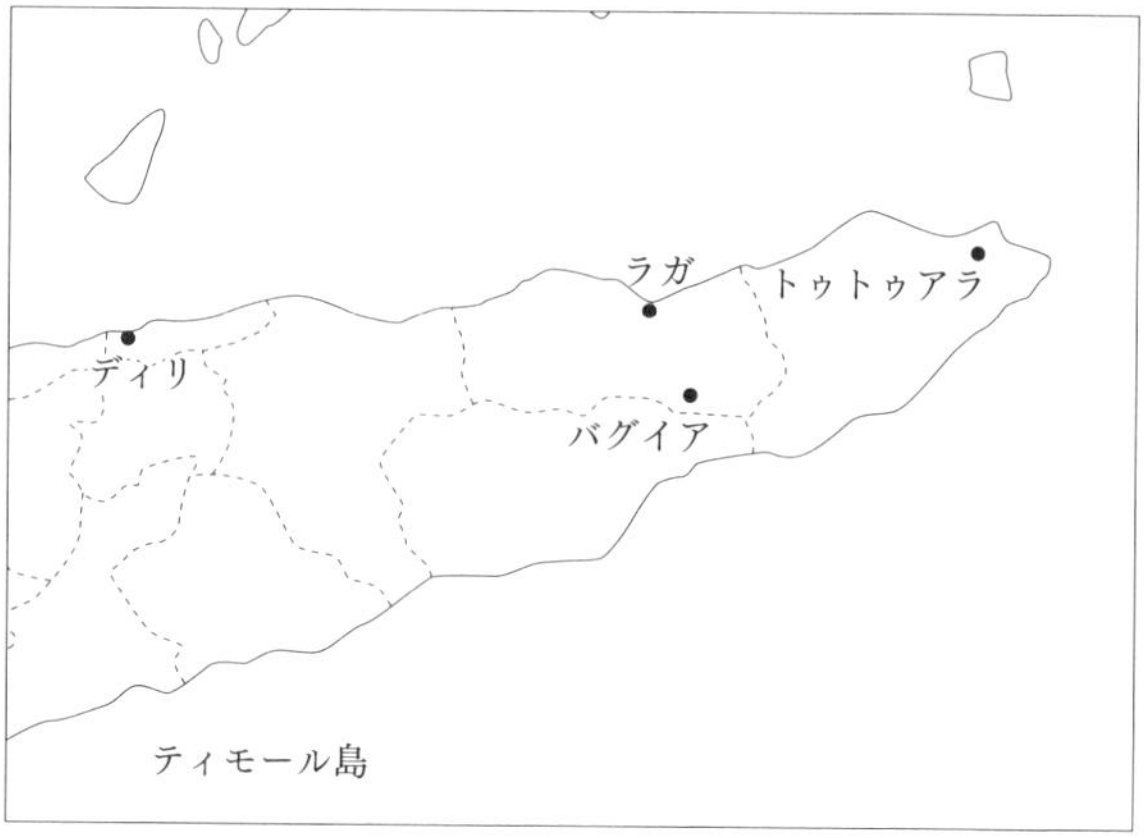

地図1　東ティモール

隣り合った彼女に対して「ピーとはいえ、彼女の状態は、純潔な楚々たる少女ではないか？」との感慨を抱く。徴発されてきた彼女らについては同情の念とともに、「少女」である以前にまず「ピー」だと意識されているのである。数カ月ぶりに彼女の姿を目にした主人公は、その成熟したあでやかさに、まるで別人のようだと感じる。慰安所に入れられた彼女は、主人公の目にはもちろんもはや「純潔な楚々たる少女」とは映らない。

「猟女犯」には、ティモールで徴発され「慰安婦」とされた女性たちについて、次のような記述が見られる。主人公の「林兵長」は、上官から慰安所に連れていってやろうと言われて反感を覚える。「現地の女たちは貞操観念が薄く」、「九〇パーセント以上が性病を持っている」と多くの人が言うのを耳にしていて、慰安所は「不健全な、不潔な場所」と感じているからである。現地の女性と交渉の機会を持つ際にも、事後に丹念に身体を洗浄する姿が記される。

「困惑の季節」では松永准尉が現地の女性を連れてこさせ寝室に伴うが、その一晩で淋病に感染し、主人公に薬を取りに行かせることになる。主人公は「月光の下に浮きあがった美人画が、性病のばい菌を持った薔薇で、松永准尉は一度触れただけで刺されたとは[30]」と恐怖する。のちに彼の寝室にも地元の女性が連れてこられるが、その皮膚がひどくざらざらしているのに気づき、何もせずに帰す。その後で手を丹念に洗い、なおも皮膚病や性病の可能性を心配する。また、「生への欲望」（一九八四年）では、ある機会から隣の国のスザナという姫と交渉を持つが、「急いで竹垣の中の浴室に駆け込むと、銃床を竹藪の根元に置き、服を脱ぎ捨てて、ドラム缶の浴槽に飛び込んだ。幸い、湯はまだ冷め切っていなかった。林兵長は懸命て下半身を洗い、性病の恐怖を洗い落とそうとした」(31)とその狼狽ぶりが描かれる。同時に、主人公にとって「性」とは「まさに「戦争」と同じく、曖昧模糊として、自分から求めようとするものには属さなかった」と説明されるが、ここでの「性」とはむしろ積極的に（と主人公には感じられる方法で）近づいてくる、強い体臭と性病の可能性を有する現地の女性を指しているように思われる。彼女らは「求めようとするものには属さな」いと説明されるように、一緒に作業をしたときには情が通い合うように思われる瞬間もあるが、結局は主人公とは異質な存在なのである。

しかし、「猟女犯」に登場するロザリーナという華人女性については事情を異にする。

このロザリーナは、北海岸のラガから徴発された二十数人の女性の一人で、主人公は彼女らを中央山脈の高原地帯バグイアにある部隊の統率中心まで護送することになる。台湾生まれの主人公と同じホーロー語を話す彼女は、中国人とインドネシア人の混血の祖父と父を、オランダ人と中国人女性の間に生まれた母を持ち、父はラガで牛革の取り引きをしてそれなりに資産を蓄えている。日本軍のティモール島占領後、父はジャワから帰らず、母と二人のところに三人の日本兵がやってきて彼女を無理やりジープに乗せたのだと語る。

台湾を知らない彼女は、自分も同じ「ホーロー人」だと説明する主人公を、「あんたは違う、あんたは日本鬼だ」と拒絶する。主人公は「君たちが捕えられてきたように、ぼくも無理やりここに送られて兵隊にされたんだ、誰が本当に兵隊になりたいなどと思うもんか(32)」と説明して、ようやく彼女の心がほぐされるのを感じる。何とか逃がしてくれないかと頼む彼女に、機会があれば助けてやるが、自分の機知と行動で切り抜けろと答える。それが二人の間の黙契となった。その後、彼女はほかの女性たちと一緒にバグイアの慰安所に収容される。

一カ月後、休暇を与えられ、開業した慰安所に行くことを命じられた主人公は、喜んでロザリーナに会いにいく。制限時間は二十分で、彼の後にはまだ他の兵士が列をつくっている。彼女のベッドのシーツが乱れているのを目にし、「一瞬、先ほどのロザリーナのベッドでの姿を想像したが、すぐにそんな邪念を打ち消し(33)」、ベッドを避けて椅子に腰掛けた彼に、ロザリーナは「狩りに来たのではないの?」と問いかける。「狩りだって？　なんと美しい言葉だろう。だが、狩る者と狩られる者の間に、何の違いがあろう？　真に狩る者は誰なのだ？」、こう考えて黙りこくったままの主人公について、性衝動に耐えているのだとロザリーナは理解するが、実は連日の訓練で彼の男性は眠ったままだった。決死隊の厳しい訓練を受けていてずっと来られなかったという彼に、ロザリーナはなぜ日本人は自分たちの仲間を虐待するのかと問いかける。

「同じことよ、私たちをここに狩って来て、訓練だというけれど、実際は虐待して、あんたたちのようなつまらない連中のために無理やり奴隷にするんじゃないの……」。それに対し主人公は強く反発し、「そんなふうに言うなよ、僕たちはもっと苦しいんだ！」と言い返す。彼の苦しみは、日本統治下で日本人の下に属する「下位日本人」として改造され、占領地の「新平民」を管理することになった台湾人の苦しみでもあろう。心ならずも「志願」したことになり、日本兵として彼女を奴隷にする側にいることと、その板挟みの苦しみであることはいうまでもない。しかしロザリーナはいっそう興奮して吐き捨てる。

「苦しい？　あんたが苦しいですって？　どうしてよ、狩人の罪が苦しいとでも？」

主人公は外から「まだかよ、早くしろ」と声がかかったのをしおに、会話を打ち切って出ていこうとするが、ロザリーナは彼に飛びついて「あんたが嫌い、でも私を狩ってほしいの」と言う。「半ば受動的に」彼女を抱き締めむせかえるような髪の香りを感じながら、主人公は「無能な猟女犯の僕は、どうすればよいのだろう？」と考える。他のインドネシア女性と異なり、同じ言葉を話すロザリーナは他者とはなりえない。しかし、彼女に抱き締められながら、主人公の男性は眠ったままでなすすべを持たないのである。

3　李永平が描く日本人

陳千武の「猟女犯」で最後に主人公が直面した問いは、イギリス領ボルネオのサラワク・クチンに生まれた李永平（一九四七―）の作品に引き継がれているように思われる。彼の小説には、日本人をはじめとする植民者によって蹂躙された少女の姿が繰り返し現れ、その前でなすすべを持たない華人男性が主人公として描かれている。

『海東青』に現れる日本人

『海東青』（一九九一年）は、ボルネオ出身の主人公・靳五《きんご》が留学生活を終えて空港に着いた夜から始まり、近所の八歳の少女・朱鴒《しゅれい》とともに一九八〇年代後半から九〇年代初頭の台北を舞台にした「鯤京《こんきょう》」を彷徨し続ける物語である。「台北のある寓言」と副題が付されるように、現実の台北の様々な社会現象が描かれると同時に、靳五の心象風景が重ねられ、あらゆる悪徳の蔓延する「鯤京」のさまが描き出される。それが最も顕著に見えるのが、作中で幾度も繰り返される「女の子をちゃんと成長させない」社会に対する慨嘆であり、靳五は最後に朱鴒を抱き締めて「そんなに早く大きくならないでくれ！」[34]と嘆息するが、彼女を取り巻く様々な誘惑や魔の手に対してなすすべを持たない。

図3　李永平『海東青』（聯合文学、2006年）の書影

魑魅魍魎さながらのあらゆる人間が蠢く「鯤京」の街角には、軍服をスーツに着替えた、かつて大陸で従軍した日本軍兵士たちが観光客の姿で跋扈する。彼らは朱鴒の家に出入りし、母親の了解のもとで朱鴒の大学生の姉を旅行に連れ出し、薬を盛って彼女を犯す。さらに、いずれ幼い朱鴒にも彼らの魔の手が伸びるであろうことを予感させて物語は終わる。彼らの姿は画一的にデフォルメされ、「八個（バカ）」を暗示する八人一組で泥酔して街を歩き、所かまわず立ち小便をする醜い形象で描かれる。

一方、日本の女性は反対に「鯤京」の男性の欲望の対象となる。和服で街を歩く日本人女性の姿を見て、靳五の同僚の大学教師は「あのエロさときたら！　日本映画でむやみと若い女の和服を脱がせたがるわけだよ[35]」と感嘆する。同僚たちは鍋を囲みながら、日本映画では老人と少女の性交がよく描かれることを挙げ、さらには自分が監督であれば十六歳の日本の人気アイドルに「ヤクザに輪姦されてストリップ劇場に身を落とす日本の高校一年生を演じさせたいな！　絶対リアルだぜ、こんなネタは新聞に毎日載ってるんだから[36]」と言う。こうした視線は、再びサム・キーンを参照すると、「敵が女性として描かれることは稀である。少なくとも、敵の女性は性的対象として望ましい姿にとどめられる[37]」との指摘にも合致する。では、日本人の男女を〈敵〉を描く手法で表象することで、李永平は何を描き出しているのか。

右に引いた場面に代表される描写からは、台湾の幼い少女を欲望の対象とする日本の老人と、同時に「女の子をちゃんと成長させ」ず、幼いうちから性的な対象と見なす台湾社会とに対する批判的な視点が読み取れる。それが現実の台北と靳五の心象風景が二重写しになった「鯤京」で起きているということは、以下のような意味を持つだろう。つまり、日本統治の終結後も、引き続き少女を犠牲にし日本の老人に蹂躙させ続ける台湾社会が描かれると同時に、その魔の手から少女を守りたいと感じる靳五のなかにも、少女に対する同様の欲望が潜んでいて、それが日本の老人や台湾のやくざ者の形を取って「鯤京」に現れているのである。

こうした問題意識の延長上に浮かび上がってくるのは、日本軍の「慰安婦」とされた同じ華人の女性の前でなすすべなく立ちつくす陳千武の描いた主人公と同様の無力感である。

『雨雪霏霏』の台湾人慰安婦

作者の経歴が色濃く投影されている主人公が、ボルネオでの幼年時代を台北で八歳の少女・朱鴒に語って聞かせるという構造を持つ長篇小説『雨雪霏霏』（二〇〇二年）には、次のような場面が見られる。

主人公は幼い頃にこっそりクチンの風俗街に潜り込んだ経験を朱鴒に語り、そのときに受けた衝撃が、そこにいた娼婦たちが「中国人の娘」ばかりであったことに由来すると明かす。しかし、朱鴒はその説明に満足せずに主人公を問い詰める。

――じゃあ聞くけど、もし女の子たちがマレー人やインド人、それともダヤク人だったら、それでもそんなに悲しかった？

――悲しいさ！　ただ……

――ただ何なの？

――ただ……感じが違うんだ。

――どう違うの？　どうして違うの？

――僕は……お願いだ！　君、頼むからそんな刃物のような眼を見開いて、冷ややかに睨みつけないでくれよ！(38)

先に触れた陳千武の「輸送船」でも、「台湾ピー」もいるのかという台湾人志願兵の問いに、日本人兵士の吉本は「台湾ピーは聞いたことがないなあ、台湾は北朝鮮ほど作柄が悪くないのだろう」と答えている。しかし、李永平の作品には南洋ボルネオで「慰安婦」とされた過去を持つ台湾人女性が登場する。『雨雪霏霏』では、主人公は幼い頃によく学校のそばのバラックに遊びに行っていた。そこに暮らす三人の女性はかつてクチンの日本軍の慰安所に収容されていたが、日本の敗戦後も故郷の台湾に帰ることができず、ボルネオに残り春をひさいで暮らしを立てている。子どもを望めない身体となった三人は、主人公をわが子のようにかわいがるが、やがて彼はこの三人が育てている私生児だとの噂が立つようになる。それが主人公の母の耳に入り、悲しませることとなるが、それを知った主人公は「クチンの町中の人に実の母を一番気にかけていると知らせたい」と「警察に駆け込んで、姦通罪で彼女らを通報した(39)」のである。こうして、日本軍によって心身に刻まれた傷痕を抱えて生きる三人は、主人公の裏切りによって再び傷を負い、ついには精神の均衡を失うに至る。

主人公は彼女らの心身が蹂躙されていた時期を直接は知らず、知り合ったときにはすべてはすでに起こってしまった後である。しかし、彼はさらにその傷を深く抉る行為に出るのであった。

『大河盡頭』の日本刀

古くは宋代の欧陽脩に「日本刀歌」という詩が見られるように、中国でも日本と刀は結び付けられてイメージされていた。しかも、それは勇猛ないしは野蛮な日本人というイメージのほかに、男性器とも結び付けられていく。たとえば台湾の作家の黄春明《こうしゅんめい》（一九三五―）による『さよなら、再見』[40]では、戦後の台湾を買春観光で訪れる日本人たちが、一生のうちに千人の女と交わるという「千人斬りクラブ」を結成している。主人公の台湾青年が受けた歴史の授業のエピソードが先に語られているため、「千人斬り」の語からは南京事件が連想される。

李永平の作品でも同様に、日本刀と男性器が結び付けられている。長篇小説『大河盡頭』（上巻：二〇〇八年、下巻：二〇一〇年）で、「慰安婦」とされた女性はさらに大きな役割を与えられ、作者自身を投影した主人公の少年永を大河の旅に導くことになる。一九六二年七月三十一日、かつて永の父の愛人であったことが示唆されるオランダ人女性クリスティーナ・ファン・ローンは、父の依頼を受け、永を伴って、カプアス川をさかのぼり生命の根源を求めてイバン人の聖山バトゥ・ティバンに登る旅に出る。そして到達した山頂で永は、かつて日本軍の「慰安婦」とされ子宮を摘出しているクリスティーナによって、再度の生を受ける。

永の再生は次のように理解される。移民二世の彼は、中国という母の胎内からわずか八カ月で離れなければならなかった未熟児である。彼はイギリス人のシンプソンと擬似的な父子関係を結び、日本による占領の傷を身体に刻印されたオランダ人女性クリスティーナによって象徴的に妊娠されることで、不足の妊娠期間を補われる。クリスティーナは自分が永の「前世の母」なのだと言うが、一方、「来世の母」として姿を現すのは、旅の途中で遭遇する、スペイン人神父の子を身ごもって入水自殺したマリアというケニャ人の少女である。中国を母に、イギリスとオランダを第二の父母に持ち、ボルネオ先住民であるケニャ人のマリアとは来世で家族となることを誓った永は、植民地の歴史が身体に刻まれたボルネオの子として再生を遂げる。この再生のプロセスで永は、生命の根源たるバトゥ・ティバン山に到達する前、マリアに「登由・拉鹿」に導かれ、幼くして死んだ子どもの霊が暮らす「小児國」で平安を見いだし、この世の命を捨ててマリアとともに暮らそうとするが、クリスティーナの声に呼び戻される。こうして死後の世界から戻ってきた彼は、バトゥ・ティバン山頂でついに帰るべき家を見いだし、死と性交、そして再生を一つのものとして経験する。(41)

このクリスティーナ・ファン・ローンについて、黄錦樹は陳千武の「黙契」に登場するオランダ人少女を、ありえたかもしれない過去の姿の一つとして読み取っている。「黙契」の主人公である林兵長は、日本の敗戦後にインドネシア独立運動に身を投じ、かつて日本兵に犯されそのショックで口がきけなくなってしまったオランダの少女を救い、その心を解きほぐす。この歴史の裂け目にはまり込んでしまったオランダ人少女は、のちにもう一人の華人の少年永と出会い、「Merdeka」を祝う声のなかでボルネオを遊歴し、裂け目から自分の死を救い出すのだ。(42)

ただし、その過程は永とクリスティーナの双方にとって残酷な経験に満ちている。「七月七日七夕　浪遊紅色城市」の章に描かれるシンタンの一夜で、クリスティーナはかつて日本軍に囚われた収容所の建物を訪れるが、そこでフラッシュバックに襲われる。「誰にいじめられたの？　そいつを殺してやる！」と言う永に、クリスティーナは「毎日二十四の獣が入ってきて、一年で七千三百匹、二年で合計一万四千六百匹の獣が来た」(43)と、連日連夜の凌辱の経験を語る。しかし、「八月八日斷腸時　少年永迷亂的一天」の章では、宿泊することになった和風旅館で、首のない日本軍の幽霊に取り囲まれ錯乱した永は、大小二本の日本刀を手に、クリスティーナの着物を脱がせて自刃を迫る。クリスティーナは説得しても無駄だと悟ると、立ち上がって浴衣の前をはだけ、下腹部に赤く残る、子宮を摘出した際の傷痕を露出する。それを目の当たりにした永は、その欲望の先に待ち受けるのは踏みにじられた女性であり、不毛の大地であることを悟って踏みとどまる。すなわち、クリスティーナに加えられた性暴力は、ここでは日本人の犯罪としてだけ認識されるのではなく、日本刀を手にすれば誰もが心の魔に囚われて犯しうる罪として捉えられているといえるだろう。この狂乱の場面は、心の奥底に秘められた魔と対峙し、それを自分のものとして引き受ける場面と読み解くべきであろう。

おわりに

張貴興、陳千武、李永平と世代の異なる作家の小説には、それぞれ日本が残した歴史の傷痕が描かれている。中国語による小説では、特に戦時性犯罪の印象が強い。張貴興の作品では、日本人の姿は前景化されず、その残した傷痕がプロット上の謎として最後に解き明かされる。

一世代上の陳千武の作品では、日本人とともに軍隊生活を送ったという、中国語作家としては特異な体験が描かれる。そこでは軍隊内部の様々な事件が語られるが、なかでも「慰安婦」をはじめとする現地の女性について多く筆が割かれている。主人公には、日本人であると同時に、そこから一段低いものとして排斥されているという意識が抜きがたくあり、さらに「慰安婦」として徴発されてきた華人女性に向き合った際の無力感が強調されている。

李永平の作品では、日本人一人ひとりが個性をもって描かれている陳千武の作品とは異なり、類型的な人物像が描かれる。ただしそこでは、日本が残した傷痕をただ浮き彫りにするだけでなく、華人男性の立場から人間の心に潜む「魔」に対する省察がおこなわれる。李永平によって類型化された日本が表象するのは単なる他者ではなく、自分の心の魔なのである。

注

（1）上東輝夫『東マレイシア概説――サバ・サラワク・ラブアン』同文館出版、一九九九年

（2）辻原登『闇の奥』文藝春秋、二〇一〇年。「文學界」（文藝春秋）に二〇〇五年から〇九年にかけて掲載されたのが初出である。

（3）小田雅久仁『本にだって雄と雌があります』新潮社、二〇一二年

（4）同書一七七ページ

（5）高嘉謙「張貴興と密林の地図――『象の群れ』解説」、張貴興『象の群れ』松浦恆雄訳（「台湾熱帯文学」第二巻）所収、人文書院、二〇一〇年、二四三ページ

（6）中国語で「南洋」の語が指し示す範囲は、時代や文脈によって異なるが、近代以降狭義にはマレー半島およびマレー諸島を指す。李金生「一个南洋、各自界说：〝南洋〟概念的历史演变」「亚州文化」第三十期、新加坡亚州研究学会、二〇〇六年六月、一一三―一二三ページ参照。

（7）古沢希代子の指摘によると、「最初に「慰安所」設置の事実を公にしたのは日本軍関係者による一九八七年以降の証言や投書である」（「第4章　性暴力被害者たちの六十年」、山田満編著『東ティモールを知るための五十章』「エリア・スタディーズ」所収、明石書店、二〇〇六年、三一ページ）。陳千武の短篇小説「猟女犯」は一九七六年の七月から十月にかけて「台湾文芸」に連載された。中国語によるものであること、さらに小説という形式ではあるが、ポルトガル領ティモールにおける慰安所について記した文章としてはかなり早期のものであったといえるだろう。

（8）張貴興『象の群れ』松浦恆雄訳（「台湾熱帯文学」第二巻）、人文書院、二〇一〇年

（9）黄錦樹「從個人的体験到黒暗之心　論張貴興的雨林三部曲及大馬華人的自我理解」『謊言或真理的技芸：当代中文小説論集』城邦（麥田）、二〇〇三年、二六三―二七六ページ

（10）羽田朝子「張貴興『象の群れ』について――共産党のトラウマ、象と「内なる中国」」「野草」第八十九号、中国文芸研究会、二〇一二年二月、八一―九一ページ

（11）前掲『象の群れ』二二〇ページ

(12) 同書二一八ページ

(13) 初出は「中国時報・人間副刊」一九八六年七月三十一日から八月三日の連載である。本章では張貴興『沙龍祖母』(「當代名家・張貴興作品集」第一巻)、聯經出版、二〇一三年)、二三七―二六四ページに基づく。

(14) 高嘉謙「台灣經驗與早期風格――《沙龍祖母》代序」、同書所収、五ページ

(15) 張貴興「圍城の進出」、同書所収、二三九ページ

(16) サム・キーン『敵の顔――憎悪と戦争の心理学』佐藤卓巳/佐藤八寿子訳(「パルマケイア叢書」第二巻)、柏書房、一九九四年、六六ページ

(17) 陳千武『獵女犯』熱点文化公司、一九八四年。収録順に「手旗信号」(一九八一年)、「輸送船」(一九六七年)「死の予測」(一九八一年)、「戦地の初年兵」(一九八二年)、「霧」(一九七六年)、「獵女犯」(一九七六年)、「困惑の季節」(一九八二年)、「生への欲望」「鬱憤晴らし」(一九八一年)、「夜街の誘惑」(一九八一年)、「外地に蘇る郷愁」(一九八一年)、「横暴と我慢」(一九八二年)、「默契」(一九八二年)、「女軍屬」(一九八一年)、「遺影」(一九七六年)の十五編からなる連作短篇小説集。一九九六年には晨星出版から『活著回來―日治時期、台灣特別志願兵的回憶』と改題され再版された。邦訳では『獵女犯――元台湾特別志願兵の追想』(保坂登志子訳、洛西書院、二〇〇〇年)に「輸送船」「獵女犯」「生への欲望」「外地に蘇る郷愁」「默契」「遺影」の六編が収められ、『台湾人元日本兵の手記 小説集『生きて帰る』』(丸川哲史訳〔「台湾研究叢書」第三巻〕、明石書店、二〇〇八年)に「手旗信号」「死の予測」「戦地の初年兵」「霧」「困惑の季節」「鬱憤晴らし」「夜街の誘惑」「横暴と我慢」「女軍屬」の九編が収められている。

(18) 紀旭峰「陳千武年譜」、前掲『台湾人元日本兵の手記 小説集『生きて帰る』』所収、一九七―二〇七ページ

(19) 秋吉久紀夫「陳千武の詩「伝書鳩」のなかの『死』」『陳千武論――ひとりの元台湾特別志願兵の足跡』(「現代詩人論叢書」第十巻)、土曜美術社出版販売、一九九七年、一一―四二ページ

(20) 陳千武「講演 日台の狭間に生きる――台湾人元日本兵が語る半生」、前掲『台湾人元日本兵の手記 小説集『生きて帰る』』所収、一七九―一九六ページ。この間の事情はまた秋吉久紀夫「陳千武の文学への出発期」(前掲『陳千武論』四三―七六ページ)にも詳述される。

(21) 陳千武「輸送船」、前掲『活著回來—日治時期、台灣特別志願兵的回憶』三三ページ。なお、同書からの引用の訳文は引用者による。
(22) 前掲「講演　日台の狭間に生きる」一九四ページ
(23) 前掲「輸送船」三八—三九ページ
(24) 陳千武「猟女犯」、前掲『活著回來—日治時期、台灣特別志願兵的回憶』一二九ページ
(25) 同作品一三〇—一三一ページ
(26) 陳千武「迷惘的季節」、同書一六〇ページ
(27) 秋吉久紀夫「陳千武詩集『愛の書籤』の表紙から」、前掲『陳千武論』一三五—一三六ページ
(28) 前掲「迷惘的季節」一六六ページ
(29) 同作品一六九ページ
(30) 同作品一八四ページ
(31) 陳千武「求生的慾望」、前掲『活著回來—日治時期、台灣特別志願兵的回憶』二〇九ページ
(32) 前掲「猟女犯」一二五ページ
(33) 同作品一五三ページ
(34) 李永平『海東青』聯合文学、二〇〇六年、九四一ページ。初版は一九九二年だが、本章では二〇〇六年の第二版から引用する。
(35) 同書七三六ページ
(36) 同書七五四ページ
(37) 前掲『敵の顔』六六ページ
(38) 李永平『雨雪霏霏——婆羅洲童年紀事』天下遠見、二〇〇二年、五六—五七ページ
(39) 同書二五五ページ
(40) 黃春明『莎喲娜啦・再見』、遠景、一九七三年。邦訳に『さよなら・再見』田中宏／福田桂二訳（アジアの現代文学　台湾）、めこん、一九七九年

（41）及川茜「李永平『大河盡頭』の寓意」「野草」第九十四号、中国文芸研究会、二〇一四年八月、一四八―一六八ページ

（42）黃錦樹「石頭與女鬼――論《大河盡頭》中的象徵交換與死亡」「台湾文学研究学報」第十四期、二〇一二年四月、二四一―二六三ページ

（43）李永平『大河盡頭（上巻：溯流）』麦田・城邦文化出版、二〇〇八年、四四四ページ

［付記］本稿の執筆に際しては、一橋大学大学院の星名宏修教授から陳千武作品のテキストをご提供いただいた。謹んで感謝を申し上げる。

第9章　グラフ誌が描かなかった死
——日中戦争下の華北

貴志俊彦

はじめに

本章では、日中戦争時期に南満洲鉄道株式会社（以下、満鉄と略記）および華北交通株式会社（以下、華北交通と略記）が発行した企業グラフ誌「北支画刊」「北支」「華北」を検討素材とする。この種の日本語グラフ誌は、満鉄が発行した「満洲グラフ」と同様に、日本（内地・外地）向けに大陸誘致を目的としただけでなく、中国大陸に渡った日本人に対して故郷から離れたその地に新たな「郷土」の創設を意識化させ、なおかつ「開発」を促した弘報メディアだった（当時の弘報は、広報機能に加え宣撫・宣伝機能も備えていた）。

ここでいう「開発」とは、鉱工業資源を中心とした産業開発だけではなく、鉄道・道路・河川・港湾などのインフラ整備、大陸経営のための人材育成、さらには観光開発も含んだ概念であると理解してほしい。こうした「郷土化」「開発」政策を浸透させるために発行された弘報メディアが日中戦争下の華北（中国北部）をどのように表象したのかについて解明することが課題の一つとなる。

弘報メディアでのビジュアル重視という点については、第一書房がグラフ誌「北支」出版にあたって出した予告文がその意図を端的に示している。

現地の政治、経済、文化、社会、技術、歴史、地理、交通、産業、風俗、科学、技術、教育等、あらゆる部門をカメラによつて補へ、ペンによつて報道する。大陸認識が頭脳によつてと同時に、眼によつて直接に我々の時代認識と生活と思索と感覚とに結びつけられるやうになつたことは喜ばしい。新雑誌『北支』は、一九三九年度対支文化の大動脈となるであらう(1)。

この一文は、日本、満洲、華北、蒙疆（内モンゴル、新疆）などの地域的連携のために提起した「東亜新秩序」という観念的な地域ブロックに、人々の「生活」「思索」「感覚」を結び付けて実体化させるには、ビジュアルな弘報メディアが有用であるとの日本政府の考えに基づいている。しかし、そのイメージの創作者が、当時の日本政府のねらいどおりに雑誌を創作したのか、いま一度考えてみるべきである。そこで、本章では前述のグラフ誌発行の関係者がどのような人々であったのか、彼らの弘報手法は地域間でどのように伝播されたのか、そして、弘報メディアの表象世界がその後の歴史認識にどのような影響を与えたのかについて検討できればと考えている。

図1　グラフ誌「北支画刊」「北支」「華北」各創刊号の表紙

1　満鉄の華北進出とグラフ誌の刊行

満鉄北支事務局の設置

一九三七年七月、北京郊外で盧溝橋事件が勃発するや、早くも二日後に関東軍戦区司令官が満鉄の松岡洋右総裁に対して、「事変勃発に伴う満鉄従事者及び機材の派遣準備に関する」通牒を発した。これを受けて、松岡総裁は十三日に満鉄従事者千百五十人を華北に派遣した。満鉄からの派遣はその後も増えて、九月末には日本人三千八百五十二人、中国人七百六十二人、計四千六百十四人にのぼった。盧溝橋事件の一カ月後、満鉄天津事務所を廃止して新たに北支事務局を設置し（一九三八年一月には北京に移転）、あわせて天津と豊台には輸送事務所を開設した。満鉄からの派遣者数は、その年末には七千八百十六人、さらに盧溝橋事件から一年あまりたった三八年九月には一万五千七百五十四人に膨れ上がっていた。(2) ここで重要な点は、こうした数値的な把握だけではなく、満鉄から派遣されたのがどのような個人あるいは集団であったのかという点である。

満鉄北支事務局の傘下には弘報班、調査班があった。八木沼丈夫《やぎぬまたけお》（関東軍参謀部制定の軍歌「討匪行《とうひこう》」の作詞家として有名）は、この北支事務局参与として華北入りし、当該局の弘報活動などを指導する一人となる。八木沼は、満洲独立守備隊を除隊した後、一九二〇年満洲日報社入りし、二四年九月「満洲日日新聞」のハルビン支社長に転職、二八年には嘱託という身分ながら満鉄総裁室弘報課に移って満鉄社員会機関誌「協和」の編集長になった。(3) 翌年、満鉄社長室情報課弘報係主任の加藤新吉の欧米留学が決まったため、加藤に代わって八木沼が正社員として弘報係主任に就いたのである。(4) 満鉄の弘報活動の中軸にあった加藤、八木沼の人的リソースの一つは、満鉄および華北交通の弘報部門で構築されたのである。

そして、いま一つの人脈は、満洲で結成されたアジア主義の文化人グループがあった。たとえば、一九二一年六月に中村芳法《なかむらよしのり》が主幹となって大連にいた満鉄の若者とともに創刊した総合誌「新天地」（新天地社）の同人グループや、二八年発足の満洲郷土文化芸術協会が翌年五月に創刊したアララギ系の歌誌「満洲短歌」の同人グループがそれである。中村は、八木沼と同様に、「泰東日報」の社主金子雪斎《かねこせっさい》が大連に開いた私塾「振東学社」で学んでおり、二人の思想的系譜は同一であったといえる。中村らが創刊した雑誌「新天地」の編集グループには、満鉄北支事務局刊行の「北支画刊」編集長城所英一《きどころえいいち》、華北交通の弘報グラビア誌「北支」編集長を務めた加藤新吉、華北交通東京支社が発行したグラフ誌「華北」編集長河瀬松三らがいて、ともに満洲や華北を「郷土化」する発想の持ち主であった。一方、「満洲短歌」の同人には、八木沼のほか石森延男、城所英一、河瀬松三、青木実、上村哲彌、長谷川兼太郎、出口王仁三郎らがいた。[5]ここにも、八木沼、城所、河瀬の名前を見ることができる。「新天地」と「満洲短歌」の人的系譜は、「振東学社」に源流を持っていて、両雑誌の関係者はほぼ同一であったといえる（以下、両者を含めて「新天地」グループと略記）。日本近代史研究者の松沢哲成は、この「新天地」グループが、「島一郎の「秘密結社」や笠木良明《かさぎよしあき》の大雄峯会《だいゆうほうかい》を「右」と見なし、満洲青年聯盟の如き大衆的な社会運動についても一種疑惑の目をもって冷静に受けとめて[6]」いたと指摘しており、彼らの思想的立場を的確に表現している。

「新天地」グループの特徴の一つは、満洲（のちには華北も含める）の「郷土化」にあった。近現代日本語文学を研究する小泉京美は、「満洲短歌」について「満洲を郷土化することで、日本の国土に再編成する植民地主義的な欲望の発露は、「満洲国建国」を分水嶺に、満洲を日本から自立した独自の故郷として意味付ける営みへ転回した[7]」、「満鉄の郷土化運動の文化工作を担ったのは、旅客課や弘報課に勤めた作家や画家、写真家であり、彼らは満鉄沿線各地における風俗文化の調査結果を観光案内や旅行雑誌に掲載した。（略）同時に、満洲の都市部に暮らす日本人を、地方への旅行や行楽へ誘い、土地の歴史や風俗文化への関心を高める郷土文化運動のパンフレットでもあった[8]」との重要な指摘をしている。こうした「新天地」グループによる「郷土化」への志向性は、日中戦争以降、満鉄や華北交通のグラフ誌に携わった人的リソースを通して、華北でも引き継がれたのである。

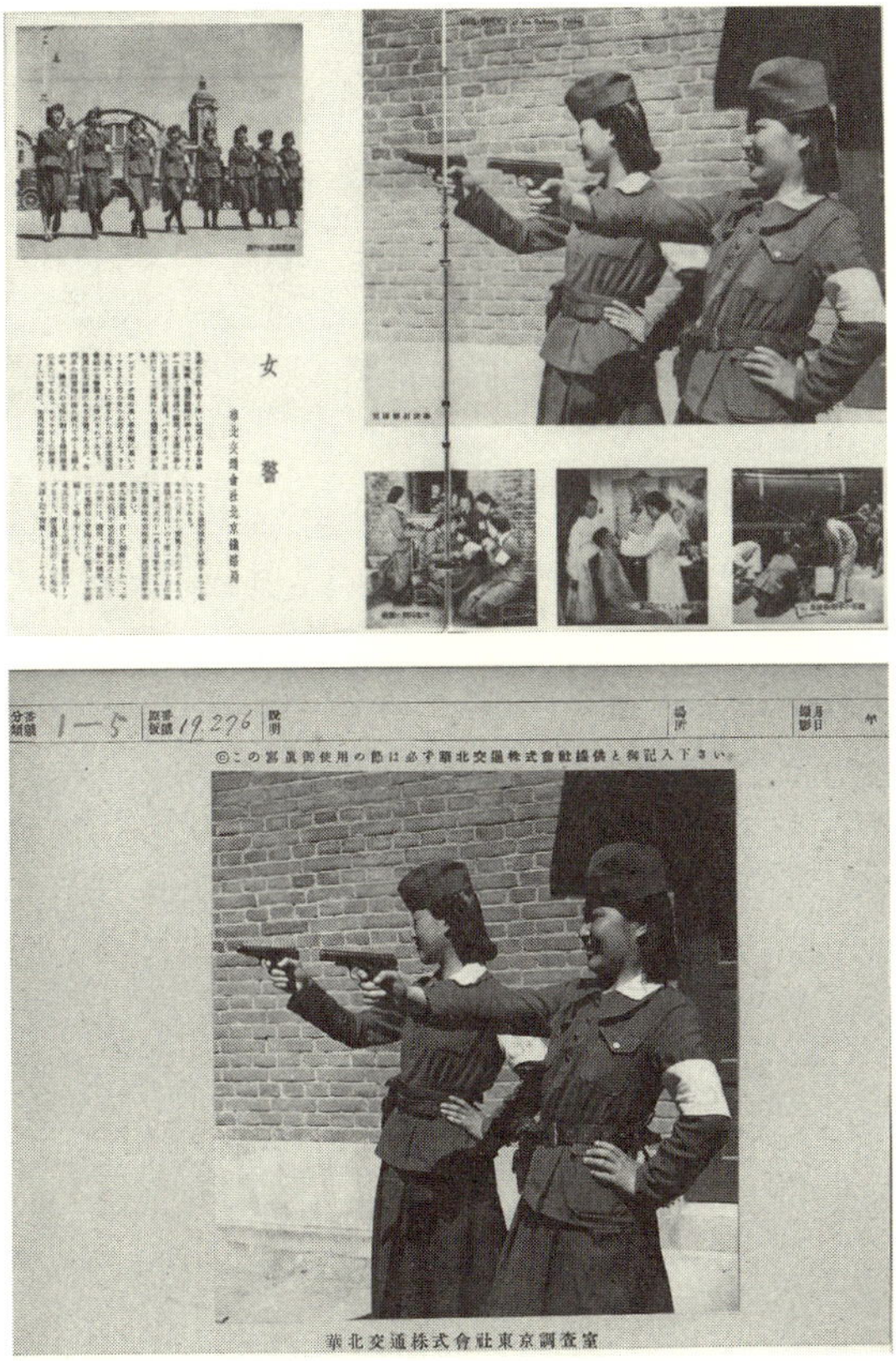

図２　華北交通写真群からグラフ誌「北支」に女警の写真が利用された例
(出典：上＝「北支」1939年9月号、下＝華北交通写真群の一枚)

さて、盧溝橋事件後における満鉄の迅速な対応とは違って、日本の鉄道省の対応は遅かった。のちに華北交通総裁室総務局長になった高橋定一によると、鉄道省は事件直後の対応に積極的ではなく、一九三七年十月になってようやく職員を派遣し、事変前の交通状況復帰に協力し始めたという[9]。鉄道省は、満洲国成立時のような関東軍の暴走を抑制し、満鉄の動きを牽制するという日本政府、特に陸軍省の意向を受けて、消極的姿勢を一転して華北の鉄道政策に関与する方針に転換したのである。

日本政府も、一九三八年十一月に鉄道、運輸・交通、通信、電力、鉱工業などの「開発」事業の現地調整機関として北支那開発株式会社（以下、北支那開発と略記）を発足させ、華北の鉄道に対する満鉄の影響を軽減させようとした。さらに、華北および蒙疆での交通インフラ事業を一貫して統制・運用するためもあって、三九年四月に満鉄北支事務局を撤廃し、後述するように中華民国臨時政府の特殊会社として新たに華北交通を設立したのである。(10) ただ華北交通は北支那開発の傘下にあった企業であったが、特殊技術を持つ他の産業部門と同様に、その組織的独立性は高かった。

満鉄と鉄道省がともに華北、蒙疆に進出した頃、中国の東北地域には満洲国、西北地域には徳王を首班とする蒙疆聯合委員会があった。しかし、万里の長城以南の地域については、親日政権の方針を貫徹できるほど安定的な秩序が保たれてはいなかった。とりわけ華北には中国共産党のゲリラ根拠地があり、日本にとっては（中国国民党にとっても）それら抵抗勢力を一掃することが軍事上の課題であった。中国共産党の四つの根拠地（辺区）には二十万、陳毅《ちんき》麾下の新四軍には約四万、この他抗日運動を展開していた約六十万を加えて、少なくとも約八十四万の反日勢力がいると見なされていた。中華民国臨時政府（のちには中華民国華北政務委員会）および日本軍は彼らと相対峙しながら、華北の安定のために「開発」政策を進めなければならなかったのである。(11)

ところが奇妙なことに、本章が取り上げる満鉄や華北交通が発行したグラフ誌には、日本軍の「敵」であるはずの彼ら共産党軍だけでなく、重慶を根拠地とする国民政府軍の姿が掲載されることは少なかった。しかも治安維持のための訓練の姿はあっても、戦闘シーンや戦争の死傷者の姿が写されることは極めて少なかった。こうした特徴は、満鉄刊行の「満洲グラフ」や日本で発行された「アサヒグラフ」（朝日新聞社）、「写真週報」（情報局）、のちに華北交通が発行する「華北」などと比べても、明らかに異なった点だった。なぜ、「北支画刊」や「北支」が、このような特徴を持ちえたのか。先走っていえばそれは戦時体制を意識させるような写真に代わって、読者に「時代認識」と「生活」「思索」「感覚」とを結び付けさせるために、鉄道や都市の整備、鉱工業の発展、教育による人材育成などの「開発」イメージとともに、中国の悠久の歴史、異文化圏の生活や労働の風景、祭祀や儀礼、民俗などを撮った写真を利用することこそ「郷土化」を促す手段であるという「新天地」グループの発想に基づいていたためである。

なお、本章では、補足的な検証資料として京都大学人文科学研究所が所蔵する華北交通写真群を利用している（以下、華北交通写真群と略記）。この写真群は三万五千点あまりに及び、台紙に貼られたコンタクトプリント、紙焼きプリントからなっている。図2のとおり、この写真群からグラフ誌に利用される写真が選択されていたことが確認できる。

満鉄北支事務局による「北支画刊」の発行

満鉄北支事務局が月刊のグラフ誌「北支画刊」を刊行したのは、日中戦争勃発の翌年、すなわち一九三八年四月十五日のことである。奇しくも戦前日本の最大のグラフ誌である内閣情報部編集の「写真週報」創刊から二カ月後のことであった。四六倍判の「北支画刊」は、三九年一月十五日の第十号で停刊するまで毎号三十五ページ前後を維持しており、百八号（一九四三年七月）以降の「満洲グラフ」と同じ三十銭で発売された。編集作業は北京の北支事務局でおこなわれ（第二号以降の表紙に「現地編輯」と印字）、印刷および発行は日本橋区呉服橋にあった平凡社が担当した（第五号以降の印刷は小石川区久堅町の共同印刷株式会社が担当）。中国で「現地編輯」、日本で印刷・発行あるいは配給というシステムは第九巻第八号（一九四一年八月号）以降の「満洲グラフ」と同様であり、後継誌「北支」にも受け継がれる。むろん、この雑誌を含めて、当時華北で刊行された出版物は北支那方面軍報道部の検閲を受けていた。華北交通写真群と照合したところ、他のメディアや展覧会に当該写真が利用された場合には、写真台紙に報道部担当者の「検閲済」の青や黒の印が押されている。同一の写真が異なった時期に利用される場合は、当然複数の押印が施された。さらに、華北交通写真群には、雑誌などに利用されなかった膨大な写真が含まれており、また抗日勢力によって転覆させられた列車を撮った写真のように「不許可」の赤鉛筆の注意書きが施されているものも含まれていた。

「北支画刊」は平凡社が発行していた。『平凡社六十年史』（尾崎秀樹著、平凡社教育産業センター編、平凡社、一九七四年、一八三ページ）には、「北支画刊」の編集に美術史家の安藤更生《あんどうこうせい》が関わっていたことが記されている。

安藤は、三一年に平凡社入りし、三七年末、新民印書館設立準備のために中国に渡った。この設立を主導したのが平凡社取締役社長の下中彌《しもなかや》三郎《さぶろう》であったことはよく知られている。下中は北支派遣軍特務部の支援を受けて中華民国臨時政府との関係づくりに成功し、三八年八月に当時の北京最大の印刷所といわれた新民印書館を発足させた。(12) その社長には中華民国臨時政府行政委員会の池宗墨《ちそうぼく》（のちに曹汝霖《そうじょりん》に交替）が就任し、副社長に下中彌三郎、編集課長には安藤が就任した。安藤は、北京滞在中、北京人文学会、興亜宗教協会、北京文化協会、在華日本文化協会、中国文化振興会などに関わったほか、日本留学組が集う中国留学同学会の顧問も務めた。(13) 安藤が編集した『北京案内記』（新民印書館、一九四二年）は、戦前の北京に関する案内書としていまでも評価が高い。「北支画刊」の奥付には安藤の名前は見られないが、(14) その創刊に相応の役割を果たしたことは容易に推測できる。

「北支画刊」は、白黒の写真ページが三十二ページ前後、記事ページが二―四ページであったが、広告はなかった。写真ページは見開きページが一件の記事となっていて、それぞれに四、五点の写真が用いられ、「満洲グラフ」と同様に日英両文でタイトルが付けられていた。また、各記事には日本人読者向けに七百五十字以下の詳しい日本語の説明文が添えられた。誌面構成には、ストーリーフォトが意識されていたが、「満洲グラフ」のようにアップやモンタージュのような凝った誌面構成は見られない。日中戦争勃発を契機に、写真の持つ芸術性が後退し、速報性が重視されるようになったためであると考えられる。

「北支画刊」の編集長に就任したのは、前述した満鉄の城所英一であった。「北支画刊」の最終号である第十号の奥付には城所の名が挙がっているが、その他の号も同様であったと思われる。そのことは、拓殖大学出身で、満鉄および華北の弘報部門で活動を続けた石原巖徹《いしはらがんてつ》（本名は石原秋朗《あきお》、ペンネームでは石原巖徹、石敢當《せきがんとう》とも表記）の次の回顧文で示唆されるだろう。

華北交通の弘報担当者となった元満鉄社員会誌『協和』編集長城所英一は、その道の先輩加藤新吉、八木沼丈夫の跡を継ぐに足る俊才で、やはり雲をつかむような希望にもえて、スタッフ人材を集め、第一の仕事として画報的な『北支画刊』の編集に当った。内容は興味と大陸智識の涵養にやくだつ写真を主に、文章（読み物）を従とした週刊誌版の月刊で、対日本内地弘報を主目的とした。そのために出版刊行を東京の第一書房〔引用者注：平凡社の誤り〕に引受けさせた。(15)

城所は、早稲田大学卒業後に大連水産、そして一九二九年に満鉄に入社する。満洲ではアジア主義的思想傾向をもっていた「言論人」による「新天地」に参画し、二四年十一月に大連で創刊され、内地の詩壇にも大きな影響を与えた短詩運動の詩誌「亜」（大連、亜社）の同人にもなった。ただし、城所らは創刊号が評判になった「亜」の「内地」発行を唱え、安西冬衛と対立し、創刊翌年早々にこの運動から脱け、二九年には満鉄社員会誌「協和」編集部のメンバーとともに「満洲短歌」の編集に携わることになる。城所の立ち位置は、「内地」への憧憬ではなく、むしろこれに意図的に対抗するために、満洲独自の「郷土色」を創作に活かすことにあった。この点は、歌誌「満洲短歌」に掲載された城所の「此地独自の郷土色」に如実に表現されている。

地方雑誌の立場として我々が亘に考へてゐることは、内地歌壇の徒らな延長に終らしめ度くないこと―満洲土の匂ひ―を作品に浸透させ度いこと。遠く母国を距てた海外に住む我々の精神を姿を、しつかりと把握して、彫心鏤骨しんじつに歌ひあげ度いこと。我々の郷土としておそらくは骨を埋めるであらう此の地に、我々の郷土芸術を樹立すべき責任をさへ感じてゐること。(16)

城所の編集による「北支画刊」は、グラフページが合計百九十編掲載されたのに対し、記事ページ（読み物）はわずか十七編にすぎず、圧倒的に視覚重視の雑誌であったといえる。ただ発行期間はわずか十カ月、全十号が刊行されただけであり、写真ページや写真家、記事ページやその執筆者の特徴をつかむことは容易ではない。そのため試みにグラフページのテーマをカテゴリー別に分類すると、表1のようになった。時代は日中戦争勃発直

表1　各グラフ誌の写真ページの分類と掲載頻度

雑誌名	グラフページ	記事ページ
「北支画刊」	芸術（美術・工芸・芝居他）16、鉄道15、都市12、商業12、鉱工業11、軍事9、ニュース8、農業6、生活（衣食住他）6、治安5、教育5、ジェンダー5、民俗5、政治4、運輸・交通4、観光4、宣撫3、産業3、地理3、民族3、子供3、娯楽3、社会2、宗教2、スポーツ2、言語2、動物2、漁業1、土木1、貿易1、金融1、人口1、儀礼1、祭祀1、災害1	歴史3、都市3、宣撫2、民俗2、芸術（映画・芝居）2、鉄道1、民族1、生活（衣食住他）1、儀礼1、産業1、金融1
「北支」	鉱工業62、観光54、生活（衣食住他）53、歴史51、鉄道48、運輸・交通46、農業41、都市40、芸術（美術・工芸・芝居他）38、産業36、祭祀31、民俗26、植物26、ニュース25、治安23、動物22、民族21、子供21、地理19、商業18、教育18、ジェンダー16、宗教12、気象11、建築10、娯楽10、政治9、スポーツ8、儀礼6、宣撫6、社会（労働）5、土木5、漁業5、医療5、軍事3、牧畜業2、災害1、人口1	日記（「可園雑記」「東城記」）45、歴史35、農業24、運輸・交通23、生活（衣食住他）21、祭祀21、鉄道20、ニュース19、民族19、芸術（美術・工芸・芝居他）18、観光15、鉱工業11、軍事9、地理9、建築9、随筆9、図書9、治安8、商業8、宗教8、都市7、民族7、医療5、政治4、宣撫4、産業4、教育4、ジェンダー4、植物4、マスコミ3、スポーツ3、労働3、動物3、家族2、林業2、金融2、儀礼2、気象2、災害2、娯楽2、経済1、漁業1、文学1、言語1、医療1
「華北」	鉱工業14、農業13、教育13、生活（衣食住他）13、宣撫8、治安8、鉄道6、地理6、軍事5、産業4、子供4、宗教3、都市2、観光1、社会（労働）1、民族1、歴史1、ニュース1、芸術0、民俗0	鉄道10、生活（衣食住他）8、教育6、治安5、農業6、運輸・交通5、鉱工業4、軍事2、歴史2、民族2、日記2、災害2、地理1、都市1、祭祀1、子ども1、植物1、芸術0

注：「北支画刊」「北支」「華北」を用いて分類をおこなった。各分類は図書館の日本十進分類法に準拠しているが、「宣撫」などを追加している

後の状況であり、満鉄の主要任務は破壊された交通網を復旧させることであり、一方、政府は軍事の強化、治安・政治の安定が重要であったはずである。確かに第二号（五月十五日発行）から第九号（十二月十五日発行）までの毎号に掲載された写真は、「外人部隊」「前線」「皇威洽し」「無敵皇軍」「軍鉄一致」「戦線」「芝罘陸戦隊」「匪襲の夜は明けて満鉄社員の意気」「イタリー君たち」「前線スナップ」などが掲載されてはいるが、誌面には驚くほど緊張感や危機感がない。むしろ、一九三八年九月発行の第六号「民心安定し産業興る」ことがアピールされているように、大半のページには鉄道、商業、工業、農業などの「開発」を示す写真、そして「郷土化」を促す日常的な生活空間の写真が掲載されている。たとえば、三回にわたって連載された「郷土色」シリーズとして第二号（五月十五日発行）「風箏」、第三号（六月十五日発行）「玩具の武器」、第四号（七月十五日発行）「乗物さまざま」が掲載されており、こうした日常風景が毎号の誌面を飾っていた。

これらの写真の撮影者名は印字されていない。しかし、華北交通写真群と照合したところ、「北支画刊」第一号（一九三八年四月）掲載の「曹達工業」は橋爪芳朗の写真、第二号（一九三八年五月）掲載の「唐山の壺作り」は同じく橋爪の作品、「山東蘇へる」および「水ぬるむ」は奥園伯陽の写真であったことを特定できたほか、第七号（一九三八年十月）掲載の「黄河決潰」の写真は軍から提供されたものであることが確認できる。ただ後続のグラフ誌を含めて、写真および撮影者については、今後もこの華北交通写真群を使って検証する必要がある。

一方、記事ページは十七編にすぎなかったが、執筆者は満鉄関係者以外にもいたことが確認できる。その執筆者の一人が、三回連載で歴史物の随筆「中原文化」を寄せた橋川時雄である。橋川は、一九一八年に訪中、その後北京で華字紙「順天時報」の学芸担当記者として活動する一方で、号を酔軒《すいけん》と称して中国文学も研究していた。さらに二八年から四五年までは東方文化事業総務委員会で北京人文科学研究所の運営にも携わっていた。また、もう一人の記者である大矢信彦は、東亜同文書院を卒業後、「満洲日日新聞」の北京特派員、華字新聞「庸報」社長などを歴任したが、「北支画刊」には随筆「絨纏の話」を寄稿している。

また、北京通といわれる人たちの寄稿も看過されるべきではない。石橋丑雄は、一九一〇年代に徴兵され、除隊後も北京にとどまった。その後、外務省に入って北京の調査研究を進め、三六年にジャパン・ツーリスト・ビューローから『北平遊覧案内』を刊行し、三七年頃には北京市公署に採用された。石橋が戦後に執筆した『天壇』（山本書店、一九五七年）は、今日でも評価が高い。また、満鉄弘報部員で詩人・俳人でもある石原巌徹は、北京の芝居通であり、随筆「支那芝居の話」を寄せている。石原は、戦前に『支那劇物語』（朝日新聞社、一九三九年）、『満洲に因む支那劇物語』（〔「社員会叢書」第三十一輯〕、満鉄社員会、一九三九年）、『民国綺聞』（吐風書房、一九四一年）なども刊行している。さらに、一九三〇年から北京に住んで文筆業・翻訳にいそしんでいた村上知行もいた。村上は、『北平――名勝と風俗』（東亜公司、一九三四年）、『支那及び支那人』（中央公論社、一九三八年）、『古き支那新しき支那』（改造社、一九三九年）などを著しており、「北支画刊」には「随筆 夏の北京」を寄せている。

村上のように反戦人士も包括するところが、「新天地」グループが編集を担当した雑誌ならではの特色といえる。ともあれ、このグラフ誌は、満鉄社員、在華日本人文化人、日本留学組の中国人文化人との交流の場としても機能していたのである。

2 華北交通発行のグラフ誌とその特徴

華北交通の弘報体制

一九三九年四月十七日、中華民国臨時政府特別法によって華北交通が発足した。同日発行された「華北交通株式会社条例」には、その業務は華北および蒙疆での鉄道事業、自動車運輸事業、水運事業およびこれらに付帯する事業を経営すること、これに加えて満鉄北支事務局および華北汽車公司を吸収合併することとある。(17) 創立年度末の従業員数は、満鉄からの派遣員一万八千六百九十三人（中国人三千二十三人を含む）、鉄道省から派遣された日本人千二百三十五人、旧鉄路従業員の中国人約五万八千七十人、合計七万七千九百九十八人となっていて[18]、北支事務局成立時から三万人あまりも増えていた。

同年の七月になると、満鉄は「積極的に資本を投ずる事は止めることに方針を決定、従って華北交通への出資中二千万円についてもこれを北支開発に肩替わりし監督権をこれに譲ることになる模様である[19]」と報道されているように、華北経営から実質的に手をひくことになる。ただし、前述したように華北交通の社員のなかには多くの元満鉄社員が含まれていたため、華北交通の運営には満鉄システムが存続・機能した。この点については、「満洲日日新聞」に掲載された記事「華北交通に脈搏つ満鉄魂」に「各部は長、次長制となっているが、北支事務局の陣容をそのまま移行した関係、特に改められた点はなく全く満鉄職制を思わせる[20]」と書かれていることからもわかる。同様に、華北交通の弘報宣伝政策も、基本的に満鉄のそれを踏襲したものであった。

華北交通の弘報宣伝担当は総裁室資業局が担っていた。満鉄北支事務局に置かれた調査部を改めて資業局としたのは、華北の調査機能を満鉄北支経済調査所に集中させるためであり、そのため資業局発足当初は業務課、交通課、資料課、調査役が置かれたにすぎなかった。これに、一九三九年四月に日本内地での弘報宣伝の拠点として東京事務所が設置された（一九四〇年十一月に東京支社に昇格）。資業局は、四〇年十一月の第三次職制改正で総裁室から独立したおり、交通、商工、農畜林、鉱務、弘報、資料、統計、調査各主幹、および資料室に細分化され[21]、ようやく調査および弘報機能の拡張が図られたのである。

華北交通資業局による「北支」の刊行

華北交通創立から二カ月たった一九三九年六月一日、資業局は弘報用の月刊グラフ誌「北支」の刊行を始めた。印刷会社は、「北支画刊」第五号以降と同様に共同印刷がおこなったが、発行所は平凡社から第一書房に替わった。

誌面構成は、「北支画刊」を援用するものの、新たに広告も掲載するようになった。「北支」創刊号には、三協、森永製菓、東洋製薬貿易、原田商店、光栄商会、イチジク製薬、第一書房、日本染料など九社の広告が掲載されていて、同時期の「満洲グラフ」よりも広告点数は多かった。「北支」に掲載された広告に医薬品が多かったのは、広告の取り扱いが大阪市西区京町にある一新社であったことに起因する。この広告会社は、いまでも医薬品広告を専門に扱う企業として操業している。

「北支」を刊行した第一書房は、長谷川巳之吉《はせがわみのきち》が社主を務め、在野精神、反アカデミズム、芸術至上の理想を掲げていたのだが、なぜ「出版国策」を標榜し、華北交通のような国策会社に協力するように変節したのだろうか。その背景には、一九三八年四月に国家総動員法が公布された後、出版統制が厳しくなり、同年九月に新聞用紙供給制限令に基づいて用紙の使用が制限されたことがあった。長谷川は、当局から印刷紙の供給を受けやすくするために、新シリーズ「戦時体制版」の刊行を始めたのである。余談ながら、この企画にはベストセラーになったパアル《（ママ）》・バック著、新居格訳『大地』の第三部（一九三八年）、ヒットラア《（ママ）》著、室伏高信訳『我が闘争』（一九四〇年）が含まれている。[22] この企画が始まった翌年に「北支」の刊行が開始されたのである。そのときの状況について、第一書房で総合雑誌「セルパン」を編集していた詩人の春山行夫が次のような一文を残している。

その頃、北支の鉄道を管理していた華北交通会社から、現地編集のグラフ雑誌『北支』の刊行を引受けてもらいたいという話が第一書房にもちこまれ、北京から事業部長が来て、刊行に際しては補助金を出すといったが、長谷川氏は金をもらって出版することは、看板にキズがつくといって補助金はことわった。（略）華北交通会社のカメラマンは二十数人で、『北支』の刊行は、第一書房からでなければならないというそれらの人々のつよいイメジ《（ママ）》が、この話が持ち込まれた一因だったろうとおもう。[23]

その写真家の一人は坂本万七であったと思われる。坂本は、一九三〇年から三一年に第一書房から刊行された『山中常盤』全十二巻に関わっており、長谷川たちとも交流があった。その坂本が華北交通の弘報用写真を撮っていたことは、華北交通写真群によって確認されている。

さらに「セルパン」の一九三九年四月号掲載の「出版部便り」には、「北支」の創刊にあたって、次のような広告文が載っている。グラフ誌を充実させるためには撮影スタッフが不可欠であったことが強調されている。

わが第一書房は、東亜文化建設の一九三九年を迎へ、ここに更に躍動的新雑誌『北支』を創刊することとなつた。新雑誌『北支』は、カメラとペンによる現地報告だ。現在北支にあつて全幅の文化活動を示しつつある満鉄北支事務局と、わが第一書房との提携による新形態の文化グラフだ。新雑誌『北支』が従来の編輯概念に画期的な革新を与へんとする点は、現地編輯といふ新しいシステムである。そして更に驚異的なカメラ・スタッフだ。

さて、満鉄社員会の雑誌「協和」第二百四十一号（一九三九年）に掲載された「北支」の広告では、雑誌の体裁は四六倍判、写真ページは極上グラビア印刷で三十二ページ、記事ページは八ポ活字三段組みで十六ページ、毎月一日発行とある。掲載する写真については、「飽まで紹介写真を基調とし、之に一時的、際物的写真と名画調の趣味写真を適宜に配して全体に高雅な美術雑誌、カメラ雑誌の境地をも兼ねる」とし、グラビア総合誌の路線をねらっていたと思われる。しかし華北交通資業局は、前身誌「北支画刊」との違いとして、次の三点をアピールしている。

（1）制作スタッフの充実―新鋭優秀のカメラマンと編輯者を加えて制作陣は一段と強化した。

（2）内容倍加、画面刷新―『北支画刊』当時の写真三十二頁に一躍記事頁十六頁を加えた。カメラとペンの遺憾なきコンビである。しかもグラビア印刷に最適に紙質を選んだので、画面は一層鮮明化する。

（3）この内容と外観で定価は依然三十銭、発行に当る出版社は図書界に信望もある第一書房、印刷は東洋一の設備を有する共同印刷会社の美術印刷。[24]

こうして発行されたグラフ誌「北支」は、一般書店で発売されたほか、図書館にも寄贈された。発行部数は不明ながら、その頃の「満洲グラフ」の発行部数から想定すると、七千部を超えることはなかったと思われる。「北支」創刊後の「セルパン」に掲載された広告には、「グラフは全部オリヂナルなネガで届きます。それを最高級の機械にかけますから、素晴しい出来ばえです」「躍動支那を縦横に撮しとつたネガフイルムが洪水の天津を飛び越えてやつて来た。航空輸送によるニユウスチールの封切り。秋の北支はカメラマンにとつて被写体の氾濫期です[25]」とも書かれていて、写真の速報性とネガ焼きの美しさが強調された。

「北支」は、一九四三年八月一日最終号が発行されるまで全五十一号が刊行され、毎号四十九ページ前後で発行を続けた。ただ、四一年十二月一日発行の十二月号から用紙統制のため一般書店に配本されることはなくなり、直接予約申し込みをする購読制度に変更したり、四三年二月以降の最後の七号分は四十一ページに減ページとなったりするなどの変化は見られた。

「北支」の創刊から停刊に至るまでの五年半弱の編集長は、華北交通資業局資料課の加藤新吉であった。加藤は、一九二〇年に明治大学法科を卒業し、翌年に満鉄に入社した。満鉄では、まず人事課、文書課での勤務となったが、入社直後の二一年六月から前述した「新天地」の創刊に携わっている。さらに二七年四月に社長室情報課に転じて、弘報係主任として松岡洋右副総裁や高柳保太郎嘱託から弘報業務に関する薫陶を受けたと、前述した石原巌徹の回顧文でも触れられている。さらに同月、満鉄社員会成立とともに、その宣伝部長にも就任している。二九年七月には社命を受けて欧米留学をすることになったとき、前述したように弘報係主任は八木沼丈夫に交替した。[26]日中戦争後、加藤は三八年に華北交通に転出し、総裁室資業局伊藤太郎局長のもとで次長となり、企画委員会調査役も兼任した。[27]そして、「新天地」グループの人脈に沿って、「北支画刊」編集者であった城所英一から、新規発行の「北支」の編集長のバトンが渡されたのである。なお、四一年十月、加藤が資業局長になったとき、

城所は同局参与として弘報主幹になっている。(28)

「北支」の誌面から見ると、写真ページと記事ページは三対一という割合で構成されていた。写真ページのページ数は、「北支画刊」と同様に計三十二ページから三十三ページを占めていて、見開きページあたりほぼ四点の白黒写真を掲載していた（減ページ以降の号は二十五ページ）。それらの写真には、「満洲グラフ」「北支画刊」と同様に当初は日英両文でタイトルが付けられたが、太平洋戦争勃発の翌年の一九四二年の三月号から英文のキャプションが廃止されている。元来「敵性語」は使用不可という法規的な条項は公布されていなかったため、この措置は編集者側の自己規制であっただろう。一方、記事ページのほうは、前述の「協和」の広告どおり「北支画刊」に比べて圧倒的に増えて、毎号平均八編（ページ減少後は六編）が掲載されている。

「北支」は、一九四二年から特集号を組むようになった。その年の一月号「東亜共栄圏の期待する北支の資源」、二月号「北支の土地と人」、三月号「北支の歴史」、四月号「愛路工作」、五月号「美しき北京」、六月号「北京の市民生活」、七月号「支那事変五周年」、九月号「回教及び回教徒」、十月号「山西省」が特集された。また、「特輯」と銘打っていないが同様な企画ものとして、四三年の四月号「決戦下・華北交通の使命　治安の確保」、六月号「治水と利水」もあり、いずれも華北の特徴を知らしめようとする意図が感じられる。

さらに一九四一年以前の傾向を見るために、掲載された写真ページ八百三十六件をカテゴリー別に分けてみると、表1のような結果となった。グラフページでは石炭、鉄鋼、アルミ、塩など華北の重要資源に関わる鉱工業の写真ページがいちばん多く（記事ページは鉱工業十一件）、また鉄道、交通、農業などが上位を占めるのは理解できるだろうが（記事ページは農業二十四件、運輸・交通二十一件、鉄道二十件）、これらと比肩できるだけの分量で歴史三十五件、生活（衣食住ほか）二十一件、祭祀二十一件、民族十九件、芸術（美術・工芸・芝居ほか）十八件、観光十五件などの写真ページ、記事ページが上位を占めていることに違和感を持つかもしれない。ところが、当時はそれほど不思議なこととは捉えられてはいなかった。この点、四〇年発行の「華北交通」のなかで、加藤は次のように指摘している。

民族の興亡、文化隆替の悠久なる歴史を持つ北支蒙疆は、至る処史蹟を蔵し、また地理的景観にも恵まれてゐる。例へば北京の内外城に散在する名所旧蹟をはじめ万里長城、大黄河、内蒙の景観など世界的観光資源として有名なものも多い。[29]華北交通は将来に備へて之等大小の観光地の保持に努むる旁ら、未開発のものに対しても調査を進めてゐる。

また、華北では人材の「開発」も看過できない課題だと認識されていた。実際、華北交通の社員(嘱託を含む)の八〇パーセント弱が中国人であったこと、鉄道沿線の治安維持のために地元中国人の協力が必要とされたことが理由であった。この点について、加藤は次のように述べている。

華北交通会社は、鉄道と自動車と水運との単なる経営会社ではなく併せて大陸の土地と住民とを開拓し啓発すべき使命を持つてゐる。このことはわが国策の先駆たる開拓鉄道としての特質にもとづくものである。[30]

華北交通では、一九四〇年十一月の第三次職制改正によって、総務局が日中両国の教育・人材養成に関する総合計画を実施し始めた。実際には満鉄北支事務局時代の三八年以降こうした試みはすでに進められていた。たとえば、中堅官吏養成のために創設された新民学院、鉄道人材の育成のための鉄路学院、青年学校、扶輪学校や学習生制度、治安維持訓練のための愛路少年隊(十一歳—十七歳)、愛路青年隊(十八歳—二十五歳)、そして女性の生活の自立を促すという名目で宣撫活動を補助させるために婦女隊も結成されていたのである。[31]

こうした写真の内容や撮影者については、華北交通写真群などを用いて研究・調査が進められている最中であるが、当時の写真家は弘報課専属だけでなく、北支那派遣軍の報道カメラマン、フリーのカメラマン、さらにアマチュアもいたことがわかりつつある。ここでは特徴的な三人の写真家を取り上げたい。

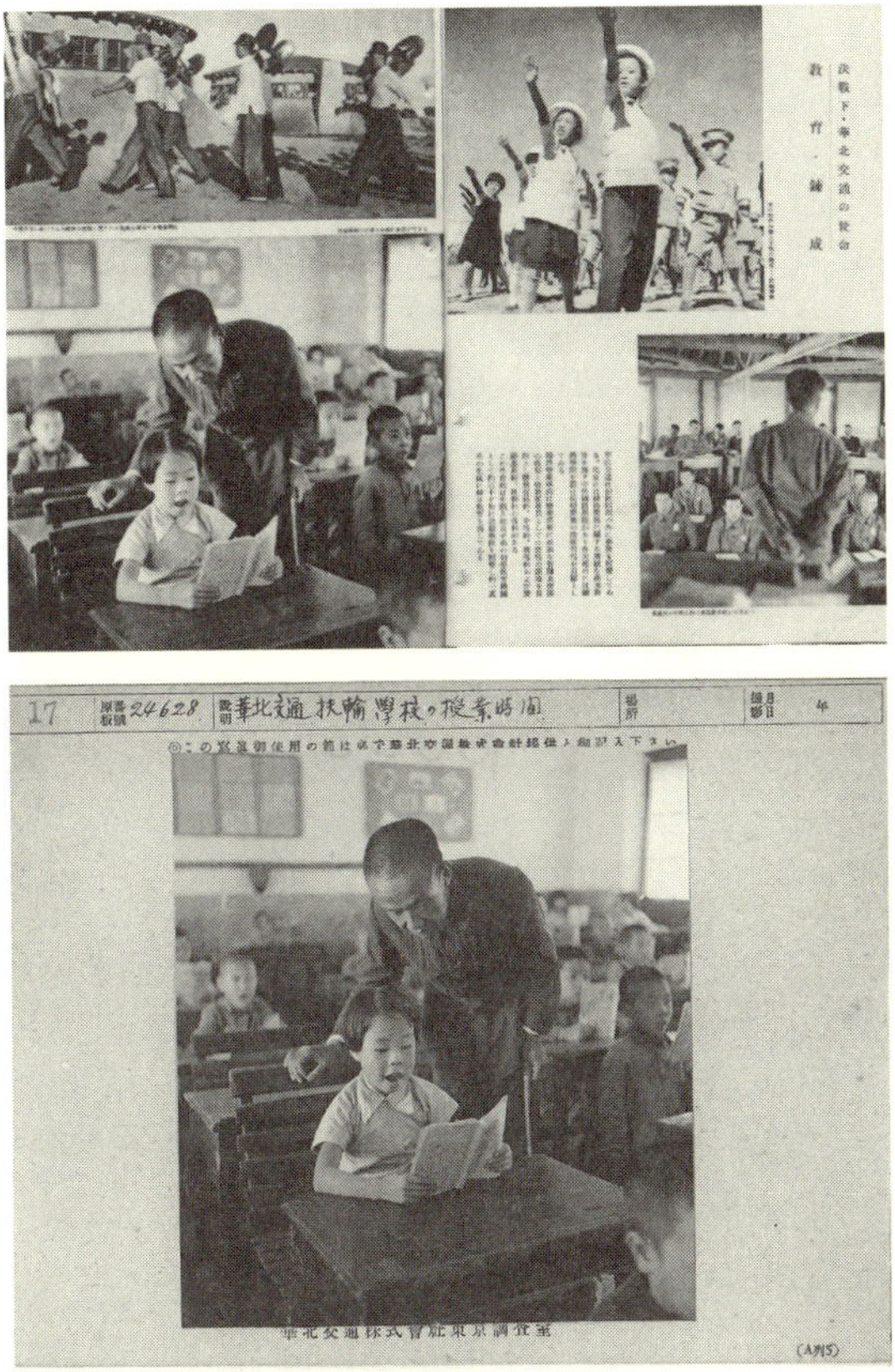

図3　扶輪学校の日本語教育の様子
（出典：上＝「北支」第5巻第4号〔1943年4月1日〕、下＝華北交通写真群の一枚）
注：上の「北支」掲載写真の撮影者は、下の華北交通写真群でもわからなかったが、『大陸の風貌』19ページのキャプションに「吉田潤「小学生（北支・北京）」」と書かれてあり撮影者が判明したのである

一人は、「北支」創刊から関わっていた華北交通弘報課の写真室主任吉田潤である。吉田は、満洲国成立の翌年、つまり一九三三年に大連の日本国際観光局が発行する「旅行満洲」編集に従事し、その後、奉天、北京へと転勤して満鉄北支事務局を経て、華北交通弘報課写真室主任に就任した[32]。四〇年、吉田は現地の陸軍報道部の肝いりで在留邦人のアマチュアカメラマンを集めて北支写真作家集団を結成し、翌年には一冊目の写真集『大陸の風貌』を刊行した。この集団は北京市内で何回か写真展を開催して、二冊目の『大陸の風貌』の刊行を準備していたが、「用紙の確保がむつかしく出版不能となった」ので、集団の活動も事実上停止となった。失望した吉田はこの集団を解散して、自身は四三年、東亜交通公社に転職して広報課の主任カメラマンに、翌年には写真部主

任に就任した[33]。この『大陸の風貌』を用いて「北支」のなかで吉田の作品だと確認できたものは、①一九四〇年四月号「花嫁」、②一九四二年五月号「特輯美しき北京 天壇」、③同七月号「特輯 支那事変五周年 鉄路愛護村二」、④一九四三年四月号「決戦下・華北交通の使命 教育・錬成」（図3）である。

二人目は前述した坂本万七である。坂本は、一九三三年から四〇年にかけて満蒙の遺跡調査団に参加して撮影をおこなっていた。たとえば、三三年に関野貞、竹島卓一らがおこなった熱河、承徳の遺跡調査、三九年に京都帝国大学の田村実造らがおこなった慶陵調査などである。「北支」に掲載された坂本の写真は、四二年一―三月号の「支那の住宅」、同一―二月号の「椅子をつくる」、同一月号の「雲崗石仏」などがあるが、華北交通写真群からは、張家口の関帝廟や大境門、万里の長城の居庸関なども撮っていたことが確認できる（分類番号五十六）。

三人目は、医師であり民芸運動家であった吉田璋也《よしだしょうや》である。吉田は一九三八年、軍医として華北を訪れてから中国の工芸研究を始め、四一年に北京で「厚民工芸（自立支援のための工芸品製作）」を提唱する新作民芸運動を進め、また石門では華北厚生産業指導所を設置して女性の自立を促す運動を進めた[34]。吉田は、そうした活動のなかで中国の民芸運動の様子をカメラに収めて、「北支」の一九四二年三―五、九月号に「今も焼く北支の民窯」というシリーズを収録している。

一方、「北支」全五十一号には四百十四編の記事ページが掲載されている。そのうちの百九編（全体の二六パーセント）は、「北支」刊行を担当していた資業局の職員・嘱託による文章であった。華北交通の関係部局である総務局、警務局、水運局、資源局、資料課、厚生課、各地の鉄路局、保健科学研究所など華北交通社員会のルートを使って文章を寄せてもらっていて、社全体の関係者の文章を合計すると全体の約三八パーセントにあたる百五十八編が掲載されていたことになる。

なかでも「北支」の編纂長であった加藤新吉は、一九四三年二月までの毎号に随筆「可園雑記」（計三十八編）を、この後に続いて「東城記」（計六編）を執筆していて（表1では「日記」に分類）、全部で四十四編の随筆を掲載している。この量は、「北支」記事ページ全体の一割強にあたり、個人としての貢献は突出していた。その内容は現地の日本人と同じく自身が直面する住宅問題を話題にしたものであり、ときにその軽やかな文体のなかに加藤の思想の立ち位置が表現されている。当時の情勢を考えると、加藤の随筆に見られる次のような表現は当局から睨まれる危うさを内包するものであったが、戦争よりは現地住民との共存を唱えていた「新天地」グループの真骨頂が示されていたともいえる。

> 済南、青島、上海を占領しても忽ち逃げ帰つた日本人だ、どうせ長くはないと〔中国人は〕思つて居る。蒙古百年、満清三百年、今度もせいぜい百年の辛抱と彼等が考へてゐないと誰が保証し得るか。大陸民族と島国民族との気の長さ加減は、梯子なら段がちがひ算盤なら桁がちがふ。（「北支」一九三九年八月号、四〇ページ）

> 日本人は大陸に於ける大建設を考へてゐる。それによるアジアの興隆を期待して国民は張り切つてゐる。その為の幾多の計画が樹てられて居る。願ふは張り切つた余りに島国と大陸との相違を忘れないことである。祈るは紙の上の計画が洪水で押し流されないやうにである。望むところはもつと支那の古老や農夫や風水先生を尊重することである。（「北支」一九三九年十月号、四二ページ）

次に多く執筆しているのが前述した華北交通旅客課主任の石原巌徹で三十一編、そして満鉄時代以来農業調査を進めていた資業局調査役の水野薫（みずの・かほるはペンネーム）二十三編、資業局資料課の小野勝平十編、慶応大学出身の日本通で満鉄嘱託であった北京在住の黄子明《こうしめい》八編、「新天地」にも関わっていた宇澄朗《うちょうろう》七編、京都帝国大学村田治郎（建築史）六編、東方文化研究所の水野精一（考古学）六編、満洲日日新聞社東亜部（新民会嘱託）小松健三郎五編、前述した北京在住の作家・翻訳家村上知行五編などであった。

華北交通以外の機関では、小澤開作や吉田璋夫らが属する新民会十一編、満鉄北支調査所六編、華北労工協会三編、北京市公署財政局二編、新民印書館一編のほか、満洲日日新聞社以外のマスコミ関係では東亜新報社七編、大毎東日社一編の寄稿が見られる。また、村上知行以外の作家では、大連で安西冬衛らと詩誌「亜」を創刊した詩人北川冬彦、女流作家田村（佐藤）俊子、平凡社勤務の詩人・随筆家の春山行夫、北京在住のプロレタリア文学の作家平田小六がそれぞれ一、二編の随筆を寄稿している。

また、研究者による記事ページも看過できない。前述した村田、水野のほか、北京大学医学院多田貞一（『北京地名考』〔新民印書館、一九三八年〕の著者）、北京大学工学院山越邦彦（建築学）、同大学理学院冨田達（地学）、同農学院西田周作（畜産学）、北京師範大学今堀誠二（中国史）、北京輔仁大学直江広治（民俗学）、仏教研究家三好鹿雄（仏教史）、日本内地からは東方文化研究所長日比野丈夫（歴史地理学）、善隣協会調査部長後藤富男（モンゴル史）、京都帝国大学農学部杉本寿（農学）、大谷大学道端良秀（仏教史）、慶應義塾大学医学部小泉丹（動物学）らが、それぞれ専門に関する随筆を一―三編を寄稿している。

このように「北支」には、華北交通社員会会員、満鉄出身者のほか、作家、学者などの文化人が寄稿しているが、注意すべきは軍人、政治家、経済人の寄稿が見られないことであった。このように「北支」は多面的な「開発」と華北の「郷土化」を謳ったユニークな雑誌であったが、誌面上何の予告もなく、一九四三年八月号でもって停刊となった。ともあれアジア主義を標榜する日本人の中国観が如実に現れていた雑誌であったといえる。

華北交通東京支所による「華北」の発行

一九四一年十二月八日、太平洋戦争勃発を契機に、政治や社会の趨勢が戦争に向けて収斂し、日常の生活用品は不足し、経済も言論も統制が強化された。一九四二年秋には、資材の欠乏と情報統制を理由として、内閣直属の情報局は第一書房に対して「北支」を廃刊するように指令を下した。しかし、華北交通は情報局との折衝の結果、誌名を「北支」から「華北」に改めること、内容に時局色を盛り込むこと、発行所を東京の第一書房から華北交通とすることなどを条件として、グラフ誌を続刊させた。[35] むろん、こうした条件は、一九四三年二月に出版統制を規定した「出版事業令」公布の影響もあって、グラフ誌の内容や誌面構成を変化させることになった。

一九四三年四月、華北交通は会社機能の軍事化・効率化を促すための第二次職制改革に着手した。その結果、東京支社は赤坂区葵町二番地から麴町区内幸町一丁目二番地一に移転したが、千代田区丸ノ内の東京調査室（弘報）や留守宅課、品川区上大崎の東京調査室（資料）は移転しないままですんだ。さらに、その七カ月後に第三次職制改正が実施され、東京支社長は島一郎から総務局参与局長であった伊藤太郎に替わり、弘報機能の強化が図られた。(36)

こうして伊藤太郎東京支社長のもとで、一九四四年二月十日に月刊のグラフ誌「華北」の刊行が始められることになった。まさにその日、情報局は写真宣伝用資材の配給統制、写真宣伝業務の調整、写真による啓発宣伝と指導を図るために写真宣伝協議会の設置を決定していた。(37)このように写真統制が実質化するなかで、グラフ誌「華北」は毎月一日に発行され（第一巻第五号だけ五日発行）、一九四四年十二月一日最終号となる第一巻第九号まで、十一カ月で合計九号が発行された（五月は未発行）。印刷は「北支画刊」「北支」と同様に共同印刷がおこない、書店への取り次ぎは神田区淡路町にある統制機関日本出版配給が担当した。「華北」は、前身誌である「北支」などと違って、編集作業が北京ではなく東京でおこなわれたことが特徴であった。

「華北」のページ数は毎号四十ページほどだったが、一九四四年九月一日発行の第一巻第七号から十ページ削減された。写真ページは毎号二十五ページ（ページ減後は十七ページ）ほどで、見開きページに四点ほどの白黒写真が配置され、それぞれに日本語の簡単なキャプションが付けられた。一方、記事ページは、毎号平均して六編、十五ページ分が掲載された。「北支」と比べると、誌面での写真ページの割合が減ったことになる。「華北」は、すでに述べたとおり東京で編輯作業がおこなわれていて、従来のグラフ誌でアピールしていた「現地編輯」の原則を崩している。

「華北」創刊号の奥付を見ると、編輯者は華北交通東京支社の河瀬松三が担当と印字されている。河瀬は、県立熊本中学校卒業の翌年、一九二〇年に満鉄に入社し、まもなく八木沼丈夫、城所英一などと同様、前述した歌誌「満洲短歌」の同人、「新天地」の編集委員になっていることから、「新天地」グループの一人であったことははっきりしている。三二年に満洲国が成立すると、河瀬は満鉄を離れ、満洲国政府の文教部庶務科に転任し、国立奉天博物館総務課書記官嘱託を経て、三四年には文教部礼教司事務官などを歴任した[38]。そして日中戦争勃発によって満洲国政府を退職して華北入りしたのである。ただ河瀬がいつ東京に戻ったかはわからない。

「華北」全九号のうち、特集号と印字された号は第七号「華北の植樹運動」、第八号「華北の農民生活」、第九号「愛路入村工作」の三号であったが、印字はなくても第一号は教育、第二号は治安・開発、第三号は「戦力資源増送」、第四号は山西省、第五号は蒙疆、第六号は華北の住宅といったように、どの号も特定の企画を意識した誌面内容であった。これらの特集号を見ると、あたかも華北交通の活動成果報告書をまとめるような内容になっ

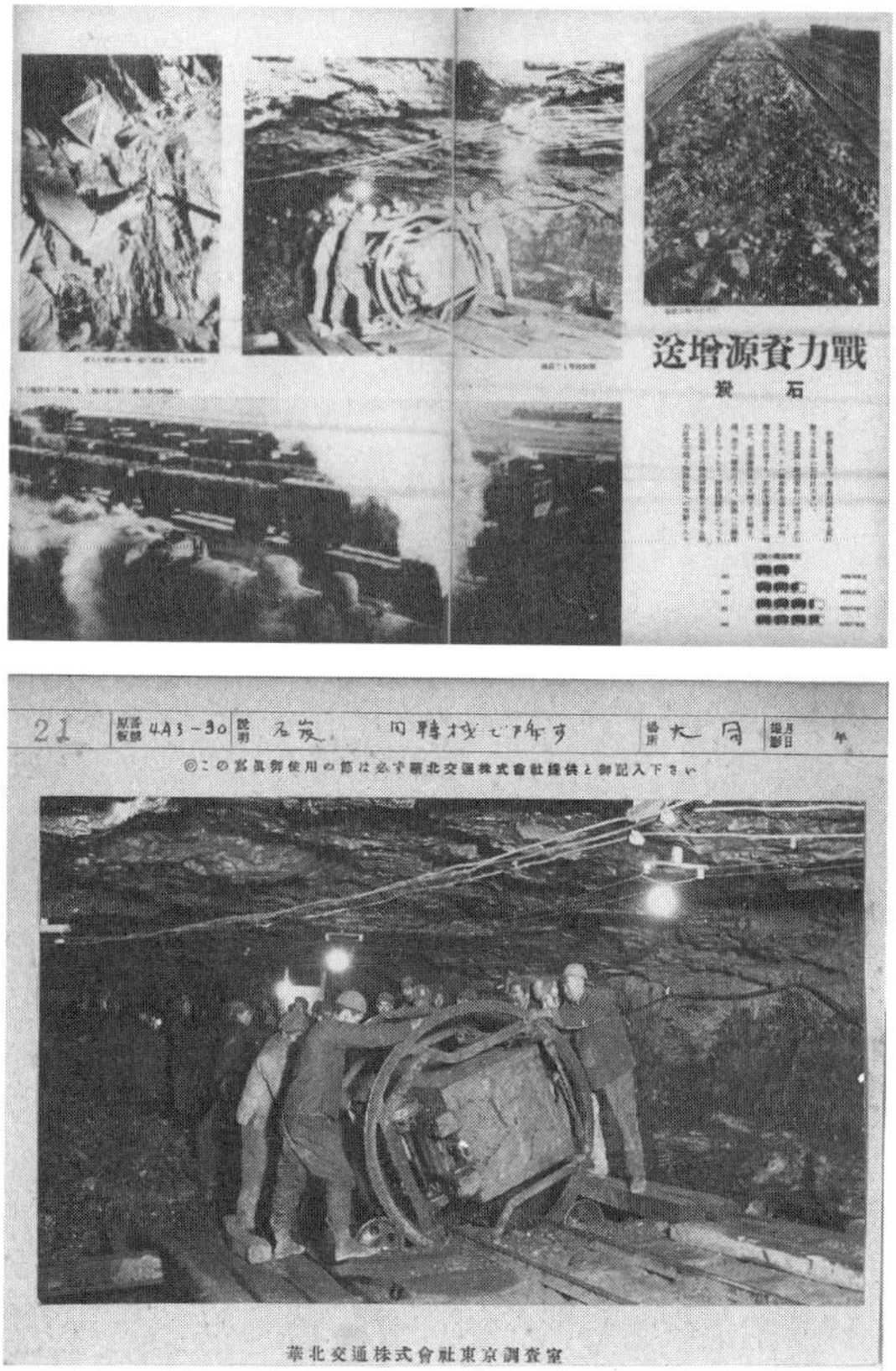

図4　戦力資源の石炭
（出典：上＝「華北」第1巻第3号〔1944年4月10日〕、下＝華北交通写真群の一枚）
注：上から、この場所が山西省の大同であることがわかる

ており、戦局が末期を迎えていたことを意識していたかのように思える。

写真ページは計百四編があり、「北支画刊」「北支」と同様なカテゴリーで分類すると、表1のような結果が見られた。編集作業が東京に移されたことは、この分類にも反映している。鉱工業が第一位であることは「北支」の場合と同様であるが、これまでのグラフ誌と比べても鉱工業資源が「戦力資源」であることを強くアピールする誌面構成になっている。華北は、それまでのように日本への資源供給地としてだけでなく、緊急性・重要性を帯びた軍事補給地域へと転化していたと認識されたのである。

一九四四年という逼迫する戦争状態のなかで、軍事・治安・宣撫方面の重視は、日中戦争直後に刊行された「北支画刊」の場合と同様な傾向にあった。軍事に関わる写真ページとしては、第二号「和平救国軍」、第四号「山西討伐行」、第五号表紙「蒙古軍」、第六号「中原作戦」「民心安定」があり、また治安関連のそれは第二号「日華協力して防空演習」「北京のお巡りさん」「華北交通鉄道青年隊」、第三号「善隣・保衛」「交通戦士」、第七号「華北の防空態勢」、第九号「村民は斯く結束せり」「華北交通青年隊幹部訓練」などのテーマで写真が掲載されており、情報局の指導どおり時局を反映させていたことがわかる。

ただ前身誌「北支」と比べて決定的に異なる点は、歴史を取り上げた文章が少なくなっただけでなく、芸術や民俗関連の写真ページがなくなり、「郷土化」の意識が希薄になっていたことである。情報局の指導があってやむにやまれない編集方針だったのだろうが、「新天地」グループに属する河瀬としては「満洲グラフ」から「北支」に至るまでのグラフ誌の系譜と違った特徴を備えるグラフ誌の刊行については内心忸怩たる思いだったろう。ただし、たとえば「華北」第一巻第九号（一九四四年十二月一日）には、「愛路入村工作　同郷の同志として」という写真ページもあり、「郷土化」が完全に看過されていたわけではなかった。

一方、記事ページは計四十七編が掲載されていて、号によっては五編から九編とばらつきがあるものの、前述したように毎号特集号あるいは同趣旨で編集されていたため、内容にはまとまりが見られた。それらの執筆者を見ると、華北交通資業局の小林悟一郎、板屋猛《いたやたけし》（『満洲国県参事官物語』〔出版社・出版年とも不明〕を執筆）の二人だけが「北支」に寄稿した者であるが、他の執筆者は「北支画刊」や「北支」に名前が見当たらない。明らかに執筆者グループに変化があったことが見受けられる。

記事ページの内容は、写真ページと連動している。第二号「決戦輸送」「皇道の光を求める中国青年――愛路工作者の手記から」、第七号「河南作戦と黄河」などの記事に見られるように、軍事や治安についての意識を喚起させる文章が掲載されている。また、戦力資源としての鉱工業に強いメッセージ性を持たせている記事として、第二号「華北蒙疆の資源」、第三号「華北資源略図　共栄圏生産量」、第四号「山西省の資源とその開発」がある。これら記事ページの執筆者は、華北交通社内では鉄路局長、保険科学研究所、華北房産、華北交通写真の関係者であり、マスコミ関係では赤谷達（毎日新聞社北京支局）、石川順（大毎東日社北京支局長）、高建子（東亜新報社）がいて、学術関係では北京大学山越邦彦（建築学）らが執筆している。

「華北」は、終戦前年の一九四四年十二月一日で停刊となったが、四五年三月三十一日には華北交通全体も調査・弘報・統計業務を廃止した。[39]その翌月には支那派遣軍司令官が華北交通を軍の機構に組み込み、これを北支那交通団に改組するとともに、鉄路局を交通団、鉄路監理所を地方交通分団、警務局を防衛総本部防衛局に改組した。さらに日本人従業員は、全員無給の軍属に身分変更がおこなわれた。実質的にこのとき華北交通の会社機能がストップしたといえる。[40]

一九四五年夏に終戦を迎えると、国民政府交通部平津区特派員石志仁らは、その年の十月十一日から翌年の五月三十一日まで、華北交通が運営していた鉄道、道路、電信、船舶、郵便局、病院、学校、農場、林業地などの関連施設を接収した。[41]一方日本では、終戦とともに東京支社の建物がＧＨＱ／ＳＣＡＰ（連合国軍最高司令官総司令部）に接収されたため、支社は豊島区大塚の旧白木屋ビルに移転し、その後は旧丸ビル三階の華北車両株式会社の東京事務所に同居して残務を処理した。しかし、同年十月四日にはＧＨＱ／ＳＣＡＰが華北交通の閉鎖を命じ、翌月二十五日に大蔵・外務・司法省令第四号によって閉鎖機関に指定され、四七年三月八日から五二年三月三十一日まで特殊清算手続きが実施され、[42]その完了とともに華北交通は消滅したのである。[43]

おわりに

戦争の同時代的記憶とは、ラジオから聴覚を通じて受容する大本営発表の「戦勝」ニュースと、ニュース映画やグラビア誌によりながらも、戦闘や死傷者、「敵」の存在を視覚から隠蔽して刷り込まれたイメージで形成された。戦争への士気を損なうすべての記録や記憶は、検閲や統制を通じて消去され、戦闘という実態からもかけはなれ、メディアが伝える戦争の影ともいえる印象で塗り替えられた。制限された情報環境のなかでは、誰もが戦況について正確な判断を下すことが不可能であったろうし、もとよりその正確性を問うこと自体が「非国民」扱いされ、回避される傾向にあった。日本本土では、沖縄や台湾・朝鮮植民地、外地、満洲のように非戦闘員が戦闘シーンに遭遇するような状況は少なく、銃後の人々は空襲、戦争に伴う災害や不幸、餓えや病気といった戦争の影に苦しんだが、戦闘体験の悲惨さを経験したわけではなく、また実戦経験者の多くは戦後そのことに触れようとはしなかった。そのため、日本で、実戦による悲劇は戦後のナラティブのなかでマスコミや学校が再生産して戦争像が形成されていくことになってしまった。

実際、満鉄や華北交通が刊行したグラフ誌は、実戦の状況を隠蔽し、写真と文字とを通じて日本（内地・外地）の人々や在華日本人に対して、「東亜新秩序」という時代認識と、日常的な「生活」「思索」「感覚」とを結び付ける装置としての役割を果たした。グラフ誌を通じて刷り込まれた満洲や華北での「開発」と「郷土化」という神話は、ある種の大陸ノスタルジーを伴って、同時代的経験者だけでなく、戦後世代までもが共有、共鳴することもあり、当時の弘報宣伝関係者にとっては予想外の「効果」をあげたと思えたことだろう。

日中戦争勃発以降に刊行された「北支画刊」「北支」が、こうした「開発」と「郷土化」という二つのイメージをアピールする誌面構成になったのは、もちろん北支那方面軍報道部による統制や検閲の結果であったとはいえ、これらの雑誌の編集者、執筆陣などの人脈によるところも大きかった。特にグラビア誌の編集長であった「北文画刊」の城所英一、「北支」の加藤新吉、「華北」の河瀬松三は、ともに満鉄社員会を勢力基盤として反政友会運動をおこない、満鉄から華北へ異動した後も弘報業務に携わり続け、なおかつ、「満洲短歌」「新天地」の人脈を引き継ぐアジア主義たちだった。彼らの志向性は、「北支画刊」や「北支」では濃厚に表現されており、「華北」でも制限されたなかで継続されていたことは本文で見たとおりである。

なお、一九三九年七月、「北支」創刊とほぼ同時期、華北交通社員会誌「興亜」が創刊された。「興亜」は一九四四年十一月号まで全五十七号が発刊されている。「北支」が対外的なPR誌であったのに対して、「興亜」が社内向けの雑誌との位置づけがなされ、その対照的な関係が誌面構成にも現れた。詳細に述べる余地はないが、「興亜」には軍隊の様子、華北交通内の労働問題など、表に出せない情報が盛り込まれていたのに対して、「北支」のほうではそうではなかった。その内容比較は、今後の課題となる。

注

(1)「出版部便り」「セルパン」一九三九年四月号、第一書房、二〇〇ページ
(2)林采成「戦時期華北交通の人的運用の展開」「経営史学」第四十二巻第一号、経営史学会、二〇〇七年、五、七ページ
(3)『満洲紳士録』第三版、満蒙資料協会、一九三七年(満蒙資料協会編『満洲人名辞典』中、日本図書センター、一九八九年、一五六八ページ)
(4)石原巌徹「大陸弘報物語(二)」「満鉄会報」第四十六号、満鉄会、一九六六年十月二十五日、五ページ
(5)松沢哲成「満州事変と「民族協和」運動(満州事変)」「国際政治」第四十三号、日本国際政治学会、一九七〇年、八四ページ
(6)『満洲文芸年誌』第一巻(杉野要吉編『「昭和」文学史における「満洲」の問題』第三巻〔「叢刊〈文学史〉研究」

第三巻」、早稲田大学教育学部杉野要吉研究室、一九九六年、四二二ページ）
（7）小泉京美「故郷喪失の季節——満洲郷土化運動と金丸精哉〈満洲歳時記〉の錯時性」「フェンスレス」第二号、占領開拓期文化研究会、二〇一三年、一九ページ
（8）小泉京美「満洲郷土化運動と〈日本文学〉——短歌・俳句・歳時記」「東洋通信」第五十巻第九号、東洋大学、二〇一三年、二五ページ
（9）「北支鉄路建設の苦心を語る座談会」「現地報告」三十四（第八巻第八号）、文藝春秋社、一九四〇年七月十日、一七六、一九〇—一九一ページ
（10）「北支那開発株式会社及関係会社概要」昭和十五年度（依田憙家『日中戦争資料4　占領区支配Ｉ』河出書房新社、一九七五年、四二三ページ）
（11）「朝日新聞」一九四三年十二月十二日付
（12）黄漢青「新民印書館について」「慶應義塾大学日吉紀要　言語・文化・コミュニケーション」第四十一号、慶應義塾大学日吉紀要刊行委員会、二〇〇九年、一三九ページ
（13）尾崎秀樹著、平凡社教育産業センター編『平凡社六十年史』平凡社、一九七四年、一八六—一八七ページ。東京国立文化財研究所編『日本美術年鑑　昭和四十六年版』東京国立文化財研究所、一九七二年、一〇七—一〇八ページ
（14）「北支画刊」に安藤更生の名前は見当たらないが、「北支」一九四一年一月号には安藤が執筆した「支那紙の話」が掲載されている。
（15）石原巌徹「大陸弘報物語（完）」「満鉄会報」第六十四号、満鉄会、一九六九年十一月十五日、八ページ。淵上白陽は「北支画刊」の編集に協力したが、編集長とする指摘の根拠は見当たらない（中井幸一「暗黒時代のプロパガンダ」、小沢健志ほか編『日本写真全集』第十巻所収、小学館、一九八七年、九四ページ）。
（16）城所英一「『満洲短歌』の立場」「満洲短歌」一九三一年五月号、満洲郷土文化芸術協会。詩誌「亜」については、守屋貴嗣『満洲詩生成伝』（翰林書房、二〇一二年）を参照。
（17）「朝日新聞」一九三九年四月十六日付
（18）満鉄会編『満鉄社員終戦記録』満鉄会、一九九六年、七二三ページ

（19）「読売新聞」一九三九年七月十九日付
（20）「満洲日日新聞」一九三九年四月十九日付
（21）「満洲日日新聞」一九三九年四月二十日付。華北交通社史編集委員会編『華北交通株式会社社史』華交互助会、一九八四年、一二八―一二九ページ
（22）関口安義／布川角左衛門「第一書房　長谷川巳之吉――生涯と事業」、林達夫ほか編著『第一書房　長谷川巳之吉』所収、日本エディタースクール出版部、一九八四年、五八―五九ページ
（23）春山行夫「私の「セルパン」時代」、同書所収、一二三―一二四ページ
（24）華北交通「カメラとペンの現地報告　グラフ雑誌『北支』出現」「協和」第二百四十一号、満鉄社員会、一九三九年五月十五日、一一ページ
（25）「セルパン」一九三九年九月号と十月号の巻頭に掲載された「北支」の広告文による。
（26）竹中憲一編著『人名事典「満洲」に渡った一万人』皓星社、二〇一二年、三九六ページ
（27）前掲『満洲人名辞典』中、一五七六ページ
（28）加藤新吉編『華北交通　昭和十七年版』華北交通、一九四一年、八四ページ
（29）加藤新吉編『華北交通』華北交通、一九四〇年、二七ページ
（30）同書三三ページ
（31）前掲「戦時期華北交通の人的運用の展開」一〇―一二ページ
（32）渡辺好章「吉田潤の作品」「写真の教室」一九五二年六月号、アルス、九五ページ
（33）東京都写真美術館監修、日外アソシエーツ編『日本の写真家――近代写真史を彩った人と伝記・作品集目録』日外アソシエーツ、二〇〇五年、四三一ページ
（34）菊池裕子「Visualising Oriental Crafts: Contested Notion of ‘Japaneseness’ and the Crafts of the Japanese Empire」、稲賀繁美ほか編『東洋美学と東洋的思惟を問う――植民地帝国下の葛藤するアジア像』所収、国際日本文化研究センター、二〇一一年、二一八ページ
（35）前掲『華北交通株式会社社史』一二七ページ

(36)「朝日新聞」一九四三年五月八日付。前掲『華北交通株式会社社史』一八九、一九三、二〇五ページ
(37)白山眞理『〈報道写真〉と戦争——一九三〇—一九六〇』吉川弘文館、二〇一四年、二七六ページ
(38)『最新満洲国人名鑑』明文社、一九三四年(『日本人物情報体系』第十一巻、皓星社、一九九九年、六一〇ページ)
(39)前掲『華北交通株式会社社史』一二九ページ
(40)同書七〇五ページ
(41)「銀行週報」第三十巻第二十六期、銀行週報社、一九四六年、二四ページ
(42)前掲『華北交通株式会社社史』一七四、六九五ページ
(43)一九四六年四月五日に華北交通関係者OBは華北交通互助会(略称：華交互助会)を組織し、団体活動や会報を通じて華北交通の記憶を共有し伝達を始めた。しかし、その互助会も、戦後五十五年にあたる二〇〇〇年十月に熱海で解散大会を開催し、活動を停止した(福田英雄編『華交互助会略史』華交互助会、一九八八年、一ページ)。

エピローグ　相関地域研究についてひとこと
――比較と関係性

貴志俊彦／山本博之／西　芳実／谷川竜一

編者四人が所属している京都大学地域研究統合情報センターは、地域研究と情報学との学際的融合をはかる試みに挑戦しつつ、「地域情報学」と「相関型地域研究」を二つの柱とした国際的な共同研究を進めている組織です。このセンターが発足したのが二〇〇六年四月ですから、まもなく十年目に入ることになります。

十年という節目を迎えて、わたしたちは、これまでの共同研究のごく一端であるにせよ、このセンターが標榜する一つのミッション「相関地域研究」を冠した三巻シリーズを青弓社から刊行することにしました（本シリーズでは「型」は削除）。なにより、わたしたちがやってきた成果、あるいはそこから得た叡智を社会に還元するための試みの一つとして位置づけ、本書がその第一巻にあたります。

ここで「相関地域研究」についてひとこと触れておきたいと思います。いま世界各地が直面している複雑な諸課題に対して、一つの小空間ではなく、複数地域を横断する広域的な視点から迫ることが必要であることは、もはや常識ともいえます。本書の冒頭にも述べましたが、二十一世紀の地域とは、連動し、影響しあい、それゆえに容易に変化する空間です。こうした急激に変化する地域を理解するために、各地域の特性を明らかにすると同時に、その地域がある種のアイデンティティをもちえていることを捉え、同時に、連鎖する複数地域とともに、世界でどのような役割と意味をもっているのかについて、比較と関係性という二つのキーワードを用いて研究を試みるのが「相関地域研究」の手法の一つです。

また、いかなる地域も、歴史的淵源の延長線上に存在しています。そのため、複数地域のあり方も時代とともに変容する可能性があることはいまさら論じるまでもないことですが、時代と地域との相関関係は、アジア域内といえども、それぞれの地域によって相当に異なっていることはもっと留意されていいと思います。同じ二十世紀、続く二十一世紀にあっても、すべての地域が同質の条件にあるわけではないことは誰もが知っています。しかし、地域間で、なにが、どのように違うのか、その原因は何なのか、将来どのように変化していくのか、そのためにどのような関係を構築すべきなのか、多くの見解は提示されますが、それらの疑問に対して明確に答えられることはありませんでした。こうした疑問に答えるためには、地域を比較することでみえてくることがあるはずです。二十一世紀に生きるわたしたちは、これまでの時代との関係性のなかで、今後どのように生きていけばいいのか、いかなる選択肢が可能なのか、そうした問題を考えることも「相関地域研究」の課題の一つといえます。

さらに、わたしたちは、さまざまな地域のなかで生み出された叡智や価値、倫理、宗教心のなかで生きていて、地域の成り立ちもそうしたものを基盤としていることに注目しています。むろん、金銭、名声、名誉なども、わたしたちの行動規範や地域の基盤に強い影響をもたらしていることは周知のとおりです。わたしたちが標榜する「相関地域研究」は、こうした目に見えない規範を比較し、その関係性を顕在化させることを重視しています。ただ、それらは当然、関係する地域でさえ共通するとはかぎらない力です。そのため、紛争や対立が起こる原因の究明には、こうした見えない力の存在を明らかにすることが必要となってくるのです。

地域研究の利点の一つは、学術界だけにとどまらず、地域に住み生活するありとあらゆる人と連携しようとする開いた姿勢にあります。地域を比較し、その関係性を明らかにするという営為は、実に多くの興味や好奇心、ときには意図しなかった驚きや発見をもたらしてくれます。一人でも多くの方が、本シリーズによってこうした営為の仲間入りをしてくださることを願ってやみません。

た

な

は

ま

や

ら

索引

あ

か

さ

伊藤正子（いとう・まさこ）
1964年、広島県生まれ
京都大学大学院アジア・アフリカ地域研究研究科准教授
専攻はベトナム現代史
著書に『エスニシティ〈創生〉と国民国家ベトナム』（第2回東南アジア史学会賞受賞）、『民族という政治』（ともに三元社）、共編著に『原発輸出の欺瞞』（明石書店）など

坂部晶子（さかべ・しょうこ）
1970年、愛知県生まれ
名古屋大学国際開発研究科准教授
専攻は社会学、中国地域研究
著書に『「満洲」経験の社会学』（世界思想社）、共著に『二〇世紀満洲歴史事典』（吉川弘文堂）、論文として「中国北方少数民族鄂倫春社会中的殖民地秩序的崩潰与社会秩序的重組」（「鄂倫春研究」第34号）など

泉水英計（せんすい・ひでかず）
1965年、千葉県生まれ
神奈川大学経営学部教授
専攻は文化人類学、沖縄現代史
編著に『第二次大戦および占領期の民族学・文化人類学』（神奈川大学国際常民文化研究機構）、共著に『帝国の視覚／死角』（青弓社）、『植民地近代性の国際比較』（御茶の水書房）、『日本民族学の戦前と戦後』（東京堂出版）など

及川 茜（おいかわ・あかね）
1981年、千葉県生まれ
神田外語大学アジア言語学科講師
専攻は日中比較文学
論文に「李永平『大河盡頭』の寓意」（「野草」第94号）、共訳書に李永平『吉陵鎮ものがたり』（人文書院）など

［編著者略歴］

貴志俊彦（きし・としひこ）
1959年、兵庫県生まれ
京都大学地域研究統合情報センター教授、日本学術会議第23期連携会員
専攻は東アジア地域史研究
著書に『満洲国のビジュアル・メディア』（吉川弘文館）、『東アジア流行歌アワー』（岩波書店）、『日中間海底ケーブルの戦後史』（吉川弘文館）、共編著に『二〇世紀満洲歴史事典』（吉川弘文館）、編著に『近代アジアの自画像と他者』（京都大学学術出版会）など

山本博之（やまもと・ひろゆき）
1966年、千葉県生まれ
京都大学地域研究統合情報センター准教授
専攻は東南アジア地域研究（ナショナリズム論、災害対応と情報、映画と社会）
著書に『脱植民地化とナショナリズム』（東京大学出版会）、『復興の文化空間学』（京都大学学術出版会）、共編著に*Bangsa and Umma: Development of People-grouping Concepts in Islamized Southeast Asia*（Trans Pacific Press）、*Film in Contemporary Southeast Asia: Cultural Interpretation and Social Intervention*（Routledge）など

西 芳実（にし・よしみ）
1971年、東京都生まれ
京都大学地域研究統合情報センター准教授
専攻はインドネシア地域研究、アチェ近現代史
著書に『災害復興で内戦を乗り越える』（京都大学学術出版会）、共著に『紛争現場からの平和構築』（東信堂）、『自然災害と復興支援』（明石書店）、論文に「信仰と共生」（「地域研究」第13巻第2号）など

谷川竜一（たにがわ・りゅういち）
1976年、大分県生まれ
京都大学地域研究統合情報センター助教
専攻は東アジア近代建築史・都市史
共著に『岩波講座東アジア近現代通史別巻 アジア研究の来歴と展望』（岩波書店）、論文に「一九三九年、烏口の記憶」（「Mobile Society Review」vol.14）、「流転する人々、転生する建造物」（「思想」第1005号）など

［著者略歴］

岡村健太郎（おかむら・けんたろう）
1981年、兵庫県生まれ
東京大学生産技術研究所助教
専攻は建築史、都市史、災害史
論文に「昭和三陸津波後の岩手県大槌町吉里吉里集落の復興に関する研究」（「日本建築学会計画系論文集」第79巻第698号）、「三陸津波災害後の復興手法と集落構造の変遷に関する研究」（東京大学大学院工学系研究科建築学専攻博士論文、2014年3月）、「「様式」としてのモダニズム」（東京大学大学院工学系研究科建築学専攻修士論文、2007年3月）など

相関地域研究 1

記憶《きおく》と忘却《ぼうきゃく》のアジア

発行――2015年3月20日　第1刷

定価――2600円＋税

編著者――貴志俊彦／山本博之／西 芳実／谷川竜一

発行者――矢野恵二

発行所――株式会社青弓社

〒101-0061 東京都千代田区三崎町3-3-4

電話 03-3265-8548（代）

http://www.seikyusha.co.jp

印刷所――三松堂

製本所――三松堂

ISBN978-4-7872-3384-4 C0336

三澤真美恵／川島 真／佐藤卓己／貴志俊彦 ほか

電波・電影・電視

現代東アジアの連鎖するメディア

戦後東アジアの視聴覚メディアは、地域間・メディア間で相互に連関しながら成熟していった。日本・上海・北朝鮮・シンガポールなどのテレビ・映画・ラジオなどの変遷を描き、視聴覚メディア史の見取り図を示す。定価3800円＋税

坂野 徹／愼蒼健／三澤真美恵／泉水英計 ほか

帝国の視角／死角

〈昭和期〉日本の知とメディア

戦前と戦後を貫く昭和期という時代と、朝鮮・台湾・満蒙・対馬・北海道・沖縄・東京などの固有の場所を題材に、メディアや学知の視点から〈帝国〉日本の植民地へのまなざし＝視角と死角とを明らかにする。 定価3400円＋税

坪井秀人／藤木秀朗／天野知幸／中村秀之 ほか

イメージとしての戦後

戦前・戦中とは切断されて一新したものとして流通している「戦後」のイメージはどのように作り出され、受け止められているのか。映画やマンガ・文学などを素材に、アイコン化された「戦後」を問い直す。 定価3000円＋税

中野敏男／成田龍一／酒井直樹／李孝徳 ほか

継続する植民地主義

ジェンダー／民族／人種／階級

「動員」「分断」「ジェンダー」「民族」などの視角から、戦中から戦後までを貫く東アジアの植民地主義と総動員体制の変容を見定め、輻輳した「戦後」という時空間を解きほぐす。戦後責任に正面から応答する試み。 定価3400円＋税

冨山一郎／森 宣雄／米山リサ／ウエスリー上運天 ほか

現代沖縄の歴史経験

希望、あるいは未決性について

歴史経験を背負わせながら当事者として据え置き、正当性を競い合いながら解説される沖縄問題。饒舌な語りを回避しながらそれが何を恐れて発された言葉なのかを問い、経験に関わる言葉の連累の可能性を照らす。 定価3400円＋税